Qualifikationen erkennen | Berufe gestalten

Qualifizierungserfordernisse durch die Informatisierung der Arbeitswelt

Hrsg.: Hans-Jörg Bullinger
   Peter Bott,
   Hans-Joachim Schade

> **Bibliographische Informationen Der Deutschen Bibliothek**
>
> Die Deutsche Bibliothek verzeichnet diese Publikation in der Deutschen Nationalbibliographie; detaillierte bibliographische Daten sind im Internet über http://dnb.ddb.de abrufbar.

© W. Bertelsmann Verlag GmbH & Co. KG, Bielefeld 2004

Gesamtherstellung: W. Bertelsmann Verlag, Bielefeld

Umschlaggestaltung: lok.design division.Marion Schnepf, Bielefeld

Das Werk einschließlich aller seiner Teile ist urheberrechtlich geschützt. Jede Verwertung außerhalb der engen Grenzen des Urheberrechtsgesetzes ist ohne Zustimmung des Verlags unzulässig und strafbar. Dies gilt insbesondere für Vervielfältigungen, Übersetzungen, Mikroverfilmungen und die Einspeicherung und Verarbeitung in elektronischen Systemen.

Für alle in diesem Werk verwendeten Warennamen sowie Firmen- und Markenbezeichnungen können Schutzrechte bestehen, auch wenn diese nicht als solche gekennzeichnet sind. Deren Verwendung in diesem Werk berechtigt nicht zu der Annahme, dass diese frei verfügbar seien.

Printed in Germany.

ISBN 3-7639-3118-X

Bestell-Nr. 60.01.446

Band 10
Die Buchreihe „Qualifikationen erkennen – Berufe gestalten" und die Projekte im Rahmen der Initiative „Früherkennung von Qualifikationserfordernissen" werden gefördert vom Bundesministerium für Bildung und Forschung.

Inhaltsverzeichnis

	Vorwort	5
	Einleitung	7
Lothar Troll, IAB	Die Verbreitung der Informations- und Kommunikationstechnologien (IuK) in der Arbeitswelt	13
Werner Dostal, IAB	Berufs- und Branchenstrukturen im IT-Bereich	27
Peter Bott, BIBB	IT-Fachkräftenachfrage auf dem Stellenmarkt	51
Lothar Abicht; Horst Bärwald, isw	Trendqualifikationen in der IT- und Multimediabranche	61
Lothar Dorn; Gerlinde Hammer, iaw	Zur Entwicklung von Qualifikationsstruktur und Qualifizierungsbedarf in der Digital Economy	79
Miriam Gensicke, Infratest Sozialforschung Helmut Kuwan, Sozialwissenschaftliche Forschung und Beratung, München	IuK-Technologien und IuK-Qualifikationen im Tätigkeitsfeld „kaufmännische Bürotätigkeiten"	101
Alexander Schletz; Susanne Liane Schmidt, Fraunhofer IAO	Neue Qualifikationserfordernisse in der Softwareentwicklung von KMU – Eine Fallstudie zum beschleunigten Aufgabenwandel bei Programmiertätigkeiten	113
Hans-Joachim Schade, BIBB	Strukturen und Trends beim Weiterbildungsangebot für IT-Fachkräfte	133
Christian Brzinsky; Ralf Mytzek, WZB	EDV und Informationstechnologie in der betrieblichen Weiterbildung in Europa	157
	Autorenverzeichnis	175

Vorwort

Die „Informatisierung der Arbeitswelt" bringt es mit sich, dass sich Qualifikationsanforderungen rapide verändern und Wissen schnell veraltet. Dieser Trend zeigt sich insbesondere im Vordringen und der zunehmenden Verbreitung des Personal Computer und computergestützter Arbeitssysteme in allen Branchen und Berufen. Die Allgegenwart des Computer ist schon heute keine Vision mehr und dieser ist in fast keiner Arbeitsumgebung mehr wegzudenken. Weitere technologische Innovationsschritte sind die unternehmensinterne Vernetzung, die Vernetzung zwischen Unternehmen und die Anbindung an das Internet. Mittlerweile verfügen die meisten Unternehmen über einen Internetzugang und computergesteuerte Arbeitsmittel sowie die Vernetzung von Arbeitsplätzen stellen den Status Quo dar. Computeranwendungen und Vernetzung – davon kann ausgegangen werden – tragen dazu bei, dass sich Arbeit grundsätzlich verändert, ebenso wie die Zusammenarbeit zwischen verschiedenen Akteuren.

Schlagwörter wie „Informationsgesellschaft", „Arbeiten im Netzwerk", „Internet", „Multimedia" oder „Telearbeit" prägen die Diskussion über die Zukunft der Arbeitswelt und neue Qualifikationsanforderungen. Sie beschreiben einen Wandel, der Perspektiven und Chancen eröffnet, Hoffnungen weckt, aber auch Herausforderungen und Gestaltungsaufgaben in sich birgt. Dies gilt nicht nur für Anwender, sondern insbesondere für die im IT-Sektor Tätigen. Die IT-Branche, welche durch neue IT-Lösungen zur Gestaltung dieses Wandels beiträgt, ist heute selbst ein bedeutender Wirtschaftszweig. Die Dynamik, mit der neue Anwendungen und neue Software entwickelt werden, sorgt für einen hohen Qualifizierungsbedarf und Notwendigkeit zum lebenslangen Lernen.

Aus diesem Grunde sind Bestandsaufnahmen dieser neuen Anforderungen notwendig. Die Früherkennung von Qualifikationserfordernissen in der IT-Branche muss allerdings unterschiedliche Entwicklungen analysieren und versuchen, diese zu integrieren: Was die Berufsperspektiven von IT-Fachkräften betrifft, so gilt es, neue Trendqualifikationen zu erkennen sowie die Vielfalt an Aus- und Weiterbildungsmöglichkeiten zu systematisieren und transparenter zu machen. Auf der anderen Seite muss dies mit betrieblichen Erwartungen und mit den auf dem Arbeitsmarkt nachgefragten Qualifikationen abgeglichen werden. Und drittens veraltet Wissen nirgendwo so schnell wie im IT-Sektor. Qualifikationen müssen also immer wieder aktualisiert und weiterentwickelt werden.

Um Veränderungen der Qualifikationsanforderungen abschätzen und diesen wirkungsvoll begegnen zu können, werden gesicherte Informationen, sowohl aus quantitativ angelegten Untersuchungen als auch aus exemplarischen Fallstudien benötigt. Daraus können Erkenntnisse über allgemeine Qualifikationsentwicklungen sowie über spezifische Branchentrends gewonnen werden.

In Band 10 der Reihe „Qualifikationen erkennen – Berufe gestalten" werden schwerpunktmäßig die Qualifikationsentwicklungen im IT-Sektor beleuchtet. Die Beiträge veranschaulichen die aktuelle Berufs- und Branchenstruktur und die sich wandelnden Qualifikationserfordernisse. Insgesamt zeigt sich auch, dass die an IT-Fachkräfte gestellten Anforderungen zunehmend Schlüsselqualifikationen beinhalten. So lässt sich eine Kombination herkömmlicher fachlicher Kenntnisse mit anderen Kompetenzen beobachten, beispielsweise mit betriebswirtschaftlichen Fähigkeiten sowie mit sogenannten „Soft Skills", wie Kommunikations- und Teamfähigkeit oder Bereitschaft zum selbständigen Lernen.

In diesem Zusammenhang muss auch die Frage nach einem zukünftigen Fachkräftemangel diskutiert werden. Der Bedarf an hoch spezialisierten IT-Fachkräften ist teilweise immer noch schwer zu decken; einige Stellen werden erst nach wiederholter Ausschreibung besetzt oder bleiben weiterhin vakant. Die bestehende und auch für die Zukunft zu erwartende Nachfrage nach entsprechend qualifizierten Mitarbeitern verdeutlicht die bildungspolitische Notwendigkeit, geeignete Anwärter verstärkt für Berufe in der IT- und Multimedia-Branche zu qualifizieren. Dabei geht es jedoch nicht nur um eine quantitative Steigerung des Aus- und Weiterbildungsvolumens. Die erworbenen Qualifikationen müssen auch qualitativ den hohen betrieblichen Erwartungen entsprechen, denn für hoch spezialisierte Tätigkeiten fehlen oftmals geeignete Bewerber auf dem Arbeitsmarkt. Die entscheidende Herausforderung besteht also in einem Abgleich zwischen Arbeitsanforderungen, offenen Stellen und qualifizierten Bewerbern. Aus diesem Grunde sind weiterhin Anstrengungen nötig, um den Bedarf auch in Zukunft – vor allem qualitativ – decken zu können.

Stuttgart im Januar 2004

Hans-Jörg Bullinger

Einleitung

Peter Bott, Hans-Joachim Schade

Für die Analyse des Wandels der Arbeit und der Qualifikationen sind Informations- und Kommunikationssysteme von zentraler Bedeutung. „Jeder zweite Arbeitsplatz in der Bundesrepublik ist inzwischen vernetzt, 93 Prozent der Unternehmen haben einen Internet-Zugang. Mangelnde IT-Kenntnisse etwa eines Drittels der Mitarbeiter erweisen sich als Wachstumshindernis."[1] Die Verbreitung von Computern und weiterer Informationstechnologien in der Erwerbsarbeit wird in der Öffentlichkeit häufig als Prozess der „Informatisierung der Arbeitswelt" bezeichnet. „Wurden zunächst vor allem automatisierte Produktionsabläufe einer datentechnischen Steuerung unterzogen, so ist seit den 80er Jahren, und insbesondere mit dem Siegeszug des Personal Computer (PC) und weiterer Informationstechnologien, ein Vordringen der elektronischen Datenverarbeitung in die Büros als schier unaufhaltsamer Trend zu beobachten."[2] Der Einzug der Informations- und Kommunikationstechnik (IKT) hat nahezu alle Berufsbereiche durchdrungen und zu neuen Qualifikationserfordernissen sowie in der Folge zu neuen Angeboten in der beruflichen Aus- und Weiterbildung geführt. „Alle Tätigkeiten der Informationsbearbeitung sind zunehmend auf die gleiche Informationsebene bezogen, seien es nun Büroarbeiten oder Tätigkeiten in der industriellen Fertigung. Die Folge ist eine gewisse Angleichung ehemals unterschiedlicher Tätigkeiten, v.a. aber die Aufhebung der strikten Trennung verschiedener Arbeitsfelder. Auch die Arbeitsformen, die nicht routinemäßig ablaufen, als kreativ gelten und bisher kaum durch Computer unterstützt wurden, verlieren ihren Sonderstatus."[3]

Die Beiträge des vorliegenden Bandes zeichnen mit unterschiedlichen methodischen Ansätzen ein facettenreiches Bild der durch die Informatisierung der Arbeitswelt ausgelösten Qualifizierungserfordernisse. Neben repräsentativ und bundesweit angelegten Untersuchungen werden auch regionale Ansätze und Fallstudien vorgestellt. Die Analysen beleuchten die zunehmende Verbreitung der IKT, die sich neu herausbildenden Berufs- und Branchenstrukturen und aktuelle Trends der Fachkräftenachfrage auf dem Stellenmarkt sowie in Trendsetterunternehmen der IT- und Multimediabranche. Vervollständigt wird der Band durch eine Betrachtung der Veranstaltungen zur beruflichen Weiterbildung, die auf dem Weiterbildungsmarkt in Deutschland angeboten werden, sowie durch eine internationale Vergleichsstudie zur betrieblichen Weiterbildung.

Einleitend informiert der Beitrag „Die Verbreitung der Informations- und Kommunikationstechnologie in der Arbeitswelt" von Lothar Troll über den quantitativen IKT-Einsatz in den unterschiedlichen Berufsbereichen. Festgestellt wird, dass rd. 2/3 aller Erwerbstätigen in der Bundesrepublik Deutschland mit IKT-Anwendungen an ihrem Arbeitsplatz konfrontiert sind. Selbst im Bereich „Naturprodukte gewinnen" verwenden schon 27% der Erwerbstätigen zumindest gelegentlich ein computergestütztes Gerät bei der täglichen Arbeit. Seit den 80er Jahren zeichnet sich ein Trend von der gelegentlichen hin zur überwiegenden Nutzung von IKT in der Arbeit ab. Frauen nutzen im vergleichbaren Umfang IKT am Arbeitsplatz wie Männer. Deutliche Unterschiede gibt es aber bei der Art der Nutzung. Frauen sind häufiger als Männer mit Gerätebedienung und Textverarbeitung beschäftigt, während bei Männern die Schwerpunkte eher in der Systembetreuung, Programmentwicklung und Schulung liegen.

Werner Dostal beschreibt im zweiten Beitrag „Berufs- und Branchenstrukturen im IT-Bereich" wie sich die Verbreitung der IK Technologien auf die Berufe- bzw. Branchen, die sich mit der Produktion, dem Vertrieb, der Installation, der Wartung und dem Betrieb dieser Technologien beschäftigen, auswirkt. So ist die Abgrenzung der IT-Berufe noch sehr schwierig, da wegen der geringen Tradition der Berufsgruppe, wegen der vielfältigen Qualifizierungswege und der meist wenig differenzierten Arbeitsteilung und Spezialisierung die Zuordnungen mehrdeutig, unscharf und im Zeitablauf variabel sind. Eine Konsolidierung der Tätigkeitsbezeichnungen im IT-Bereich ist bis heute noch nicht erkennbar. Bis zum Jahr 2001 gab es ein starkes Wachstum an sozialversicherungspflichtig beschäftigten Computerfachleuten, das sich danach aber deutlich abgeschwächt hat. Bisher hat es auf dem Arbeitsmarkt für IT-Berufe ständig Engpässe gegeben, ein Überfluss an Fachleuten war nie erkennbar. Da die Erstausbildung in den IT-Berufen und in der Informatik lange Jahre nur mit geringer Kapazität angeboten wurde, sind die meisten heute tätigen IT-Fachleute als Quereinsteiger in diese Berufe gelangt. Begünstigt waren insbesondere Hochschulabsolventen. Die Arbeitsmarktbilanz hat sich einerseits durch den scharfen Bedarfsrückgang, andererseits durch die Ausweitung der Dualen Ausbildung und einer unverändert weiterlaufenden Fortbildung und Umschulung entspannt. Es sind aber dennoch Anstrengungen nötig, um den Bedarf auch qualitativ decken zu können. Dazu ist es besonders wichtig, geeignete Berufswähler für IT-Berufe zu motivieren. Die Bereitschaft, sich für diese Berufe bereits in der Erstausbildung zu qualifizieren und von Anfang an in diesen Berufen tätig zu werden, ist in Deutschland nicht ausreichend und muss weiter gefördert werden.

Aus der Sicht der Betriebe beschreibt Peter Bott in seinem Beitrag „IT-Fachkräftenachfrage auf dem Stellenmarkt" die Qualifikationsanforderungen für neue Mitarbeiter in IT-Kernberufen. Es werden Ergebnisse aus Stellenanzeigenanalysen sowie anschließenden Inserentennachbefragungen vorgestellt. Während Hochschulabsolventen als potenzielle neue Mitarbeiter im IT-Bereich in Stellenanzeigen häufig gesucht werden, weil sie offenbar die gewünschten Basisqualifikationen am ehesten mitbringen, zeigen die Analysen der Inserentennachbefragungen, dass die formale Qualifikation eher zweitrangig ist. Liegen die vorausgesetzten fachinhaltlichen Spezialqualifikation vor, ist für die meisten einstellenden Betriebe der formale Bildungsabschluss nachrangig. Der Trend zur Spezialisierung (Anwendungsprogrammierer, Rechenzentrums- bzw. Netzwerkfachleute und Vertriebsfachleute), der in anderen Berufsfeldern wie z. B. der Medizin, dem Rechtswesen oder der Technik ebenfalls feststellbar ist, geht einher mit hohen Erwartungen der einstellenden Betriebe an ausgewiesene Schlüsselqualifikationen der Bewerber/-innen, wie Kooperations- und Kommunikationsfähigkeit und selbständige Lern- und Arbeitstechniken. Für die einstellenden Betriebe ist es nach wie vor schwierig, die gesuchten Qualifikationen auf dem Arbeitsmarkt zu realisieren. Auch ein halbes Jahr nach Stellenausschreibung konnten rd. 20% der zu vergebenden Positionen nicht mit hinreichend qualifiziertem Personal besetzt werden. Mehr als die Hälfte der eingestellten neuen Mitarbeiter mussten gezielt weitergebildet werden. Die Stellen wurden zu mehr als 80% mit männlichen Bewerbern besetzt.

Lothar Abicht und Horst Bärwald stellen in ihrem Beitrag „Trendqualifikationen in der IT- und Multimediabranche" einen qualitativen, branchenbezogenen Ansatz vor. Die leitende Idee ihres methodischen Vorgehens ist es, als Trendsetter einzustufende betriebliche Partner zu identifizieren, die in hohem Maße innovativ sind und als Vorreiter neuer Entwicklungen gelten können. Für die Erforschung von Trendqualifikationen im Sinne der Früherkennung ist eine konkret arbeitsplatzbezogene Ermittlung von Qualifikationsbedarfen von zentraler Bedeutung. In den untersuchten Unternehmen nimmt der Bedarf an engagierten, kooperativen, selbständig denkenden und handelnden sowie kreativen Mitarbeitern aufgrund der Tendenz zur Enthierarchisierung zu. Diese Qualifikationsmerkmale stehen gleichrangig neben den Anforderungen an fachliches Wissen und Können. Als besonders relevante Trends für die Qualifikationsentwicklung können festgestellt werden: eine zunehmende Spezialisierung der IT- und Multimedia Unternehmen auf bestimmte Produkte bzw. Leistungen; die Zunahme der Beschäftigung ist immer häufiger Ausdruck eines Wachstums bestehender Unternehmen und weniger einer Zunahme an Existenzneugründungen; mit dem Wachstum von Unternehmen verstärken sich im betrieblichen Ablauf zugleich die arbeitsteiligen Prozesse, die mit einer fortschreitenden Differenzierung des Personalbedarfs einhergehen; die Zunahme arbeitsteiliger Prozesse führt zu engeren, teilweise sehr stark spezialisierten Tätigkeitsanforderungen, für die oft eine mittlere Qualifikation ausreichend ist. Die Dynamik des Wissensumschlags in der Branche lässt eine lebenslange Qualifizierung in der Breite nicht zu. Zu beobachten ist im IT-Bereich eine rasche Zunahme des Anteils neuer Beschäftigungsformen (z.B. Telearbeit oder freiberufliche Tätigkeiten). Damit verbunden sind spezifische Zusatzqualifikationen von großer Bedeutung.

Lothar Dorn und Gerlinde Hammer verfolgen in ihrem Beitrag „Zur Entwicklung von Qualifikationsstruktur und Qualifizierungsbedarf in der Digital Economy" einen regionalen, auf Bremen fokussierten Ansatz. Die Qualifikationsstruktur und die Anforderungen an die Beschäftigten in den IT-Anwenderunternehmen und in den Branchen der digitalen Wirtschaft sind einem Prozess des grundlegenden Wandels unterworfen, der durch den rapiden technischen Fortschritt mit sich verkürzenden Innovationszyklen angetrieben wird. Die Anwenderunternehmen sind laufend mit neuen Produkten, Diensten, Applikationen und Lösungen konfrontiert und gefordert, diese in ihre Geschäftsprozesse zu integrieren. Die IT- und New-Media-Dienstleister sehen sich zunehmend einem veränderten Kundendenken gegenüber. Seitens der Kunden werden mehr und mehr Komplettlösungen verlangt. Aufgrund der notwendigen Integration technischer und betriebswirtschaftlicher Aspekte werden Interdisziplinarität und Soft Skills zum entscheidenden Schlüssel, um die Herausforderungen der Digital Economy erfolgreich zu bewältigen. In internetbasierten Geschäftsprozessen sind Qualifikationen in den Bereichen Informatik, Betriebswirtschaftslehre, Kommunikation und Mediengestaltung gefordert.

Im Beitrag „IuK-Technologien und IuK-Qualifikationen im Tätigkeitsfeld kaufmännische Bürotätigkeit" beschreiben Miriam Gensicke und Helmut Kuwan den konkreten Einsatz neuer IuK-Technologien in einem Tätigkeitsfeld und analysieren veränderte Qualifikationsanforderungen, die an Fachkräfte im Bürobereich gestellt werden. Die Ergebnisse arbeitsnaher Betriebsfallstudien wurden in einer anschließenden Betriebsbefragung von 335 betrieblichen Experten bewertet. Bestimmend für die Bedeutung von IT-Qualifikationen für kaufmännische Bürotätigkeiten sind nach Einschätzung der Experten folgende Trends: die Beherrschung von IT-Techniken wird zur grundlegenden Kulturtechnik wie Lesen, Schreiben und Rechnen; Computersysteme sind über die Prozessketten in den Unternehmen hinweg kompatibel gestaltet und die Schnittstellen Kundenbestellung, Produktion und Vertrieb sind in einem gemeinsamen DV-System vernetzt; die Arbeitsmittel (Hard- und Software, Arbeitsplatzausstattung) werden sich sehr viel stärker wandeln als die kaufmännischen Fachinhalte und E-Commerce und E-Business werden nahezu alle betrieblichen Funktionsfelder durchdringen. Bei den derzeitigen Anforderungen an die Mitarbeiter/-innen steht die Fähigkeit, sich an den Interessen und Belangen der Kunden zu orientieren, an erster Stelle. In der Drei-Jahres-Perspektive erwarten die Experten den deutlichsten Bedeutungsanstieg bei den Internetqualifikationen, bei der Anwendung von E-Commerce und E-Business und der Kundenorientierung.

Alexander Schletz und Susanne Liane Schmidt stellen in ihrem Beitrag „Neue Qualifikationserfordernisse in der Softwareentwicklung von KMU" Ergebnisse aus einer Fallstudie zum beschleunigten Aufgabenwandel bei Programmiertätigkeiten vor. Anhand der im Beitrag beschriebenen Intensivfallstudie in einem Softwareunternehmen wird deutlich: durch die projektorientierte Organisation der Arbeit sind Programmierer häufig in mehreren Projekten/Teams gleichzeitig eingebunden, zum Teil wechselnd in einer Leiter- oder Mitarbeiterrolle. Kompetenzen in den Bereichen Kommunikation, Eigeninitiative, Flexibilität und Selbstmotivation stellen daher wichtige Schlüsselqualifikationen dar. Die Bearbeitung von Teilaufgaben ist das Hauptmerkmal heutiger Programmierarbeiten. Erwartet wird, dass sich das Aufgabenspektrum des Programmierers eher erweitern wird. Seine Expertise wird für die Ideenentwicklung und Innovation zukünftig stärker gefragt sein. Hierfür ist die langfristige Förderung von Mitarbeitern, die im Unternehmen altern, von besonderer Bedeutung. Auch angesichts der demographischen Entwicklung wird die derzeitige jugendzentrierte Personalpolitik der IT-Unternehmen an ihre Grenzen stoßen. Ein strategisches Umdenken und eine verstärkte Investition in Personalentwicklungs- und Karrierepläne der eigenen älter werdenden Mitarbeiter ist angeraten.

Die Weiterbildungslandschaft im IT-Bereich beleuchtet der Beitrag von Hans-Joachim Schade „Strukturen und Trends beim Weiterbildungsangebot für IT-Fachkräfte". Die steigende Zahl der IT-Fachkräfte und die Dynamik der Entwicklung neuer Anwendungen und neuer Software sorgen für einen hohen Bedarf an beruflicher Weiterbildung in der IuK-Technik. Rund jede vierte Weiterbildungsveranstaltung (108.000 von 450.000) in der Datenbank KURS der Bundesanstalt für Arbeit (Stand Januar 2003) vermittelt IT-Qualifikationen für IT-Fachkräfte, rund jede fünfte Veranstaltung vermittelt IT-Qualifikationen für IT-Anwender. Der Umfang der Weiterbildungsangebote zur IuK-Technik prägt bis auf weiteres in quantitativer Hinsicht die berufliche Weiterbildung und belegt deren Reagibilität auf veränderte quantitative und qualitative Qualifizierungsbedarfe in der Arbeitswelt. Zwei Drittel der Angebote entfallen auf sechzehn Einzelthemen. Die überdurchschnittliche Zunahme dieser Themen von 2001 bis 2003 zeigt, dass diese sich auf dem Weiterbildungsmarkt etabliert haben und den Kern des Qualifizierungsbedarfs in IT-Berufen ausmachen. An der Spitze stehen mit mehr als jeder dritten Veranstaltung Angebote, die Qualifikationen zur Entwicklung von Internetanwendungen sowie zur Einrichtung und Betreuung von (Tele)Kommunikationssystemen vermitteln. Defizite von der Zahl der Angebote her gibt es beim Weiterbildungsangebot in der geregelten Aufstiegsfortbildung und wissenschaftlichen Weiterbildung. Die Angebote auf dem Weiterbildungsmarkt folgen einem Trend zur Ökonomisierung. Kurzzeitige und auf unmittelbaren Transfer der erworbenen Kenntnisse und Fertigkeiten am Arbeitsplatz ausgerichtete Angebote nehmen zu, bei der IT-Weiterbildung noch stärker als im Durchschnitt.

Mit internationalen/europäischen Aspekten betrieblicher Weiterbildung beschäftigt sich der Beitrag von Christian Brzinsky und Ralf Mytzek „EDV und Informationstechnologie in der betrieblichen Weiterbildung in Europa". Im Ländervergleich können deutliche Unterschiede bei der Verbreitung von Computern, Internet und IT-Weiterbildung festgestellt werden. Die Länder Schweden, Dänemark, Finnland sowie Deutschland bilden die Ländergruppe, mit der stärksten Verbreitung von Informationstechnologien in Unternehmen. Eine Gruppe mittleren Niveaus wird von den Ländern Niederlande, Österreich, Norwegen und Portugal gebildet. Spanien, Italien, Großbritannien, Luxemburg und Griechenland bilden die Gruppe mit geringem Verbreitungsniveau von Informationstechnologien. Die Länder mit der stärksten Verbreitung von Informationstechnologien zeigen erwartungsgemäß alle einen überdurchschnittlichen Anteil von IT-Weiterbildungen. Analysen nach dem Merkmal Betriebsgröße zeigen, dass KMU einen höheren Anteil an IT-Weiterbildungen haben, als große Unternehmen. Die Analysen belegen die These, dass der Verbreitungsgrad von Informationstechnologien als ein indirektes Maß für den Qualifikationsbedarf in den Unternehmen herangezogen werden kann.

Die verschiedenen Untersuchungen dieses Bandes zur Informatisierung der Arbeitswelt zeichnen mosaikartig ein Bild der damit einher gehenden Qualifizierungserfordernisse.

Zusammengefasst sind es folgende Trends, die die Entwicklung bestimmen: Die Zunahme arbeitsteiliger Prozesse bedingt eine Spezialisierung und Professionalisierung bei den Berufen und Branchen der IKT; gefordert sind Schnittstellenkompetenzen in den Bereichen Informatik, Betriebswirtschaft, Kommunikation und Mediengestaltung; Internet- und speziell E-Commerce/E-Business-Anwendungen sind die Trendsetter der Gegenwart und nahen Zukunft; wie auch international vergleichende Studien belegen, haben die Dynamik der Entwicklung neuer IT-Anwendungen und neuer Software einen großen Bedarf an beruflicher Weiterbildung zur Folge; die derzeitige jugendzentrierte Personalpolitik der Unternehmen insbesondere in den Branchen der ITK stößt an ihre Grenzen.

Anmerkungen

[1] So die COMPUTERWOCHE vom 15.08.2003 im Aufmacher zu ihrem Artikel `Computer bestimmen Arbeitsalltag´.

[2] Kleemann, Frank in: kommunikation@gesellschaft, Jg. 1; 2000, S. 1.

[3] Baukrowitz, Andrea; Boes, Andreas: Informatisierung der Arbeit, Referat zum Seminar „Arbeit in der Informationsgesellschaft – Entwicklung der Qualifikationsanforderungen und der beruflichen Strukturen" im Rahmen des Weiterbildungsstudiums Arbeitswissenschaft an der Universität Hannover. Marburg, 1998.

Lothar Troll

Die Verbreitung der Informations- und Kommunikationstechnologien (IuK) in der Arbeitswelt

Werkzeuge und Maschinen setzen den Menschen in Stand, seine Umwelt zu verändern. Die Kulturgeschichte ist zugleich die Geschichte der Entwicklung und Anwendung von Werkzeugen und Maschinen (I. Weizenbaum).

1 Vorbemerkung

Begriffe wie „Multimedia", „Internet", „Werkstattprogrammierung" und Telearbeit prägen die Diskussion um die Zukunft der Berufs- und Arbeitswelt. Wer die beruflichen Chancen und Risiken neuer Techniken richtig einschätzen will, benötigt darüber gesicherte Informationen. Jedes dieser Schlagworte steht für Entwicklungen, die messbar sind.

Die Diskussion um die Auswirkungen neuer Technologien begann dieses mal wesentlich früher als etwa beim industriellen Aufbruch in der Mitte des 19. oder bei der Automatisierungswelle zu Beginn des 20. Jahrhunderts. Besorgt wurde dabei immer wieder die Frage gestellt, ob Computer die Menschen in den Büros und Werkstätten verdrängen. Haben jene Recht behalten, die behaupteten, dass dort, wo neue Technologie eingesetzt wird, herkömmliche berufliche Qualifikationen entwertet oder gar nicht mehr benötigt werden? Findet tatsächlich eine „dritte technische Revolution" statt oder hat sie schon stattgefunden?

Das IAB hat zusammen mit dem BIBB seit Ende der 60er-Jahre wiederholt – zuletzt in den Jahren 1998/99 – die Wirkungen und Ursachen der Veränderung von Berufen und Arbeitsplätzen unter dem Einfluss der neuen Techniken untersucht.[1] Diese Untersuchungen zeigen zunächst: Die Auswirkungen des technischen Wandels, die vor allem von der Mikroelektronik geprägt werden, sind heute überall festzustellen. Die neue Technik dringt in nahezu alle Wirtschaftszweige und Lebensbereiche vor und weist alle Merkmale einer „Schlüsseltechnologie" auf. Dazu gehören:

- ihre Einsatzbreite, die zu erheblichen Veränderungen in der Produktion von Gütern und Dienstleistungen geführt hat und noch weiter führen wird,
- ihre Verbreitung über nahezu alle Wirtschaftszweige und Berufe,
- ihre tiefgreifenden Auswirkungen auf Wirtschaft und Gesellschaft.

Von herausragender Bedeutung für die Arbeitswelt sind zweifellos die Informationstechnologien. Mit diesen „Denkzeugen" ist der Mensch nunmehr in vielen

Bereichen der Vollautomatisierung einen großen Schritt näher gekommen, und zwar nicht nur bei den Routinetätigkeiten in der Fertigung, sondern auch in den Büros und sogar in den Haushalten (zwei Drittel aller deutschen Erwerbstätigen arbeiteten 1999 schon mit computergesteuertem Gerät; vgl. Abbildung 1). Der denkende, sprechende und sehende Roboter, der Roboter als Facharbeiter, der Computer z.B. als Entwerfer und Konstrukteur, als Übersetzer und intelligenter Assistent, der schon Dokumente mit Anmerkungen versehen kann, sind heute keine Utopie mehr. Zugleich lassen sich die Arbeiten auch flexibler gestalten (z. B. mehrere Modelle auf einer Fertigungsstraße). Auch bedarf es nicht mehr immer größer werdender Anlagen und extremer innerbetrieblicher Arbeitsteilung, um rentabel zu sein. Im Gegenteil: Es können sich mit den neuen Techniken zunehmend kleinere Betriebseinheiten mit ganzheitlicheren Arbeitsstrukturen als überlegen erweisen. Wie sich die neuen Techniken in Berufen durchgesetzt haben zeigt die Abbildung 2.

Mit vernetzten Informationssystemen – Multimedia oder auch Internet – wird es gleichzeitig möglich sein, zeit- und standortunabhängig Informationen jeglicher Art auszutauschen, sei es Sprache oder Grafik, seien es Videoaufzeichnungen oder Texte und Dokumente. Dank der räumlichen Mobilität und der Speicherfähigkeit der modernen Informationstechnik wird es mithin auch immer unwichtiger, wann und wo Informationsanbieter ihre Arbeit erledigen. Arbeitsstätten lassen sich dadurch ohne Effizienzeinbußen wieder dezentralisieren. Auf vielen Gebieten wird sogar Heimarbeit wieder möglich sein. Die Arbeitszeiten brauchen immer weniger mit den Betriebszeiten zusammenzufallen, sondern können flexibler und individueller werden. Die Entkoppelung von Arbeits- und Betriebsort sowie von Arbeits- und Betriebszeit führen zu einer Erosion des heutigen so genannten „Normalarbeitsverhältnisses".

2 Das Konzept zur Erfassung von Arbeitsmitteln

Ergebnisse, wie sie hier vorgestellt werden, sind im Rahmen des Konzepts der Tätigkeitsmerkmale des IAB erhoben worden. Es fußt auf der Feststellung, dass eine Reihe aktueller Fragen an die Berufs- und Qualifikationsforschung mit den üblichen Merkmalen der Erwerbs-statistik, wie ausgeübter Beruf, erlernter Beruf, Erwerbsstatus und wirtschaftsfachliche Einbindung nicht zu beantworten sind. Solche Lücken werden durch das Konzept der Tätigkeitsmerkmale geschlossen, das standardisiert typische Ausprägungen abfragt und sich seit Jahren unter anderem im Mikrozensus bewährt hat.

Die Abfrage der Tätigkeiten beim Erwerbstätigen selbst, in einigen wenigen verständlichen Kategorien und die Aufbereitung der Daten in verschiedenartigen Kombinationen, bieten der Berufsforschung deutlich bessere Möglichkeiten zur Bestimmung und Beschreibung von Berufsfeldern.

Ein Beispiel mag dies erhellen. Ist von einer Person bekannt, sie arbeite an einer CNC-Dreh-maschine, so lässt sich daraus relativ verlässlich schließen, in welcher beruflichen Stellung, mit welcher Berufsausbildung und welche Art von Gegenständen in einer bestimmten Arbeitsumgebung hergestellt werden. Gleiches gilt für Angaben wie „Gabelstapler fahren, im Materiallager". Das Merkmal „Arbeitsmittel" erschließt den Zugang zu anderen Tätigkeitskategorien; es bietet Informationen über Tätigkeitsstrukturen und ihren Wandel im Zeitablauf.

Mit dem „Arbeitsmittelkonzept" wird bei Berufstätigen erfragt, welche Arbeitsgeräte, Maschinen und technische Anlagen typischer Weise am Arbeitsplatz Verwendung finden. Die Schlüssel zur Erfassung der Arbeitsmittel sind so aufgebaut, dass sie sich in unterschiedlicher Weise zu Obergruppen zusammenfassen lassen. Entwicklungslinien bei der Verwendung von Arbeitsmitteln werden sichtbar, da inzwischen Querschnittsdaten für mehrere Erhebungszeitpunkte (1979, 1985, 1992, 1999) zur Verfügung stehen.

Der Zeitvergleich wird allerdings dadurch erschwert, dass es sich als notwendig erwiesen hat, die Kategorienschlüssel zu den Arbeitsmitteln den veränderten Gegebenheiten anzupassen. Dies gilt besonders für den Bereich der computergesteuerten Arbeitsmittel. Dort hat sich die Vielfalt der Geräte in den letzten Jahren stark erhöht.

Zahl der verwendeten Arbeitsmittelkategorien in BIBB/IAB-Erhebungen			
1979	1985	1991	1999
33	45	45	62

Tab. 1:
Zahl der verwendeten Arbeitsmittelkategorien in BIBB/IAB-Erhebungen

Ebenso zeigt sich, dass die öffentliche Diskussion das Verständnis der Erwerbstätigen beeinflusst. Die Verbindung zwischen den neuen Technologien und der Diskussion ihrer Wirkungen erweist sich als ein Teilaspekt des strukturellen Wandels, der nicht von den realen Veränderungen der eingesetzten Technik isoliert werden kann. Dies gilt z.B. für die derzeit im Mittelpunkt der Diskussion stehenden computergesteuerten Arbeitsmittel. Die Ausstattung einer Reihe von Maschinen mit Bildschirmen und mit in die Anlagen integrierten Rechnern führt beispielsweise dazu, dass sich die Expansion bei computer-/programmgesteuerten Arbeitsmitteln zunehmend auf die Kategorie Computer, DV-Anlagen und Bildschirme konzentriert. Ein Aspekt, den das IAB früher immer wieder betont hat, erhält damit noch größeres - Gewicht: Das Arbeitsmittelkonzept gibt Auskunft über die Art der verwendeten Geräte und Maschinen, aber es lässt nicht unmittelbar und direkt Rückschlüsse darauf zu, wie sich bestimmte Technologien (z.B. flexible Fertigungssysteme) – die gemeinhin als neu oder modern bezeichnet werden – im Zeitablauf durchgesetzt haben.

Aussagen darüber, wie sich der wandelnde Einsatz technischer Geräte und Anlagen auswirkt, und wie sich im Laufe der Zeit die Verknüpfungen zwischen Arbeitsmittelverwendung, Wirtschaftszweig, Arbeitsumgebung, Betriebsabteilung, beruflicher Stellung, Berufsausbildung, Alter, Geschlecht usw. ändern, sind umso eher zu gewinnen, je besser sich die verwendeten Arbeitsmittel zu homogenen Gruppen zusammenfassen lassen. Ein Kriterium dafür bilden Stufen der Mechanisierung bzw. Automatisierung (einfache/angetriebene/komplexe/computergesteuerte Geräte), ein anderes die Funktion der Geräte und ihre Anwendung (Verwendungsort bzw. Verwendungszweck – z.B. „Büro" bzw. Rechen-, Diktier-, Schreib-, Zeichengerät).

Die Möglichkeiten der Arbeitsmitteleinstufung nach übergeordneten Gruppen verdeutlicht folgendes Beispiel: Ein Vergleich zwischen 1992 und 1999 zeigt beim Arbeitsmitteleinsatz eine insgesamt starke Verschiebung hin zu den höchsten Stufen der Mechanisierung und Automatisierung (komplexe Maschinen/Anlagen und computergesteuerte Systeme). Dies wird besonders bei der Betrachtung der Angaben zum „hauptsächlich verwendeten" Arbeitsmittel deutlich. Also an Arbeitsplätzen, wo bestimmte Maschinen und Anlagen die Tätigkeitsstrukturen prägen (vgl. Tabelle 2). Hierbei sei nochmals darauf verwiesen, dass die Angaben auf der Selbsteinschätzung der Befragten beruhen.[2] Dadurch können sich in mancherlei Hinsicht Abweichungen zu Analysen ergeben, bei denen Experten, aufgrund ihrer Betrachtungen vor Ort oder aufgrund von Recherchen in Betrieben, Einsatzbedingungen von Arbeitsmitteln beschreiben.

Aus einer Reihe anderer Untersuchungen lässt sich schlussfolgern, dass die gelegentliche Verwendung von Arbeitsmitteln beschreibt, welche „Hilfsmittel" bei fortschreitender Technik in traditionelle Berufs- und Tätigkeitsprofile integriert werden. Bei der überwiegenden Verwendung muss davon ausgegangen werden, dass Arbeitsmittel die Strukturen der Tätigkeiten und damit die Anforderungen an den Arbeitsplätzen nachhaltiger prägen und dass der Arbeitsmitteleinsatz bei den jeweiligen Berufen zu nachhaltigen Strukturveränderungen geführt hat.

Die im IAB verfügbaren Angaben zum Arbeitsmitteleinsatz bieten in der Regel keine direkten Aussagen darüber, in welchem Umfang sich bestimmte Techniken (z.B. Kommunikationstechnik) durchgesetzt haben und wie viel Arbeitskräfte durch einzelne Technologien (z.B. die Kommunikations- und Informationstechnologie) betroffen sind.

Mechanisierungs-/ Automatisierungsstufen	„überwiegende Verwendung"[1]		Verbreitungsgrad[2]	
	1992	1999	1992	1999
keine (einfaches Arbeitsgerät)	47	30	87	90
gering (angetriebenes Handwerkzeug)	12	5	70	69
mittel (einfache Maschinen/Anlagen)	17	11	70	47
gehoben (komplexe Maschinen/Anlagen)	3	7	32	69
hoch (computergesteuerte Arbeitsmittel)	14	36	35	62

*) Fehlende Angaben zu 100 % = kein besonderes Arbeitsmittel/ohne Angabe
Quelle: BIBB/IAB-Erhebungen 1991/1992, 1998/1999
1 Überwiegende Verwendung: Bei der überwiegenden (hauptsächlichen) Verwendung wird nur das Arbeitsmittel angegeben, das überwiegend eingesetzt wird. Hier addieren sich die Anteile der Erwerbstätigen auf 100 %.
2 Verbreitungsgrad: Anteil der Erwerbstätigen, die ein bestimmtes Arbeitsmittel verwenden (Überwiegende Verwendung und gelegentliche Verwendung zusammengefasst. Die gelegentliche Verwendung umfasst Angaben über Werkzeuge, Maschinen und Geräte, die Erwerbstätige bei ihrer Arbeit zusätzlich zum „überwiegend" verwendeten Arbeitsmittel einsetzen. Durch Mehrfachnennungen bei der gelegentlichen Nutzung ergeben sich in der Summe Anteile >100 %).

Tab. 2:
Die Verwendung von Arbeitsmitteln bei deutschen Erwerbstätigen, geordnet nach Mechanisierungs-/Automatisierungsstufen in den Jahren 1992 und 1999 (in %)

Im Vordergrund steht vielmehr zweierlei: Zum einen die Aussage, wie viel Arbeitskräfte bei bestimmten Tätigkeits- und Berufsmerkmalen bestimmte Geräte, Werkzeuge, Maschinen etc. – u.a. moderne programmgesteuerte Geräte und Anlagen – überwiegend verwenden. Zum anderen Angaben darüber, in welchem Umfang modernes und anderes technisches Gerät bei der Arbeit hin und wieder oder gelegentlich verwendet wird. Dementsprechend lassen sich die gewonnenen Ergebnisse untergliedern nach den Gruppen „überwiegende Verwender" und „gelegentliche oder zeitweise Verwender". Für beide Gruppen stehen sämtliche erwerbsstatistischen Merkmale zur Kombination mit Angaben zum Arbeitsmittel zur Verfügung. Auf diese Weise lassen sich detaillierte Strukturbilder zeichnen; sie zeigen, wer mit welcher Qualifikation, auf welcher betrieblichen Ebene, bei welcher Tätigkeit und welchen Belastungen mit technischem Gerät ständig arbeitet bzw. es hin und wieder nutzt, und wie sich der jeweilige Personenkreis von den Nichtanwendern unterscheidet.

3 Ausgewählte Ergebnisse

Ein Blick auf die vorliegenden Forschungsergebnisse ergibt folgendes Bild: Ende der sechziger Jahre gab nicht einmal ein halbes Prozent der Erwerbstätigen an, mit „elektronischen Datenverarbeitungsanlagen" zu arbeiten. Zehn Jahre später waren es schon 14 %, die mit computergesteuertem Gerät ihre Arbeit verrichten. 1989 waren es 21 % und zu Beginn der 90er Jahre bereits 37 %. Im Jahr 1999 arbeiteten beinahe zwei Drittel (62 %) aller Berufstätigen in Werkstätten, Praxen, Büros und unterwegs zumindest gelegentlich mit computergesteuertem Gerät (Abbildung 1).

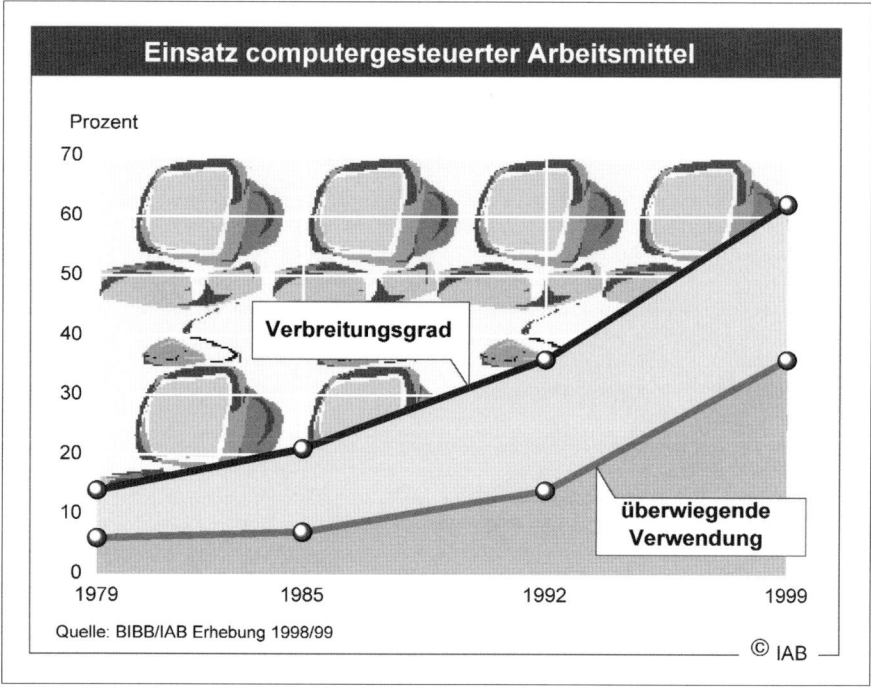

Abb. 1:
Einsatz computergesteuerter Arbeitsmittel

Expansion und Diffusion neuer Techniken hat sich in den letzten drei Jahren in einer Geschwindigkeit vollzogen, die in der Geschichte der Technisierung einmalig sein dürfte. In absolute Größen übertragen, verwendeten zu Beginn des 21. Jahrhunderts in Deutschland mehr als 20 Mio. Erwerbstätige computergesteuerte Arbeitsmittel.

Der Einsatz bestimmter Arbeitsmittel lässt nicht nur auf die Art der Tätigkeit in einem Beruf schließen, sondern auch auf dessen „Modernität" und damit im weitesten Sinne auf seine Zukunftsaussichten. Es besteht offensichtlich eine Wechselbeziehung zwischen dem Vordringen neuer Techniken und der Beschäftigungsentwicklung. In Berufsbereichen mit unterdurchschnittlicher Verbreitung sog. „moderner" Arbeitsmittel[3] ist die Zahl der Erwerbstätigen seit Ende der siebziger Jahre ständig zurückgegangen. Parallel dazu ist eine kontinuierliche Expansion im Dienstleistungssektor und eine allgemeine Tertiarisierung der Tätigkeiten zu beobachten. Die Abbildung 2 zeigt das Vordringen des Computereinsatzes seit 1992 nach 12 Berufsbereichen. Deutlich wird, dass computergesteuerte Arbeitsmittel (höchste Automatisierungsstufe) am häufigsten in Dienstleistungsberufen eingesetzt werden. Bürocomputer, Laptop und Terminals werden vor allem von Angehörigen der Büroberufe (z.B. Verwaltungs-, Büroberufe: 93 %) als Arbeitsmittel genannt. Gleichauf liegen Planungs- und Laborberufe (93 %). Mit Abstand folgen die Waren- und Dienstleistungskaufleute (73 %).

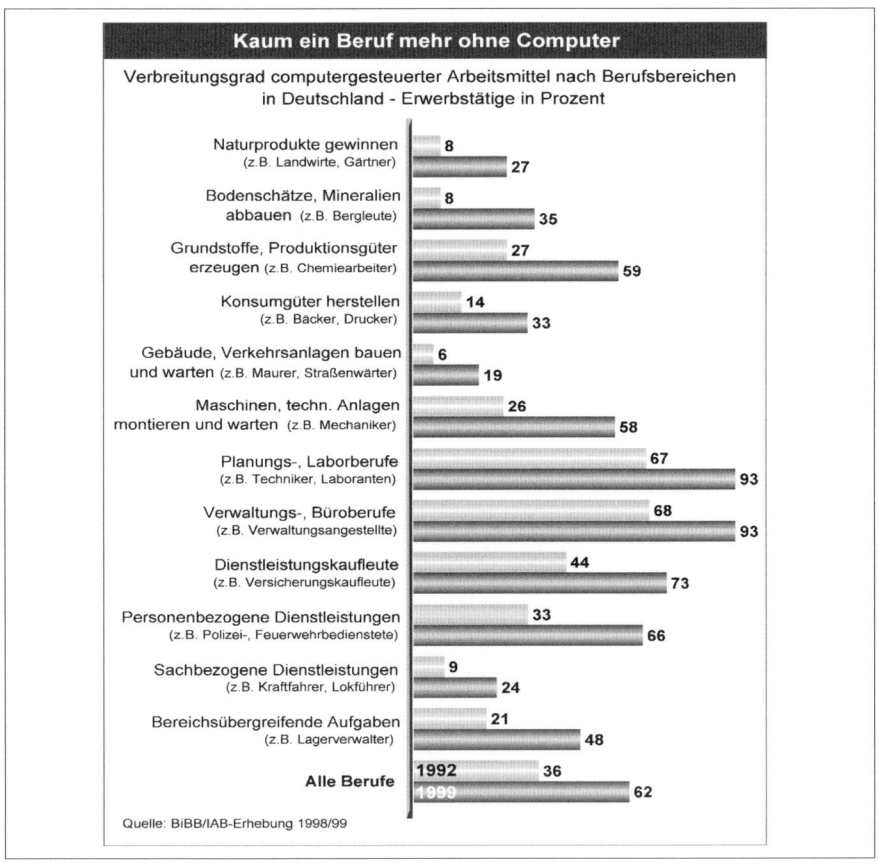

Abb. 2:
Verbreitungsgrad computergesteuerter Arbeitsmittel nach Berufsbereichen

Selbst im Berufsbereich „Naturprodukte gewinnen" (z.B. Landwirte, Gärtner) setzten sich computergesteuerte Arbeitsmittel langsam durch. Mehr als ein Viertel (27 %) der in diesen Berufen arbeitenden Erwerbstätigen verwendet zumindest gelegentlich eines dieser Geräte.

Ein noch differenzierteres Bild entsteht bei der Betrachtung der Verwendung von computergesteuertem Gerät nach der Intensität des Einsatzes.

Wie die Tabelle 3 zeigt, wird die Verteilung nach Berufen zu einem Abbild der Charakteristika des Einsatzes computergesteuerter Arbeitsmittel. Während im Berufesektor „Dienstleistungen, Infrastrukturaufgaben" immer mehr Berufstätige überwiegend („hauptsächlich") mit Computern arbeiten (im Berufsbereich „Verwaltungs-, Büroberufe" z.B. sind es 77 %, d.h. ihr Arbeitsablauf wird von diesen Geräten dominiert), steigen die Anteile im Produktions- und Instandhaltungssektor nicht so stark an.

Verwendung computergesteuerter Arbeitsmittel		
Überwiegender Einsatz und Verbreitungsgrad nach zwei Sektoren und 12 Berufsbereichen im Jahre 1999 – Angaben in Prozent		
Sektor/Berufsbereich	Überwiegende Verwendung	Verbreitungsgrad
Produktion, Instandhaltung	**11**	**42**
Naturprodukte gewinnen	6	27
Bodenschätze, Mineralien abbauen	2	35
Grundstoffe, Produktionsgüter erzeugen	27	59
Konsumgüter herstellen	13	33
Gebäude, Verkehrsanlagen bauen und warten	3	19
Maschinen, technische Anlagen montieren, warten	13	58
Dienstleistungen, Infrastrukturaufgaben	**45**	**69**
Planungs-, Laborberufe	64	93
Verwaltungs-, Büroberufe	77	93
Dienstleistungskaufleute	51	73
Personenbezogene Dienstleistungen	28	66
Sachbezogene Dienstleistungen	8	24
Bereichsübergreifende Infrastrukturaufgaben	22	48
Insgesamt (alle Berufe)	**36**	**62**

Tab. 3:
Verwendung computergesteuerter Arbeitsmittel nach Berufsbereichen (in %)

Dies zeigt sich beinahe typisch im Berufsbereich „Maschinen, technische Anlagen montieren und warten". In diesem Berufsbereich sind vor allem hochqualifizierte Fachkräfte (Elektroniker, Werkzeugmacher, Mechaniker etc.) tätig. Dort wird mit 13 % in geringem Maß „überwiegend" mit computergesteuertem Gerät gearbeitet, während der Verbreitungsgrad mit 58 % im Vergleich zu anderen Produktionsberufen sehr hoch liegt.

Ein steigender Einsatzmix von verschiedenen Werkzeugen, Geräten und Maschinen (traditionelle Werkzeuge plus neue Technik) kennzeichnet die Tätigkeit von qualifizierten Fachkräften in den Werkstätten Deutschlands.

Diese Befunde unterstützen die These, dass in einer hochtechnisierten Industrie- und Dienstleistungsgesellschaft die tayloristisch geprägte Arbeitsteilung zurück geht. Im Gegensatz zur ersten Hälfte des vergangenen Jahrhunderts entstehen wieder Arbeitsplätze, an denen Teilaufgaben zusammengeführt werden (z.B. integrierte Sachbearbeitung, fallbezogene Facharbeit u.Ä.). Somit entstehen trotz – oder wegen – des Vordringens moderner Technologien neue Produktionsformen, bei denen vorhandene Techniken an die neuen Arbeitsplatzstrukturen angepasst werden.

4 Frauen – Neue Technik alte Rolle?

Frauen und Männer verwenden computergesteuerte Arbeitsmittel in beinahe ähnlichem Umfang, wobei die Nutzung eingebunden ist in die jeweiligen Schwerpunkte der Erwerbsarbeit von Männern und Frauen:

	Computereinsatz nach Geschlecht	
	Überwiegende Verwendung	Verbreitungsgrad
Frauen	39 %	60 %
Männer	34 %	64 %

Tab. 4:
Computereinsatz nach Geschlecht (in %)

Neue Technik bricht die traditionelle Rollenteilung bei der Berufsarbeit nicht auf. Die Art des Umgangs mit computergesteuertem Gerät variiert entlang der Trennlinie zwischen Arbeitsplätzen von Männern und Frauen in der Produktion, in Labors und Büros. So sind Frauen seltener Anwender der NC-CNC-Technik oder Bediener verfahrenstechnischer Großanlagen. Häufiger arbeiten sie mit modernen Büromitteln wie Textinformationssystemen oder an elektronischen Kassen u.a.m.

Deutliche Unterschiede zwischen Frauen und Männern, die ihre Arbeit mit computergesteuertem Gerät verrichten, ergeben sich auch bei der Art und Weise der Nutzung dieser Arbeitsmittel (vgl. Tabelle 5). Frauen sind häufiger mit einfacher Computeranwendung oder Gerätebedienung (Dateneingabe, Datenausgabe) und mit der Verwendung von Textverarbeitungsprogrammen betraut. Bei der Programmierung (Programm-Software-Entwicklung) und Systembetreuung von computergesteuertem Gerät sowie im Bereich der Schulung sind dagegen im Schwerpunkt die Männer tätig. Ein ähnliches Bild zeigt sich bei der Arbeitsweise an computergesteuerten Maschinen und Anlagen in der Fertigung und Produktion. Während Frauen häufiger die Tätigkeit „Maschinen bedienen" ausüben, sind Männer vor allem in den Bereichen „Maschinen programmieren", „Einrichten" und „Wartung" tätig.

Männer und Frauen, die überwiegend oder gelegentlich (Verbreitungsgrad) mit computergesteuerten Geräten arbeiten – Erwerbstätige in Prozent*			
Arbeitsplatzmerkmale	Männer	Frauen	Insgesamt
Benutzte Software			
Textverarbeitungsprogramme	74	78	75
Tabellenkalkulationsprogramme	54	44	50
Grafikprogramme	32	18	26
Datenbankprogramme	44	37	41
Spezial-/Wissenschaftsprogramme	28	21	25
Andere Programme	36	28	33
Tätigkeitsbereich			
Programm-, Software-Entwicklung, Systemanalyse	10	3	7
Geräte-, Anlagen-, Systembetreuung	13	4	9
Beratung, Schulung	15	6	12
Arbeitsweise			
Maschinen bedienen	53	63	56
Einrichten	34	17	30
Programmieren	28	13	25
Überwachen	56	42	53
Warten, reparieren	34	7	28

* Mehrfachnennungen
Quelle: BIBB/IAB-Erhebung 1998/99.

Tab. 5:
Männer und Frauen, die überwiegend oder gelegentlich (Verbreitungsgrad) mit computergesteuerten Geräten arbeiten – Erwerbstätige in Prozent

5 Resümee

- Beinahe zwei Drittel der Erwerbstätigen in der Bundesrepublik Deutschland haben an ihrem Arbeitsplatz mit computergesteuertem Gerät zu tun. Dieser Anteil umfasst die überwiegende wie die gelegentliche Verwendung (Verbreitungsgrad) dieser neuen Techniken. Ihre Expansion vollzieht sich bis zu Beginn der 90er Jahre verstärkt dort, wo computergesteuertes Gerät gelegentlich bzw. zeitweise genutzt wurde. Arbeitsplätze, an denen überwiegend moderne Technik genutzt wird, vermehrten sich bis dahin nicht so rasch, wie der Anwendungsbereich neuer Techniken insgesamt. Dieser Trend hat sich jedoch in den letzten Jahren umgekehrt. Der Schwerpunkt liegt heute bei der überwiegenden Nutzung (36 %).

- Computergesteuertes Gerät verdrängt Werkzeuge und Arbeitsmittel einfacher Arbeit nicht, sondern ergänzt sie. Die Möglichkeiten der Produktion und Bearbeitung von Werkstücken, Geschäftsvorgängen und Dienstleistungen wird erweitert. Im Zuge des Vordringens neuer Techniken nimmt die Vielfalt des Arbeitsmitteleinsatzes sogar zu.

- Die Ergebnisse der BIBB/IAB-Erhebung 1998/1999 zeigen insgesamt, dass sich die neuen Techniken in allen Berufs- und Arbeitsfeldern durchgesetzt haben. In den Bereichen der Verwaltungs-, Büro- und Laborberufe ist eine Tätigkeit ohne Computer nicht mehr denkbar. Selbst im Berufsbereich „Naturprodukte gewinnen" (Landwirte, Gärtner etc.) verwenden schon 27 % der Erwerbstätigen zumindest gelegentlich ein computergesteuertes Gerät bei der täglichen Arbeit.

- Gemessen am Verbreitungsgrad der neuen Techniken unterscheiden sich die Frauenarbeitsplätze nicht gravierend von denen der Männer. Beinahe zwei Drittel der Frauen arbeiten mit computergesteuertem Gerät. Deutliche Unterschiede gibt es aber bei der Art der Nutzung. So sind Frauen häufiger als Männer mit Gerätebedienung und Textverarbeitung beschäftigt, während bei Männern die Schwerpunkte auch in der Systembetreuung, Programmentwicklung und Schulung liegen.

Anmerkungen

[1] 1999 wurde unter dem Titel „Qualifikation und Erwerbsarbeit an der Schwelle zum 21. Jahrhundert" eine repräsentative Befragung bei 34.000 Erwerbstätigen in Deutschland abgeschlossen. Sie bietet aktuelle Daten zur Bildungsbiografie, zur derzeitigen Erwerbstätigkeit mit detaillierten Angaben zu Berufen, Tätigkeiten und Arbeitsmitteln sowie zur individuellen Einschätzung der beruflichen Situation. Zu weitergehenden Informationen über Art und Untersuchung und ihre Ergebnisse vgl. Dostal, W.; Jansen, H.; Parmentier, K. (Hrsg.): Wandel der Erwerbsarbeit. BeitrAB 231. Nürnberg, 2000.

[2] Die Interviews sind im Privathaushalt geführt worden, ohne die Möglichkeit, die Angaben mit der betrieblichen Realität abzugleichen. Aufgrund umfangreicher Tests des Erhebungsbogens und der Vorlagen kann davon ausgegangen werden, dass die Befragten sehr wohl in der Lage sind, ihre am Arbeitsplatz vorhandenen Arbeitsmittel nach dem vorgelegten Raster richtig einzuordnen. Auch die abgegebenen Urteile darüber, welches Arbeitsgerät oder welche Maschine(n) überwiegend Verwendung finden, können als zutreffend angesehen werden.

[3] Unter modernen Arbeitsmitteln werden hier „programmgesteuerte Arbeitsmittel" verstanden. In der Tradition der BIBB/IAB-Erhebungen hatte sich dieser Terminus bewährt, bei dem auch „versteckte" Computer berücksichtigt wurden. Für die hier vorgenommene Auswertung werden die im Folgenden aufgeführten, unmittelbar anhand der Arbeitsmittelliste abgefragten Computer berücksichtigt: Personal-/Bürocomputer (PC), PC/Terminal mit Anschluss an ein internes Netzwerk, PC/Terminal mit Anschluss an ein externes Netzwerk, Tragbarer Computer, Laptop, Notebook, Scanner, Plotter, Computer für die Steuerung von Maschinen, Anlagen, Sonstige Computer. Vgl. Troll, L.: Die Arbeitsmittellandschaft in Deutschland im Jahre 1999. In: Dostal, W.; Jansen, R.; Parmentier, K. (Hrsg.) a.a.O.

Weiterführende Literatur

Dostal, W.; Stooß, F.; Troll, L.: Beruf – Auflösungstendenzen und erneute Konsolidierung. In: Mitteilungen aus der Arbeitsmarkt- und Berufsforschung (MittAB) 3/1999.

Kern, H.; Schumann, M.: Industriearbeit und Arbeiterbewusstsein. Frankfurt/Main, 1970.

Kern, H.; Schumann, M.: Das Ende der Arbeitsteilung. München, 1984.

Klauder, W.: Der Arbeitsmarkt ab dem Jahr 2000. Wie sehen die Tätigkeitsfelder der Zukunft aus? In: Gross, Werner (Hrsg.): Karriere 2000. Hoffnungen – Chancen – Perspektiven – Probleme – Risiken. Deutscher Psychologenverlag: Bonn, 1998.

Lay, G.: Analyse von Tätigkeitsstrukturen und Bewertung von Qualifikationsanforderungen an CNC-Maschinen. In: Sonntag, K. (Hrsg.): Arbeitsanalyse und Technikentwicklung. Köln, 1987.

Spur, G.: Vom Wandel der industriellen Welt durch Werkzeugmaschinen. München, Wien, 1991.

Stooß, F.; Troll, L.: Die Verbreitung „programmgesteuerter Arbeitsmittel". In: Mitteilungen aus der Arbeitsmarkt- und Berufsforschung (MittAB) 2/1982.

Stooß, F.; Troll, L.: Das „Arbeitsmittel-Konzept" als Instrumentarium zur Beobachtung des beruflichen Wandels. In: Mitteilungen aus der Arbeitsmarkt- und Berufsforschung (MittAB) 1/1988.

Ulrich, E.: Stufung und Messung der Mechanisierung und Automatisierung. In: Mitteilungen aus der Arbeitsmarkt- und Berufsforschung (MittAB) 2/1968.

Weizenbaum, I.: Die Macht der Computer und die Ohnmacht der Vernunft (Suhrkamp Taschenbuch Wissenschaft 274). Frankfurt am Main, 1979.

Werner Dostal

Berufs- und Branchenstrukturen im IT-Bereich

1   Einführung

Informationstechnik hat sich in der zweiten Hälfte des 20. Jahrhunderts weltweit ausgebreitet und wurde zunächst in der Erwerbsarbeit, dann aber in allen Bereichen der Gesellschaft genutzt. Heute sind die Geräte und Infrastrukturen weit verbreitet[1] und erzwingen entsprechende Kompetenzen bei ihren Nutzern. Sie sollten heute eher zu den Allgemein- als zu den beruflichen Qualifikationen gerechnet werden.

Natürlich werden die Geräte und Infrastrukturen in professioneller Weise entwickelt, produziert, installiert und betrieben. Dazu haben sich Berufe entwickelt und konsolidiert, die jeweils spezifische Aufgaben übernehmen und dazu Qualifikationen einbringen müssen. Branchen haben sich auf diese Aufgaben spezialisiert, es sind neue Unternehmen entstanden und die traditionelle Wirtschaft hat sich im Rahmen der Genese der Informationsgesellschaft erheblich verändert.

In der IT-Branche hat sich nach einem überhitzten Boom in den Jahren von 1998 bis 2000 inzwischen Ernüchterung breitgemacht. Die Informationsökonomie (oft auch als „Digitale Wirtschaft" bezeichnet) – zunächst offenbar nach eigenen Regeln wachsend – muss sich mittlerweile wie alle anderen Sektoren nach Aufwand und Ertrag messen lassen und zeigt derzeit ein zwiespältiges Bild: Einerseits zeigt sie eine solide Basis und einen großen Markt, andererseits scheint das exorbitante Wachstum zunächst beendet zu sein. Es wird sich in den nächsten Jahren zeigen, in welche Rolle sie einmündet.

Die Messung wirtschaftlicher Aktivität, von Märkten und ihrer Performance, von Beschäftigung bzw. Erwerbstätigkeit, von Arbeitslosigkeit und anderen Kategorien in diesem Umfeld bedarf entsprechender Kategorisierungen. Je innovativer eine Entwicklung ist, umso weniger sind überkommene Kategorien geeignet, das Typische, das Besondere neuer Entwicklungen zu spiegeln. Doch wenn nur innovative spezifische Kategorien genutzt werden (beispielsweise Speicherfähigkeit oder Geschwindigkeit integrierter Chips), dann ist eine Einbindung in das Spektrum der übrigen Kategorien und Messgrößen von Wirtschaft und Erwerbstätigkeit nicht mehr möglich. Es müssen deshalb neue tragfähige Konzepte für eine geeignete Erfassung entwickelt und abgestimmt werden.

Insbesondere die Mehrdimensionalität menschlicher Aktivität lässt sich nicht einlinig beschreiben. Immer gibt es unterschiedliche Gliederungskriterien, vielfältige

Kategorien innerhalb der Gliederungen, zusätzlich Mehrdeutigkeiten und Unschärfen. Diese Vielfalt wird bereits durch den Begriff „Arbeitswelt" deutlich – manchmal wird auch der Begriff „Arbeitslandschaft"[2] verwendet –, der einen Strauß von unterschiedlichsten Kriterien beinhaltet.

Die Informatisierung hat die Arbeitswelt bereits massiv verändert und sie wird auch in den nächsten Jahren noch manche Veränderungen auslösen. Diese Dynamik der Arbeitswelt muss ebenfalls gemessen und quantifiziert werden, was methodisch und empirisch sehr anspruchsvoll ist.

Für die folgende Betrachtung der Informatisierung der Arbeitswelt sollen vor allem die Kategorien „Beruf" und „Branche" im Vordergrund stehen. Sie sind allerdings erklärungsbedürftig, auch wenn häufig die Meinung geäußert wird, dass es sich doch um klare und durch vorliegende Klassifikationen deutlich abgrenzbare Kategorien handle. Die Schwierigkeiten der empirischen Erfassung und Zuordnung sind aber erheblich, und die vorliegenden, meist klaren und einsichtigen quantitativen Ergebnisse von Empirie und Statistik verdecken oft die Mängel des Erhebungsfundaments.

2   Beruf

Zunächst ist es erforderlich, das Phänomen Beruf in diesem Veränderungsprozess näher zu erläutern[3]: Der aus der Alltagssprache in die Sprache der Wissenschaft übernommene Begriff ist bis heute vielschichtig, mehrdeutig und umstritten. Der Berufsbegriff umfasst alle für die Erledigung einer vorgegebenen Arbeitsaufgabe notwendigen Merkmale in einer aufeinander abgestimmten Kombination. Beruf ist Merkmal von Individuen, also eher der Arbeitskraftseite zuzuordnen, und zeigt eine große Vielfalt unterschiedlichster Dimensionen – von der Tätigkeit bis zur Berufsethik. Beruf ist eine nicht nur vorübergehende, sondern der Schaffung und Erhaltung einer Lebensgrundlage dienende dauerhafte Betätigung und damit stabilitätserzeugend. Beruf ist Basis für eine Identifikation des Individuums, die immer bedeutsamer wird, je mehr sich die Bedeutung anderer Identifikationsanker (beispielsweise Familie, Nachbarschaft, Glaubensgemeinschaften) abschwächt.

2.1   Definition von Beruf

In der Berufsforschung wird Beruf durch folgende Merkmale umschrieben[4]:

- Abgestimmte Bündel von Qualifikationen im Sinne charakteristischer Ausprägungen und Anordnungen von Wissen und Sozialkompetenz.

- Aufgabenfelder, die den Qualifikationsbündeln zugeordnet sind und die durch eine Kombination aus Arbeitsmitteln, Objekt (Gegenstand) und Arbeitsumfeld geprägt sind.

- Hierarchisch abgestufte Handlungsspielräume, die sich aus der Verknüpfung der Qualifikationsseite (Arbeitskraftseite) mit der funktionalen Ausprägung der Arbeitsaufgaben (Arbeitsplatzseite) ergeben. Sie sind bestimmt durch den Status (die betriebliche Position des einzelnen), die Organisationseinheit (Aufgabengebiet/Abteilung) und das spezifische Arbeitsmilieu.

- Strukturmerkmal gesellschaftlicher Einordnung und Bewertung.

Die Mehrdimensionalität des Berufs, seine historische Bedeutung sowie die ständige Anpassungsnotwendigkeit an erwerbsbezogene und gesellschaftliche Veränderungen haben bereits in früheren Analysen dazu geführt, dass zur Vereinfachung der Zuordnung „in den Vollzügen am Arbeitsplatz ... eine entscheidende Dimension von Beruf gesehen wird"[5]. Neben diesen – durch Beobachtung immer schwerer differenzierbaren – Tätigkeiten haben sich in den letzten Jahren eher fernerliegende Aspekte in den Vordergrund geschoben, wie beispielsweise die folgenden[6]:

- Emanzipative Funktion des Berufs

- Soziale und personale Identitätsbildung durch den Beruf

- Berufsschutz als Element sozialer Stabilität

Hieraus wird deutlich, dass Beruf neben seiner Funktion, Aufgaben und Tätigkeiten arbeitsteiliger Strukturen innerhalb des Erwerbssystems zu beschreiben, zu organisieren und gesellschaftlich abzusichern, weitere Aufgaben gesellschaftlicher Zuweisung und Verantwortungsübernahme transportiert, die zwar auf tiefe historische Wurzeln[7] zurückgreifen können, immer aber wieder neu beschrieben und bewertet werden müssen[8].

Die Akteure in Arbeitswelt und Gesellschaft, beispielsweise Arbeitgeber, Verbände, politische Institutionen, Arbeitsämter und Einrichtungen des beruflichen Bildungssystems, benötigen zusammenfassende Begrifflichkeiten und Modelle, die sie als Basis für Orientierung, Aktionen und Evaluierungen in der Erwerbsarbeit einsetzen können. Bisher ist der Berufsbegriff in der Lage gewesen, derartige Zuweisungen zu tragen und insbesondere für Außenstehende die Komplexität der Arbeitswelt in eine verständliche Form zu komprimieren. Besonders bei der Wahl einer Ausbildung ist es nötig, die Qualifizierungs- und Verwertungsmöglichkeiten in Bezug auf eine spätere Erwerbstätigkeit abschätzen zu können. Je klarer und je trennschärfer Berufe deutlich gemacht werden können, umso kompetenter kann eine Berufswahl und mit ihr die Entscheidung für den geeigneten Ausbildungsweg erfolgen. Dies zieht sich dann auch weiter zur sogenannten 2. Schwelle des Übergangs von der Ausbildung in den Beruf bis hin zur weiteren Orientierung im Arbeitsleben und in der Gesellschaft.

So ist der Beruf Wurzel für die Allokation des Individuums in der Arbeitswelt wie auch in der Gesellschaft. Berufe haben ihr jeweiliges spezifisches Image, sie werden in Rangreihen verortet, haben Signalfunktion für Einkommenspotentiale, Wertschätzung und Gestaltungsmöglichkeiten für Menschen innerhalb und außerhalb der Erwerbssphäre.

2.2 Dynamik von Beruf

Der Wandel in der Arbeitswelt, ausgelöst durch innovative Prozesse in Technik, Organisation und Gesellschaft, wirkt sich auf Berufe aus und bewirkt einerseits Veränderungen in weiterbestehenden Berufen, führt zur Aufgabe nicht mehr benötigter Berufe und regt an, neuartige Berufe zu konzipieren und einzuführen. In der Öffentlichkeit herrscht die Vorstellung, Wandel in der Arbeitswelt sei vor allem am Aufkommen neuer Berufe zu erkennen, die wiederum mit neuartigen Berufsbezeichnungen etikettiert sind. Detailliertere Untersuchungen[9] haben deutlich gemacht, dass wirklich neue Berufe eher selten sind. Nicht immer sind es neue Berufe, wenn neue Berufsbezeichnungen auftauchen. Traditionelle Berufe zeigen durchaus eine hohe Flexibilität bei der Aufnahme neuer Berufselemente, wie auch neue Berufe meist auf ein Fundament traditioneller Elemente zurückgreifen. Analysen des Vorgangs der Berufsentstehung[10] machen deutlich, dass die Zusammenhänge zwischen verschiedenen Typen von Innovationen und der Entwicklung neuer Berufe zwar existieren, aber keine verallgemeinernden Regeln aufgestellt werden können. Es scheint also kein zwangsläufiger Zusammenhang zwischen innovativen Aktionen und dem Entstehen neuer Berufe zu geben. Berufe entwickeln sich graduell aus Vorgängerberufen und das Ereignis der Entstehung eines neuen Berufs und seine zeitliche Fixierung dürfte eher Ergebnis einer begleitenden Interpretation, weniger eines naturwüchsigen Prozesses sein.

2.3 IT-Berufe

In diesem Prozess der ständigen Veränderung sind auch die IT-Berufe entstanden. Die Besonderheit ihrer Genese beruht vor allem auf der anwendungs- und tätigkeitsorientierten frühen Definition, die weit vor berufspädagogischen Erwägungen Rahmen und Inhalte umschrieb. IT-Berufe werden immer noch, obwohl sie mittlerweile über 40 Jahre existieren, als neue Berufe wahrgenommen. Auch heute noch ergeben sich immer wieder neue Sichtweisen, wie sich dies in der Neugestaltung spezifischer IT-Ausbildungen im Dualen System („Neue IT-Berufe") 1996 wieder gezeigt hat.[11]

Dennoch sind Informationen über IT-Berufe vielfältig, widersprüchlich und weiterhin undurchsichtig. Allein schon die immer wieder neuen Bezeichnungen der relevanten Berufe – beispielsweise „Datenverarbeitungsfachkräfte", „Computerspezialisten", „IT-Berufe" – zeigt, dass sich der Blick auf dieses Berufsfeld immer wieder verändert. Eine Konsolidierung der Berufsbenennungen ist auch heute noch nicht erkennbar. Auch der Arbeitsmarkt zeigt keine klaren Konturen. So gibt es einen Kernarbeitsmarkt für IT-Spezialisten, es gibt einen Mischarbeitsmarkt für IT-Gestalter im engeren Sinne und es gibt die übrigen IT-Nutzer, die mit IT-Qualifikationen ihre (konventionellen) Arbeitsaufgaben erledigen.

Die Abgrenzung der IT-Berufe ist sehr schwierig, da wegen der geringen Tradition der Berufsgruppe, wegen der vielfältigen Qualifizierungswege und wegen der meist sehr wenig differenzierten Arbeitsteilung und Spezialisierung die Zuordnungen meist mehrdeutig, unscharf und im Zeitablauf variabel sind. In Deutschland entstanden die IT-Berufe – die ersten Berufe waren der Operator, der Programmierer und der Systemanalytiker – in den 60er Jahren des 20. Jahrhunderts. Sie hatten ihre Wurzel einerseits in den Hollerith-(Lochkarten-)Berufen und andererseits in den elektrotechnischen und mathematischen Hilfsberufen, konnten sich aber schnell aufwerten.[12] Ab 1970 gab es bereits einschlägige Ausbildungen für diese Berufe, wie den Datenverarbeitungskaufmann und den Mathematisch-technischen Assistenten, zugleich wurden an Hochschulen Informatik-Studiengänge eingeführt.

Die Berufsgruppe der „Datenverarbeitungsfachleute" (Berufsordnung 774 nach der 1970 neugestalteten Berufsklassifikation) bzw. Datenverarbeitungsfachleute, Softwareentwickler, DV-Organisatoren, DV-Beratungs- und Vertriebsfachleute, Rechenzentrums- und DV-Benutzerservice-Fachleute sowie sonstige Datenverarbeitungsfachleute und Informatiker (Berufsordnungen 774 – 779 nach der Berufsklassifikation 1992) umfasst eine breite Palette unterschiedlicher Berufsvarianten, 1975 wurden insgesamt 60 Berufsbezeichnungen in die Klassifikation aufgenommen, 1988 waren es bereits 111 und 1992 nach einer Revision und grundlegenden Erweiterung 281 Berufsbezeichnungen. Daneben haben sich in den letzten Jahren noch eine Vielzahl weiterer Berufsbezeichnungen ergeben, die in das Umfeld der IT-Berufe eingeordnet werden können.

Diese IT-Spezialisten bilden eine Berufsgruppe, die derzeit in Deutschland insgesamt etwa 580.000 Erwerbstätige umfasst.

Zum engeren Umfeld der Computerspezialisten gehören offenbar weitere Berufsgruppen, die sich zwar nicht als Computerspezialisten einordnen, dennoch sehr eng mit den dort geleisteten Aufgaben verbunden sind. In einer breit angelegten Untersuchung[13] wurde deshalb die Frage gestellt, ob bei der Computeranwendung die folgenden Aufgaben vorkommen:

- Programmentwicklung, Systemanalyse
- Professionelle IT-Geräte-, Anlagen- und Systembedienung
- Beratung, Schulung für IT-Aufgaben

Insgesamt haben 9,2 % der Erwerbstätigen (absolut etwa 3,05 Millionen Personen) angegeben, dass sie derartige IT-Aufgaben erledigen würden. Von diesen ordneten sich lediglich 397.000 Personen – das sind nur 13 % dieser Gruppe – den Computerberufen im engeren Sinne zu. In der Tabelle 1 ist die Berufsstruktur dieser „professionellen Computeranwender" aufgeführt.

	Erwerbstätige insgesamt (Personen)	professionelle Computeranwender in diesen Berufen (Personen)	(%)
Erwerbstätige in Dienstleistungsberufen (ohne unten angegebene Berufe)	21.607.000	1.506.000	7,0
Erwerbstätige in technischen Berufen	2.316.000	590.000	25,5
Erwerbstätige in Fertigungsberufen	8.280.000	421.000	5,1
Erwerbstätige in Computerberufen	400.000	397.000	99,3
Erwerbstätige in speziellen Dienstleistungsberufen (IT-Dozenten, Werbefachleute, Unternehmensberater)	351.000	96.000	27,4
Erwerbstätige in Agrarberufen	757.000	15.000	2,0
Erwerbstätige in sonstigen Berufen	323.000	28.000	8,7
Insgesamt	**34.034.000**	**3.053.000**	**9,2**
Datenquelle: BIBB-IAB-Untersuchung 1999, Dostal 2000			

Tab. 1:
Professionelle Computeranwender

Diese Strukturen machen deutlich, dass IT-Infrastruktur am Arbeitsplatz sowie IT-Qualifikationen nicht allein bei Computerfachleuten vorliegen, sondern dass es einen Kranz von mehr oder weniger professionellen Computeranwendern gibt, der breit über alle Berufsfelder streut. In früheren Untersuchungen wurde für jene Fachleute, die trotz der Übernahme spezifischer IT-Aufgaben in ihrem angestammten Beruf bleiben, die Bezeichnung „IT-Mischberufe" verwendet. So leistet etwa ein Viertel der Beschäftigten in technischen Berufen derartige IT-Tätigkeiten, bei den speziellen Dienstleistungsberufen sind es ähnliche Anteile. Bei den übrigen Dienstleistungsberufen sind es nur 7 %, die computernah tätig sind. Bei Fertigungsberufen sind es 5 %. Diese IT-Mischberufe haben somit eine große Bedeutung und erschweren die Abschätzung des Bestandes und des zukünftigen Bedarfs.

Im Zuge von Multimedia hat sich das Berufsfeld noch mehr verbreitet. Die überkommenen Berufe aus der Telekommunikation und den Medien, die Druck- und Vervielfältigungsberufe, die künstlerischen Berufe und die Berufe der Werbung – um nur die bedeutsamsten zu nennen – haben sich dem IT-Berufsfeld genähert. Die integrative Kraft der Informatisierung erschwert eine eindeutige Berufsabgrenzung immer mehr.[14]

3 Branche

Während Berufe eng an die Person gebunden sind, handelt es sich bei dem Branchenbezug um eine Verortung von Unternehmen nach ihren jeweiligen Aufgaben und Zielen. Die gefertigten Produkte bzw. die erbrachten Dienstleistungen erlauben es, insbesondere bei arbeitsteiliger Spezialisierung, die Unternehmen in ein Branchenraster einzuordnen. Je vielfältiger und breiter das jeweilige Angebot der Unternehmen ist, umso schwieriger ist die korrekte Zuweisung einzelner Unternehmen in eine Branche, je spezialisierter die Wertschöpfung, umso trennschärfer lässt sich die Einordnung vornehmen.

3.1 Genese der IT-Branche

Wie bei IT- Berufen ist auch bei IT-Branchen eine erhebliche Dynamik zu erkennen: Neue Produkte oder neue Dienstleistungen ragen häufig in Branchenbereiche hinein, die bislang vom jeweiligen Unternehmen nicht abgedeckt wurden. IT wird zur Zusatzaufgabe, IT-Unternehmen übernehmen konventionelle Aktivitäten, Betriebe wandeln ihre Struktur - im IT-Umfeld gibt es immer wieder interessante neue Vernetzungen, indem Unternehmen anderer Herkunft Elemente der IT übernehmen und möglicherweise ihr Geschäftsfeld innerhalb kurzer Zeit in eine völlig andere Branche verschieben. Das Beispiel Mannesmann, einem Hersteller von Stahlrohren und anderen Metallhalbzeugen, der erfolgreich in den Mobilfunk eingestiegen ist, macht diese Flexibilität deutlich: Offenbar war man über den Einsatz von Stahlrohren als Sendemasten für Mobilfunkantennen auf diesen neuen Geschäftszweig aufmerksam geworden und suchte ein neues Geschäftsfeld mit mehr Dynamik als dies im Stahlbereich erkennbar war.

Die Unübersichtlichkeit der IT-Aktivitäten in der Wirtschaft wurde zumindest teilweise durch verbandliche Aktivitäten reduziert. Mit der Gründung des BITKOM-Verbandes in den 90er Jahren ist auch die „IKT"-Branche (das K steht für Kommunikation) genauer abgegrenzt worden. Zuvor fühlten sich die Verbände aus Maschinenbau, Elektrotechnik und Bürotechnik zuständig, die aus ihrer spezifischen Ausgangsposition in den IKT-Bereich hineinragten. Heute definiert BITKOM die IKT-Branche wie folgt[15]:

Erwerbstätige insgesamt (2001)	819.000 Personen
Informationstechnik	
Herstellung von Büromaschinen und DV-Geräten	12,1 %
Software und IT-Dienstleistungen	48,5 %
Telekommunikation	
Herstellung von nachrichtentechnischen Geräten und Einrichtungen	8,9 %
Telekommunikationsdienste	30,5 %
Quelle: BITKOM 2003	

Tab. 2:
Erwerbstätige in der IKT-Branche

3.2 Dynamik der IT-Branche

Aber wie bei der Kategorie Beruf ist auch die Kategorie Branche nicht statisch abzugrenzen. Die Dynamik der Produkte und der Dienstleistungen erfordert immer wieder Anpassungen, oft auch Veränderungen der Klassifikationen, was wiederum die Bildung langer Zeitreihen erschwert. Dies ist gerade in der IKT-Branche immer wieder deutlich geworden. Die Integration wie auch die Differenzierung verschiedenster informationstechnischer Geräte, Systeme und Dienste hat neue Klassifikationen erzwungen, die oft nach kurzer Zeit schon wieder obsolet wurden.

Die Branchendefinition ist zunächst – im Unterschied zum Beruf – nicht personenbezogen. Sie zielt eher auf die Wertschöpfung, auf die Märkte, auf die Produkte und Dienste. Ihren Erwerbsbezug erhält sie erst durch die Berücksichtigung der in den Unternehmen tätigen Menschen, die an definierten Arbeitsplätzen Tätigkeiten leisten, Aufgaben erledigen und dazu spezifische Rahmenbedingungen, wie beispielsweise adäquate Arbeitsmittel, benötigen. Erwerbstätige erhalten also erst durch den Unternehmensbezug ihres Arbeitsplatzes eine Branchenzuordnung und verlieren sie möglicherweise wieder, wenn sie ihren Arbeitsplatz verlieren. In diesem Zusammenhang sei auf eine Regel der Arbeitsmarktstatistik hingewiesen, dass für Arbeitslose für die Dauer von 6 Monaten nach Arbeitsplatzverlust die frühere Branchenzuordnung gespeichert wird, nach diesen 6 Monaten wird sie gelöscht.

4 Berufe-/Branchenmatrizen

Der Zusammenhang zwischen Beruf und Branche lässt sich bei jedem Erwerbstätigen feststellen. In der Aggregation lassen sich daraus Berufe-/Branchenmatrizen ermitteln und darstellen[16], mit denen die jeweiligen Strukturen und im Zeitablauf der Strukturwandel deutlich gemacht werden können. Heute liegen derartige Matrizen in umfangreichen computergespeicherten Dateien vor und lassen sich sehr differenziert auswerten.

Bei der Analyse derartiger Matrizen ist erkennbar, dass es einerseits Berufe gibt, die sich überwiegend auf eine einzelne Branche konzentrieren. Dies ist vor allem im produzierenden Bereich erkennbar, weil dort die Berufsschneidungen oft eindeutig produkt- und damit branchenbezogen sind. Es gibt aber auch Berufe, die nahezu in allen Branchen zu finden sind. Es handelt sich dabei vor allem um Infrastrukturberufe, beispielsweise aus dem verwaltenden und kaufmännischen Bereich.

Die IT-Berufe haben sich in der Zeit der Großcomputer zunächst als Infrastrukturberufe entwickelt. Die Computer diffundierten nach und nach in alle Branchen und damit wurden in diesen Branchen Rechenzentren eingerichtet, in denen IT-Fachleute, also vor allem Operateure, beschäftigt wurden. Auch die Softwareentwicklung erfolgte zunächst bei den Anwendern, Standardanwendungssoftware gab es zunächst nicht. Lediglich für den Systembetrieb lagen Standardlösungen vor. Somit ließen sich die IT-Fachleute wie andere Infrastrukturberufe in allen Branchen einsetzen.

Mittlerweile hat sich die Situation erheblich geändert. Die Computer wurden kleiner und rückten an die Arbeitsplätze, Standardanwendungssoftware wurde in großer Vielfalt entwickelt und vermarktet, die Aufgaben wurden immer komplexer, Sicherheitsanforderungen wuchsen, so dass sich die IT-Aufgaben weiter professionalisierten. Damit wurde es interessant, IT-Dienstleistungen zu entwickeln und sie in einer eigenen Branche zusammenzufassen. Zuvor wurden derartige Dienstleistungen, wenn überhaupt, vor allem von den Hardwareherstellern mit den Computern verknüpft angeboten („Bundling").

Diese Tendenzen haben dazu geführt, dass immer mehr IT-Fachleute von speziellen Unternehmen der IT-Dienstleistungsbranche aufgenommen wurden und zugleich die Anwender weniger spezialisierte IT-Fachleute beschäftigten. Unter dem Begriff des „Outsourcing"[17] wurden immer mehr IT-Aufgaben von den

Anwendern zu den spezialisierten Dienstleistern übertragen. Besonders im Multimediabereich hat sich diese neuerliche Arbeitsteilung zwischen den Unternehmen von Anfang an gezeigt.

	Anteil IT-Fachkräfte	
	1984 %	2001 %
IT-Dienstleister	25,0	47,6
Handel, Kredit, Verkehr	23,7	20,0
Metallverarbeitung	21,5	12,5
Sonstige Produktion	17,3	7,9
Bildung und Kultur	4,3	3,5
Öffentliche Verwaltung	5,9	3,1
Sonstige Dienstleistungen	2,3	5,4
Insgesamt	**100**	**100**
Personen	*128.000*	*413.000*
Datenquelle: Beschäftigtenstatistik		

Tab. 3:
Branchenstruktur der IT-Fachkräfte (BKZ 774); Westdeutschland

Im Zeitablauf lässt sich die weitere Spezialisierung erkennen (Tabelle 3): Waren 1984 die IT-Fachleute überwiegend bei den IT-Anwendern beschäftigt, haben sich inzwischen viele Aufgaben bei den IT-Dienstleistern konzentriert. Insbesondere in der Produktion ist der Anteil der IT-Fachleute deutlich gefallen. Wegen des starken absoluten Wachstums dieses Berufsfeldes hat sich aber auch in diesen Branchen eine Zunahme ergeben.

5 IT-Arbeitsmarkt

5.1 IT-Beschäftigung

Eine längere Zeitreihe gibt es über den Bestand an sozialversicherungspflichtig beschäftigten Computerfachleuten (Abbildung 1). Hier ist ein starkes Wachstum zu erkennen, seit 2001 hat sich die bis dahin ständige Zunahme aber deutlich abgeschwächt. Während die Wachstumsraten lange Jahre bei etwa 7 bis 8 % lagen, stiegen sie 2000 auf über 10 %, um danach plötzlich einzubrechen. Für 2002 und 2003 wird von einer Stagnation ausgegangen.

Bisher hat es auf dem Arbeitsmarkt für IT-Berufe ständig Engpässe gegeben, ein Überfluss an Fachleuten war nie erkennbar. Zwar gab es auch in diesen Berufen immer wieder Arbeitslosigkeit, doch sie beschränkte sich vor allem auf Einsteiger, auf Ältere sowie auf Personen in strukturschwachen Regionen ohne Mobilitätsbereitschaft.

IT-Fachleute finden auch in „Anwenderberufen" Beschäftigungsmöglichkeiten. Die Grenzen zwischen den Spezialistenberufen und den Anwenderberufen sind fließend und die Frage, wo überall IT-Fachleute einsetzbar wären, konnte in der Vergangenheit nur wenig geklärt werden, weil nahezu alle IT-Spezialisten in ihrem Spezialgebiet eingesetzt werden konnten und für die meisten Randaufgaben zu kostbar waren.

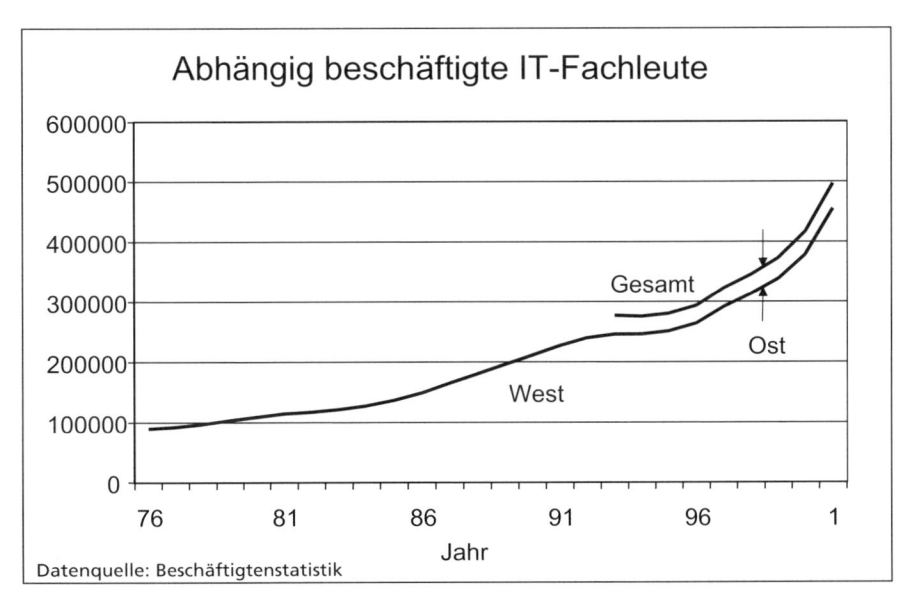

Abb. 1:
Abhängig beschäftigte IT-Fachleute

5.2 Angebot an IT-Fachleuten

Die Herkunft der IT-Fachleute ist sehr vielfältig. Da die Erstausbildung in IT-Berufen und in der Informatik lange Jahre nur mit geringen Kapazitäten angeboten wurde, sind die meisten heute tätigen IT-Fachleute als Quereinsteiger in diese Berufe gelangt. Auch heute noch ist anzunehmen, dass etwa dreiviertel aller IT-Fachleute zunächst eine IT-fremde Erstausbildung durchlaufen und sich ihre

IT-Kompetenzen erst nachträglich erworben haben. Begünstigt in diesem Berufsfeld waren insbesondere Personen mit höherwertigen Abschlüssen, insbesondere Hochschulabsolventen. Sie scheinen die nötigen Basisqualifikationen am ehesten mitzubringen und waren in diesem Berufsfeld auch dann erwünscht, wenn sie aus anderen Fachrichtungen als der Informatik kamen.

Diese geringe aus der Herkunft abgeleitete Professionalität ist auch heute noch eine prägende Begleiterscheinung in diesem Berufsfeld. Es ist immer noch umstritten, ob IT-Fachleute weiterhin unbedingt einen Qualifikationsmix aus Informatik und Anwendungswissen benötigen – diese Meinung wird dominant geäußert – oder ob nicht auch in diesem Berufsfeld zur Absicherung professioneller Leistungen eine höhere Spezialisierung nötig sein dürfte. Aus anderen Berufsfeldern, beispielsweise der Medizin, dem Rechtswesen oder der Technik, ist dieser Trend zur weiteren Spezialisierung – auch als eine Folge der Globalisierung – deutlich erkennbar. Es ist abzusehen, dass die IT-Branche diesen Weg ebenfalls gehen muss.

5.3 IT-Arbeitslose

Die Zahl der Arbeitslosen mit einem IT-Zielberuf war mit dem Beschäftigungswachstum mit angestiegen, allerdings lagen die Arbeitslosenquoten weiterhin auf niedrigem Niveau. 1994 war ein Arbeitslosenbestand von 29.000 Personen erreicht, der trotz massiven Beschäftigtenwachstums bis 1999 sogar noch auf 21.000

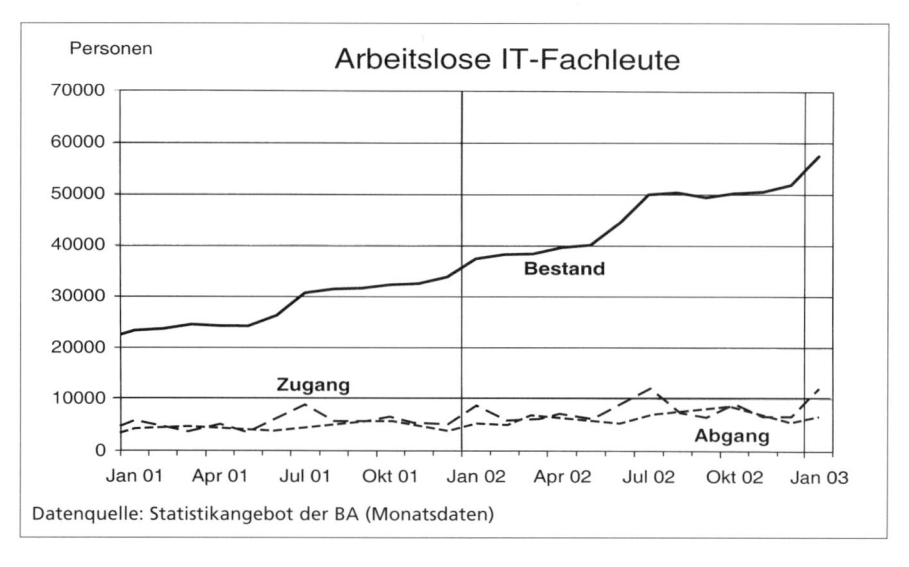

Abb. 2:
Arbeitslose IT-Fachleute

Personen zurückging. Danach aber verdoppelte sich im Verlauf krisenhafter Entwicklungen in der New Economy 2001 und 2002 die Zahl der arbeitslosen IT-Fachleute auf einen aktuellen Wert von derzeit über 50.000 Personen (Abbildung 2).

Die Zahl der gemeldeten offenen Stellen für Computerfachleute hatte sich in den Jahren von 1995 bis 2000 etwa verzehnfacht. Ein Maximum war im Frühjahr 2001 mit etwa 40.000 offenen Stellen für Computerfachleute erreicht. Seitdem geht die Zahl der Stellenangebote dramatisch zurück. Zugleich hat sich die Laufzeit der offenen Stellen leicht erhöht. Es ist also trotz hoher Arbeitslosigkeit deutlich schwieriger geworden, die angebotenen Stellen zu besetzen.

Die in diesen amtlichen Zahlen abgebildete Marktsituation ist allerdings nicht so dramatisch, wie dies nach der aktuellen Diskussion zu erwarten wäre. Möglicherweise könnte auch im Bereich freiberuflicher und selbständiger Tätigkeit ein zusätzlicher Bedarf und zusätzliche Beschäftigung entstanden sein, die aber von den aktuell zugänglichen Statistiken nicht erfasst wird. Werden Ersatzbedarf und Neubedarf in allen Statusgruppen quantifiziert, dann dürften 2002 immer noch etwa 30.000 Personen neu in dieses Berufsfeld eingestiegen sein.

5.4 Altersstruktur

Die Arbeitgeber suchen vor allem gut qualifizierte und zugleich erfahrene jüngere Fachleute. Diese können sofort in produktiven Aufgaben eingesetzt und müssen nicht erst noch eingearbeitet werden. Jüngere Menschen lassen sich aus der Sicht der Arbeitgeber besser in vorhandene Teams eingliedern und sind – wegen der Altersabstufung in den Tarifverträgen – meist auch billiger als Ältere.

Diese Situation zeigt sich bei den IT-Berufen noch ausgeprägter. Jüngere sind mit dem Computer aufgewachsen, sie scheinen besser in die jeweiligen Aufgaben eingearbeitet werden zu können und sie sind möglicherweise auch zu Mehrarbeit bereit. Sie sollten aber bereits längere Berufserfahrung mitbringen. Diese Anforderungen führen zu einem speziellen Verlauf der Arbeitslosigkeitskurve über das Alter: Es zeigt sich zunächst eine Such- bzw. Einstiegsarbeitslosigkeit, die weitgehend unabhängig von der jeweiligen Arbeitsmarktsituation ist. Dann folgt eine Phase der Vollbeschäftigung, bevor dann gegen Ende der Erwerbstätigkeit ein relativ früher Ausstieg erkennbar ist, der im Alter von etwa 53 Jahren beginnt. Offenbar meinen die Arbeitgeber, dass ab diesem Alter eine Neueinstellung von IT-Fachkräften nicht mehr sinnvoll sei. Die Fachkräfte selbst sind oft auch der Meinung, dass sie – wegen der hohen Belastung in den frühen und mittleren Jahren – ihr Lebensarbeitsvolumen bereits voll abgeleistet hätten.

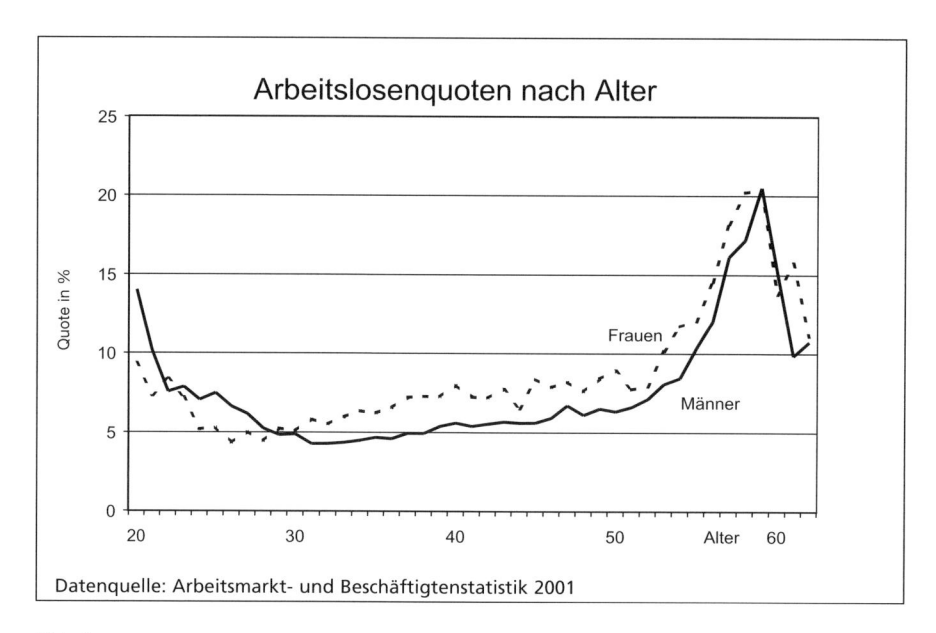

Abb. 3:
Arbeitslosenquoten nach Alter (2001, Deutschland)

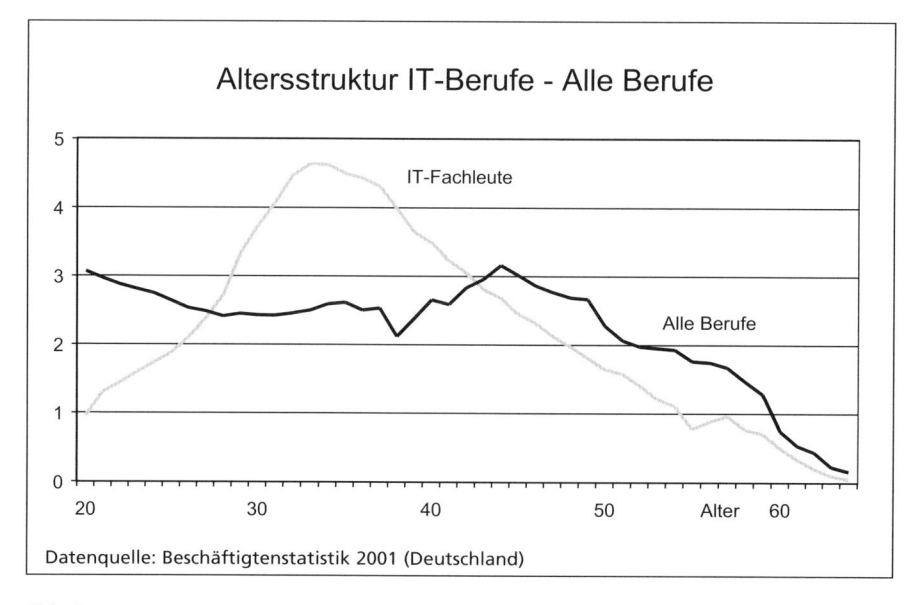

Abb. 4:
Altersstruktur IT–Berufe – Alle Berufe

Es ist unklar, ob die IT-Beschäftigung nur bis zu einem bestimmten Alter möglich ist. Die hohen Belastungen in der Erwerbstätigkeit, die schnelle Umschichtung des Wissens und das jugendliche Image der Branche legen es nahe, von einer verkürzten Erwerbsphase in diesen Berufen auszugehen. Dass in den IT-Berufen im Westen so wenig, im Osten vergleichsweise viele Frauen beschäftigt sind, hängt wohl eher mit den jeweiligen Rahmenbedingungen der Erwerbstätigkeit allgemein und nicht mit den konkreten Arbeitsanforderungen im IT-Bereich zusammen. Auch sind in den letzten Jahren IT-Aufgaben meist in Start-Ups geleistet worden, die fast ausschließlich junge und überwiegend männliche Fachleute eingestellt haben.

Aus heutiger Sicht ist deshalb zunächst davon auszugehen, dass IT-Fachleute durchaus auch älter sein können, dass aber der Verschleiß durch die hohen Anforderungen erheblich ist und dass deshalb die Erwerbsphase komprimiert wird mit späterem Einstieg und früherem Ausstieg.

5.5 Teilarbeitsmärkte

In der derzeitigen Diskussion wird beklagt, dass sich im IT-Bereich ein erheblicher Personalbedarf angestaut habe. Allerdings sind alle Quantifizierungen problematisch. Sie können nur grobe Schätzungen sein. Die geäußerten Zahlen haben vor allem den Sinn, die im Arbeitsmarkt immer wieder auftretenden Engpässe zu objektivieren und Aktionen auszulösen. Sie sollen signalisieren, dass die Aggregate auf dem Arbeitsmarkt – offene Stellen und Bewerber – nicht mehr ausgeglichen werden können.

Allerdings fallen die Entscheidungen auf nur schwer abzugrenzenden Teilarbeitsmärkten, auf denen durchaus noch Handlungsspielräume zwischen den Partnern bestehen. Denn die Forderungen beider Seiten können im Abgleichsprozess noch modifiziert werden. Der Grad der Kompromissbereitschaft hängt u.a. von Informationen über die Marktbedingungen ab. Diese sind jedoch unvollständig. Arbeitsmärkte werden deshalb nie vollständig geräumt. Auch bei hohem Bedarf bleibt immer ein Rest an Arbeitslosigkeit bestehen, so wie es auch bei geringem Bedarf durchaus noch Einstellungs- und Beschäftigungschancen gibt. Bedarfsgrößen können auch nicht beliebig fortgeschrieben werden. Denn längerfristig ungedeckter Bedarf führt zum Verzicht auf unternehmerische Aktivitäten oder löst Substitutionsprozesse aus, in denen anderes Personal auf anderen Wegen beschafft wird.

Alle vorliegenden Indizien (Suchintensität, Einkommensangebote, Aktivitäten der Interessengruppen) signalisieren, dass der derzeit geäußerte Bedarf qualitativ nur schwer gedeckt werden kann. Dies könnte in der – für den IT-Bereich typischen – globalen Konkurrenz dazu führen, dass nicht alle Wachstumspotentiale in der IT und ihrem Umfeld genutzt werden können. Der qualitative Engpass an IT-Spezialisten erschwert zusätzlich die Beschäftigung von anderen Fachkräften in diesem Umfeld, die in ausreichender Zahl zur Verfügung stehen würden und derzeit arbeitslos sind. Könnten genügend kompetente Fachkräfte für IT-Aufgaben gefunden werden, dann könnte möglicherweise als Sekundärfolge auch in anderen Branchen und Berufen Arbeitslosigkeit abgebaut werden.

6   Rekrutierung ausländischer IT-Fachleute

Zur kurzfristigen Abmilderung des Engpasses auf dem IT-Arbeitsmarkt wurde zum 1. August 2000 ein spezielles Erlaubnisverfahren – befristet bis zum 31. Juli 2003 – zur Arbeitsvermittlung hoch qualifizierter Fachkräfte der Informations- und Kommunikationstechnologie genehmigt. Insgesamt sollten maximal 20.000 Arbeitsgenehmigungen erteilt werden.

Bedingung für die Erteilung einer Green-Card ist ein Hochschulabschluss in einem einschlägigen Studiengang oder die Zusage des zukünftigen Arbeitgebers über ein Bruttogehalt von seinerzeit mindestens 100.000 DM jährlich. Antragsteller sind die Firmen, die beim örtlichen Arbeitsamt die Green-Card beantragen. Das Arbeitsamt prüft zunächst, ob der Arbeitsplatz mit einem Bewerber aus dem Inland oder einem anderen Staat der Europäischen Union besetzt werden

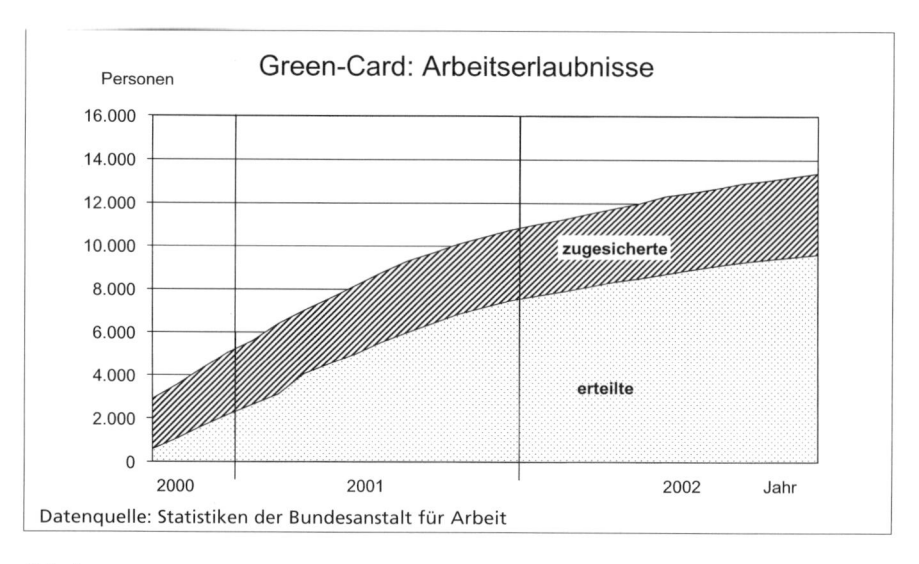

Abb. 5:
Green-Card Arbeitserlaubnisse

kann. Ist das nicht möglich, erhält der Arbeitgeber für den Kandidaten seiner Wahl umgehend, spätestens jedoch innerhalb einer Woche, die Zusicherung auf eine Arbeitserlaubnis.

Die Erteilung dieser besonderen Arbeitserlaubnisse ist – bezogen auf die Diskussion im Vorfeld – nicht so stürmisch erfolgt, wie dies erwartet worden war. Von August 2000 bis Ende 2002 wurden – zunächst kontinuierlich, danach abgeschwächt – etwas mehr als 13.000 Lizenzen zugesichert und knapp 10.000 erteilt.

Folgende Details sind in diesem Zusammenhang von Bedeutung: Der Frauenanteil liegt mit 12,3 % etwa auf demselben Niveau wie bei den deutschen IT-Fachleuten mit Hochschulabschluss. Der Anteil der Lizenzen für Personen ohne Hochschulabschluss, die aufgrund der 100.000 DM-Regelung berücksichtigt wurden, liegt bei 14,2 %. Es waren überwiegend kleine Unternehmen (bis 100 Beschäftigte), die von der Möglichkeit der Green-Card Gebrauch gemacht haben (60 %), mittlere Betriebe (über 100 bis 500 Beschäftigte) stellten 15 % dieser Fachkräfte ein und Großbetriebe (über 500 Beschäftigte) 25 %. Räumliche Schwerpunkte des Einsatzes waren Bayern (27 %), Hessen (23 %) und Baden-Württemberg (19 %). So bleiben für die übrigen Bundesländer lediglich 31 % der Erlaubnisse, nur 5 % der Erlaubnisse gingen in die neuen Bundesländer.

Etwa 15 % der ausländischen IT-Fachleute hatten bereits in Deutschland erfolgreich studiert. Sie hätten ohne die Green-Card-Regelung nicht in Deutschland bleiben dürfen. Alle anderen sind aus dem Ausland eingereist.

Bei den Herkunftsländern führt Indien (22 %), gefolgt von Russland (mit Ukraine und Baltischen Staaten – 14 %) und Rumänien (8 %).

Die vergleichsweise gute Nutzung dieses Modells trotz inzwischen abgekühlter Konjunktur macht deutlich, dass ein einschlägiger Hochschulabschluss in diesen Berufen am Arbeitsmarkt hoch bewertet wird. Immerhin sind über die Green-Card etwa so viele Informatiker mit Hochschulabschluss eingestellt worden, wie in diesen zwei Jahren an deutschen Hochschulen zertifiziert wurden.

7 Weitere Aussichten auf dem IT-Arbeitsmarkt

Die Arbeitsmarktbilanz hat sich einerseits durch den scharfen Bedarfsrückgang, andererseits durch die Ausweitung der Dualen Ausbildung und einer unverändert weiterlaufenden Fortbildung und Umschulung entspannt. Es sind aber dennoch Anstrengungen nötig, um den Bedarf auch qualitativ decken zu können. Dazu ist es besonders wichtig, geeignete Berufswähler für IT-Berufe zu motivieren. Die Bereitschaft, sich für diese Berufe bereits in der Erstausbildung zu qualifizieren und von Anfang an in diesen Berufen tätig zu werden, ist in Deutschland nicht ausreichend und muss weiter gefördert werden:

- Die Beschäftiger müssen – wie sie das in angespannten Arbeitsmarktsituationen immer schon getan haben – längerfristige Personalbeschaffungs- und Personalentwicklungsplanung betreiben. Denn die Hoffnung, fertige Fachkräfte in genügender Zahl vom Arbeitsmarkt rekrutieren zu können, wird sich nicht erfüllen. Die betriebliche Personalentwicklung wird aber dadurch begünstigt, dass immer mehr produktorientierte Ausbildungen und Zertifikate entwickelt werden, die auch im betrieblichen Umfeld vermittelt werden können.

- Die Beschäftiger müssen den Bedarf in diesem Berufsfeld als einen kontinuierlichen Bedarf deutlich machen. Das Auf und Ab der Produkt- und Dienstleistungsmärkte sollte nicht auf die Arbeitsmärkte durchschlagen. Das bedeutet auch, dass sie nicht immer nur die Kurzlebigkeit des IT-Wissens propagieren dürfen, sondern im Gegenteil die Dauerhaftigkeit solider IT-Basisqualifikation bestätigen müssen. Nur wenn für die Betroffenen langfristige Perspektiven bestehen, werden genügend Berufswähler bereit sein, in diese Berufe einzusteigen.

- Schließlich müssen die Arbeitsbelastungen in den IT-Berufen auf ein normales Maß reduziert werden und auch innovative Arbeitsformen eingeführt werden, die dann auch jenen Personengruppen entgegenkommen, die sich nicht übermäßig auf ihre Erwerbstätigkeit konzentrieren wollen oder können. Die zurückgehenden Anteile von Frauen und Älteren in diesen Berufen sind ein Indiz dafür, dass die von diesen Gruppen gewünschte Flexibilität in den IT-Beschäftigungsstrukturen nicht gewährleistet ist.

Die Liberalisierung der Tätigkeit von Nicht-EU-Zuwanderern in IT-Berufen kann kurzfristig eine gewisse Entlastung bringen, sie darf aber nicht überschätzt werden. Es ist nicht zu erwarten, dass sich im Zuge dieser Regelungen ein offener Arbeitsmarkt für ausländische Spezialisten in Deutschland entwickelt, sondern bestehende internationale Vernetzungen innerhalb von Unternehmen und zwischen Auftraggebern und –nehmern werden die Basis für zeitweise Beschäftigung von Ausländern in Deutschland sein. Ein mögliches Modell ist erkennbar: Ausländische Fachleute entwickeln in ihrem Heimatland spezielle Software und kommen dann für eine überschaubare Zeit nach Deutschland, um die Software zu implementieren.

So münden diese Erwägungen in eine Internationalisierung bzw. Globalisierung von IT-Aktivitäten und ihren flankierenden IT-Arbeitsmärkten ein. Unter anderem sind dabei Arbeitsmöglichkeiten zu liberalisieren. Derartige Öffnungen sind allerdings keine Einbahnstraße, was bei kurzfristigen Lösungen bedacht werden sollte. Die weltweite Homogenität der IT-Produkte und IT-Infrastrukturen erleichtert es den Computerfachleuten, in vernetzten transnationalen Teams tätig zu werden. National begrenzte Konzepte wirken also in diesen Berufen nur bedingt. Eine weitere Öffnung der IT-Arbeitsmärkte wird darüber hinaus nicht allein dazu führen, dass ausländische Fachkräfte in Deutschland arbeiten, sondern es werden auch deutsche Fachleute im Ausland tätig werden. Die Motivationen für derartige internationale Aktivitäten sind vielfältig. Im Vordergrund dürften das jeweilige Leistungsniveau in der Informationsverarbeitung und die Arbeitsbedingungen stehen. Wenn auf diese Konditionen geachtet wird, dann werden sich die Märkte auch für deutsche Unternehmen günstig entwickeln.

Weiterhin gilt aber, dass das Bildungssystem in seinen klassischen Kategorien weiterhin Mühe hat, kurzfristig und nachhaltig auf neue Anforderungen – insbesondere aus dem IT-Bereich – zu reagieren. Die Engpässe werden weiterhin, wie schon in den letzten 30 Jahren, überwiegend durch Reparaturaktivitäten im Rahmen der aktiven Arbeitsmarktpolitik ausgeglichen. Dennoch sind Tendenzen zur Erstausbildung und zur Höherqualifizierung speziell in diesem Berufsfeld nicht zu übersehen.

Anmerkungen

[1] Siehe dazu aktuell BITKOM 2003.

[2] Siehe dazu beispielsweise Weidig u.a. 1999.

[3] Siehe dazu vor allem Dostal u.a. 1998.

[4] Siehe dazu Henninges, H.v. u.a. 1976, Hofbauer; Stooss 1977, Stooss; Troll 1988, Dostal u.a. 1998.

[5] Henninges, H.v. u.a. 1976, S. 6.

[6] Siehe dazu Dostal u.a. 1998, S. 447 ff.

[7] Siehe dazu Hesse 1972.

[8] Siehe dazu Dostal u.a.1998.

[9] Siehe dazu vor allem Ulrich; Lahner 1970, S. 38 ff. und Troll 1996, S. 125 ff.

[10] Beispielsweise bei Lahner; Ulrich 1969, S. 441 ff.

[11] Siehe dazu vor allem BMWi 1997, BIBB 2000.

[12] Siehe beispielsweise Bednarik 1967: „Die Programmierer – Eliten der Automation".

[13] Siehe dazu Dostal 2000.

[14] Siehe dazu vor allem die Abgrenzungsversuche bei Falk u.a. 2001.

[15] BITKOM 2003, S. 23.

[16] Siehe dazu aus den frühen Arbeiten des IAB die Matrizen bei Karr; Leupold 1976, in denen – auf der Basis der Volkszählungen 1950, 1961 und 1970 – derartige Matrizen nach 51 Wirtschaftszweigen und 111 Berufsgruppen erstellt wurden.

[17] Siehe dazu beispielsweise Berg; Gräber 1995.

Literatur

Baethge, M.; Baethge-Kinsky, V.: Jenseits von Beruf und Beruflichkeit? – Neue Formen von Arbeitsorganisation und Beschäftigung und ihre Bedeutung für eine zentrale Kategorie gesellschaftlicher Integration. Mitteilungen aus der Arbeitsmarkt- und Berufsforschung 3/1998, S. 461 – 472.

Bednarik, K.: Die Programmierer – Eliten der Automation. Frankfurt/Hamburg, 1967.

Bellmann, L.: Entwicklung der betrieblichen Arbeitsnachfrage. In: Schmähl, W.; Rische, H. (Hrsg.). Wandel der Arbeitswelt – Forderungen für die Sozialpolitik. Baden-Baden, 1999, S. 61 – 81.

Berg, J.; Gräber, H. (Hrsg.): Outsourcing in der Informationstechnologie. Frankfurt/New York, 1995.

BITKOM (Hrsg.): Wege in die Informationsgesellschaft. Status quo und Perspektiven Deutschlands im internationalen Vergleich. Edition 2003.

Bundesinstitut für Berufsbildung (Hrsg.): Berufe und Qualifikationen im IT-Bereich. Sonderdruck aus Heft 6/2000 BWP.

Bundesministerium für Wirtschaft (BMWi): Die neuen IT-Berufe. Zukunftssicherung durch neue Ausbildungsberufe in der Informations- und Telekommunikationstechnik. Bonn, 1997.

Bundesministerium für Wirtschaft: Info 2000: Deutschlands Weg in die Informationsgesellschaft. Bericht der Bundesregierung. Bonn, 1996.

Deutsches Institut für Wirtschaftsforschung (DIW): Computer- und Internetnutzung hängen stark von Einkommen und Bildung ab. DIW-Wochenbericht 41/2000, S. 670–676.

Dostal, W.: Beschäftigungsgewinne in Informationsberufen. Mitteilungen aus der Arbeitsmarkt- und Berufsforschung 4/1999, S. 448 – 460.

Dostal, W.: Der Informationsbereich. In: Dieter Mertens (Hrsg.): Konzepte der Arbeitsmarkt- und Berufsforschung. Beiträge zur Arbeitsmarkt- und Berufsforschung, Band 70, 3. erweiterte und überarbeitete Auflage. Nürnberg, 1988, S. 858–882.

Dostal, W.: Die Informatisierung der Arbeitswelt – Ein erster Blick auf die Ergebnisse der BIBB/IAB-Erhebung. In: Dostal,W.; Jansen, R.; Parmentier, K. (Hrsg.):

Wandel der Erwerbsarbeit: Arbeitssituation, Informatisierung, berufliche Mobilität und Weiterbildung. Beiträge zur Arbeitsmarkt- und Berufsforschung, Band 231. Nürnberg, 2000, S. 151–167.

Dostal, W.: IT-Arbeitsmarkt – Katastrophe oder Normalisierung? Informatik-Spektrum 25/2002, S. 341–348.

Dostal, W.; Stooß, F.; Troll, L.: Beruf- Auflösungstendenzen und erneute Konsolidierung. Mitteilungen aus der Arbeitsmarkt- und Berufsforschung 3/1998, S. 438 – 460.

Dostal, W.; Troitzsch, K.G.: Informatiker im Beruf. Erste Ergebnisse der neuen GI-Umfrage. Informatik-Spektrum 21/1998, S. 33 – 38.

Dostal,W.; Jansen, R.; Parmentier, K. (Hrsg.): Wandel der Erwerbsarbeit: Arbeitssituation, Informatisierung, berufliche Mobilität und Weiterbildung. Beiträge zur Arbeitsmarkt- und Berufsforschung, Band 231. Nürnberg, 2000.

Falk, M.; Steiner, V.; Bertschek, I.; Doherr, T.; Fryges, H.; Licht, G.; Prussog-Wagner, A.; Schröder, H.; Smid, M.: IKT-Fachkräftemangel und Qualifikationsbedarf. Empirische Analyse für das Verarbeitende Gewerbe und ausgewählte Dienstleistungssektoren in Deutschland. Endbericht. Mannheim, 2001.

Ford, Henry: Mein Leben, mein Werk. Leipzig, 1927.

Henninges, H.v.; Stooß, F.; Troll, L.: Berufsforschung im IAB – Versuch einer Standortbestimmung. Mitteilungen aus der Arbeitsmarkt- und Berufsforschung 1/1976, S. 1–18.

Hesse, H.A.: Berufe im Wandel. 2. überarbeitete Auflage. Stuttgart, 1972.

Hofbauer, H.; Stooss, F.: Beruf und Berufsbildung. In: Albers, W. u.a. (Hrsg.): Handwörterbuch der Wirtschaftswissenschaft (HdWW). Tübingen, 1977. 7./8. Lieferung 1977, S. 468–478.

IDC (International Data Corporation): Europe's Growing IT Skills Crisis. 2000

Karr, W.; Leupold, R.: Strukturwandel des Arbeitsmarktes von 1950 bis 1970 nach Berufen und Sektoren. Beiträge zur Arbeitsmarkt- und Berufsforschung, Band 5. Nürnberg, 1976.

Lahner, M.; Ulrich, E.: Analyse von Entwicklungsphasen technischer Neuerungen. Mitteilungen aus dem Institut für Arbeitsmarkt- und Berufsforschung 6, 1969, S. 417–446.

Müller, K.-H.; Häußler, J.; Sonnek, W.: Die neuen Ausbildungsberufe in der Informations- und Telekommunikationstechnik (IT-Berufe). Beiträge zur Gesellschafts- und Bildungspolitik des Instituts der deutschen Wirtschaft Köln, Nr. 217. Köln, 1997.

Porat, M.U.: The Information Economy: Definition and Measurement. OT Special Publication 77-12 (1). Washington, 1977.

Reinberg, A.: Der qualifikatorische Strukturwandel auf dem deutschen Arbeitsmarkt – Entwicklungen, Perspektiven und Bestimmungsgründe. Mitteilungen aus der Arbeitsmarkt- und Berufsforschung 4/1999, S. 434 – 447

Statistisches Bundesamt (Hrsg.): Personensystematik. Klassifizierung der Berufe. Systematisches und alphabetisches Verzeichnis der Berufsbenennungen. Ausgabe 1992. Stuttgart, 1992.

Stooss, F.; Troll, L.: Das „Arbeitsmittel"-Konzept als Instrumentarium zur Beobachtung des beruflichen Wandels. Mitteilungen aus der Arbeitsmarkt- und Berufsforschung 1/1988, S. 16–33.

Troll, L.: Die Arbeitsmittellandschaft in Deutschland im Jahre 1999. In: Dostal,W.; Jansen, R.; Parmentier, K. (Hrsg.): Wandel der Erwerbsarbeit: Arbeitssituation, Informatisierung, berufliche Mobilität und Weiterbildung. Beiträge zur Arbeitsmarkt- und Berufsforschung, Band 231. Nürnberg, 2000, S. 125–150.

Troll, L.: Die Berufsbezeichnungen in Stelleninseraten als Indikatoren neuer Beschäftigungsfelder. In: Alex, L.; Tessaring, M. (Hrsg.): Neue Qualifizierungs- und Beschäftigungsfelder. BIBB/IAB-Workshop im November 1995. Bielefeld, 1996, S. 121–133

Ulrich, E.; Lahner, M.: Zur Prognose „neuer Berufe". Mitteilungen aus der Arbeitsmarkt- und Berufsforschung 1/1970, S. 33–44.

Weidig, I; Hofer, P. Wolff, H. (Prognos AG): Arbeitslandschaft 2010 nach Tätigkeiten und Tätigkeitsniveau, Beiträge zur Arbeitsmarkt- und Berufsforschung, Band 227. Nürnberg, 1999.

Peter Bott

IT-Fachkräftenachfrage auf dem Stellenmarkt

1 Einführung

Die quantitative Nachfrage nach Fachkräften in der IT-Branche hat zwar konjunkturbedingt gegenüber dem Jahr 2000 deutlich nachgelassen; ausgeschrieben werden aber immer noch zu besetzende Stellen, für die unterschiedliche Anforderungen auf sehr hohem Niveau gelten. Der Bundesverband Informationswirtschaft, Telekommunikation und neue Medien e.V. (BITKOM) beschreibt die wirtschaftliche Situation in der IT-Branche keineswegs pessimistisch: „Die Unternehmen der Informations- und Kommunikationswirtschaft (ITK) wollen sich nicht entmutigen lassen. Für das Jahr 2003 überwiegt in den meisten Segmenten ein verhaltener Optimismus. Dies zeigen die Ergebnisse des aktuellen Branchenbarometers des Bundesverbands Informationswirtschaft, Telekommunikation und neue Medien e.V. (BITKOM). Demnach rechnen 54,4% der Unternehmen für das Jahr 2003 mit steigenden Umsätzen. 28,3% der Firmen gehen von einem stabilen Geschäft auf Vorjahresniveau aus. 17,2% der Firmen äußern sich pessimistisch. Hierbei gehen nur 1,5% der Unternehmen von echten Einbrüchen um mehr als 10% minus aus. Dem stehen 8,2% der Unternehmen gegenüber, die mit einem außerordentlich dynamischen Wachstum um mehr als 10% plus rechnen. Insgesamt soll der deutsche ITK-Markt in 2003 leicht um 0,4% auf 136,5 Mrd. Euro wachsen. `Wir haben das schwierigste Jahr in der Geschichte der ITK-Branche hinter uns´, kommentierte BITKOM-Vize-Präsident Willi Berchtold anlässlich der Vorstellung der Umfrage-Ergebnisse in München. `Für das Jahr 2003 überwiegt in den meisten Segmenten eine recht zuversichtliche Grundstimmung, auch wenn wir mit einer echten Erholung nicht vor 2004 rechnen können.´ (...). Laut BITKOM findet auch heute jedes siebte Unternehmen nicht die IT-Experten, die es braucht."[1] IT-Spezialisten werden dringend gesucht, aber keineswegs sofort gefunden. Wie sehen die gesuchten Qualifikationen aus?

Der Berufsbereich der Informations- und Kommunikationstechnik ist von einer raschen Veränderungsdynamik geprägt und stellt hohe Anforderungen an das Qualifikationsniveau der Beschäftigten sowie der Bewerber um freie Stellen. Um aktuelle Informationen über die konkreten Anforderungen in den Tätigkeitsfeldern der IT-Branche zu erhalten, analysierte das Bundesinstitut für Berufsbildung (BIBB) im Herbst 2001 repräsentativ 5.000 Stellenanzeigen in regionalen sowie überregionalen Zeitungen.

Da Stellenausschreibungen in den Medien von den inserierenden Unternehmen auch als Werbemöglichkeiten genutzt werden, werden die zu vergebenden Positionen meist idealtypisch beschrieben. Ob sich die Wunschvorstellungen der Betriebe hinsichtlich der gesuchten Qualifikationen auch auf dem Markt der Bewerber wiederfinden, sollte eine anschließende Nachbefragung der inserierenden Firmen ergeben, die im Sommer 2002 durchgeführt wurde. Dieser zeitliche Abstand zwischen Stellenausschreibung und Nachbefragung wurde gewählt, um sicherzustellen, dass eine erfolgreiche Stellenbesetzung stattgefunden hat und um es den Unternehmen zu ermöglichen, Auskünfte über die Qualifikationen der Stelleninhaber zu geben. Es handelte sich hierbei um eine teilweise aufwändige und mühevolle Aufgabe für die Personalverantwortlichen in den befragten Unternehmen, für die ich mich an dieser Stelle ganz herzlich bedanken möchte.

Die angeschriebenen Betriebe wurden gebeten, Fragen zur Stellenausschreibung, zu den Qualifikationsanforderungen, zur Stellenbesetzung und zum Stelleninhaber zu beantworten. Die Fragebögen sollten einzeln für jede vakante Position ausgefüllt werden. Betriebe, die mehr als drei Stellen ausgeschrieben hatten, wurden in die „Mahnaktion" nicht mehr einbezogen, da es kaum zumutbar erschien, den gleichen Fragebogen für mehr als drei Stellen auszufüllen. Die Bruttostichprobe von 5.000 Stellenanzeigen musste daher sowohl um diese Betriebe als auch um die Firmen bereinigt werden, bei denen aus unterschiedlichsten Gründen eine postalische Zustellung unmöglich war. In die Inserentennachbefragung konnten schließlich 4.409 Stellenanzeigen einbezogen werden. Die befragten Betriebe gaben Auskunft zu 977 Stellen; dies entspricht einer Rücklaufquote von 22,2%.

Die 5.000 analysierten Stellenanzeigen beziehen sich auf IT-Kernberufe wie Anwendungsprogrammierer (22,4%), Rechenzentrums- bzw. Netzwerkfachleute (14,6%) und Vertriebsfachleute (13,1%) sowie auf IT-Mischberufe (36,3%) und eine Restgruppe von 13,3%, die der Klassifikation der Berufe der Bundesanstalt für Arbeit (BA) nicht eindeutig zuzuordnen ist. Eine ähnliche Verteilung der Tätigkeitsfelder ergibt sich bei der Inserentennachbefragung, so dass diese in Bezug auf die Berufe ebenfalls als repräsentativ angesehen werden kann.

2 Zur Stellenausschreibung

Wie bereits oben dargestellt, kann gegenwärtig nicht mehr von einem Boom für neue Arbeitsplätze im IT-Bereich gesprochen werden, dennoch werden im Tätigkeitsfeld der Informations- und Kommunikationstechnik immer noch mehr neue Stellen ausgeschrieben als vorhandene neu besetzt. Knapp 60% der ausgeschriebenen Stellenanzeigen beziehen sich auf neu geschaffene Stellen, wobei am häufigsten neue Positionen für Vertriebsfachleute mit 75% gesucht werden, gefolgt von Programmierern mit 65,5% und Rechenzentrums- bzw. Netzwerkfachleuten mit 55,8%. Die zu erledigenden Arbeitsaufgaben sind meist branchenüblich. Neue Qualifikationsanforderungen werden in erster Linie an Programmierer (14,3%) und Vertriebsfachleute (13,4%) gestellt. In Bezug auf die geforderten Qualifikationen schätzen die befragten Unternehmen die Fachkräftesituation auf dem Arbeitsmarkt schlecht ein. Die Betriebe gaben an, dass zu 78,4% keine geeigneten Fachkräfte für Vertriebsfachleute auf dem Arbeitsmarkt zu finden seien. Bei ausgeschriebenen Tätigkeiten für Programmierer stellt sich die Situation mit 76,7% ähnlich dar.

Vor der externen Ausschreibung in einer regionalen oder überregionalen Zeitung wurden 52,2% der zu vergebenden Positionen betriebsintern ausgeschrieben. Es muss davon ausgegangen werden, dass eine Personalrekrutierung aus den „eigenen Reihen" für die Betriebe nur schwer realisierbar ist.

Als wichtigste Möglichkeit zur Deckung des zukünftigen Fachkräftebedarfs werden für alle Tätigkeitsfelder in der IT-Branche Fort- und Weiterbildungsmaßnahmen für die Mitarbeiter angesehen (> 80%). Eine eigene betrieblich Ausbildung zur Deckung des zukünftigen Personalbedarfs wird lediglich für 38,6% der ausgeschriebenen Stellen als wichtig und sinnvoll angesehen. Danach befragt, warum für die angebotenen Stellen keine Bewerber mit einer betrieblichen Ausbildung in Frage kommen, antworteten die Betriebe in Bezug auf 78,6% der zu vergebenden Positionen, es gäbe keine geeignete betriebliche Ausbildung. Weiterhin äußerten die befragten Unternehmen, dass für 66,9% der Stellen das notwendige Fachwissen nicht in einer betrieblichen Ausbildung zu vermitteln sei. Eine ähnliche Einschätzung gaben die Betriebe hinsichtlich der sehr häufig erwarteten soft skills ab. Bei 62,8% der Stellen können die notwendigen Schlüsselkompetenzen nicht in einer betrieblichen Ausbildung vermittelt werden.

3 Zu den Qualifikationsanforderungen

In der IT-Branche werden Stellen in erster Linie für Spezialisten ausgeschrieben; dies gilt insbesondere für Programmierer (rd. 75%). Die Anforderungen an die formalen Qualifikationen der Bewerber um freie Stellen im IT-Bereich können allerdings durchaus als heterogen angesehen werden. Einerseits werden zu rd. 40% Fachhochschul- bzw. Hochschulabschlüsse verlangt, andererseits wird in deutlich über 40% der zu vergebenden Positionen ein formaler Abschluss explizit nicht genannt. Die folgende Tabelle gibt Auskunft über die prozentualen Verteilungen der Angaben in den Stellenanzeigen zu den formalen Qualifikationen für die einzelnen Berufsbereiche:

Anforderungen an die formale Qualifikation in Stellenanzeigen			Angaben in %
	AP[1]	RZF[2]	VertF[3]
Lehrabschluss	10,0	16,7	14,8
Fachschulabschluss	2,7	2,5	1,9
Fachhochschulabschluss	42,0	42,6	38,0
Hochschulabschluss	40,2	33,3	39,8
Weiterbildungsabschluss	0,5	1,2	1,9
kein formaler Abschluss	51,1	43,2	52,8
vergleichbare Kenntnisse	17,8	32,1	21,3
		Mehrfachnennungen möglich	

[1] AP=Anwendungsprogrammierer
[2] RZF=Rechenzentrums- bzw. Netzwerkfachleute
[3] VertF=Vertriebsfachleute

Tab. 1:
Anforderungen an formale Qualifikationen in Stellenanzeigen

Im Rahmen der Inserentennachbefragung wurden die Betriebe gefragt, ob für die ausgeschriebene Stelle ausschließlich Bewerber mit einer akademischen Ausbildung in Frage kommen. Dies wurde bei 36,3% der Stellen für Anwendungsprogrammierer, bei 16,1% für Rechenzentrums- bzw. Netzwerkfachleute und bei 25,7% der Stellen für Vertriebsfachleute bejaht. Für die Mehrheit der im IT-Bereich zu besetzenden Stellen haben also auch Nichtakademiker gute Chancen. Tatsächlich besitzen aber die eingestellten Bewerber einen Hochschul- bzw. Fachhochschulabschluss mit durchschnittlich über 50%.

Welche Ausbildungen bereiten üblicherweise auf die ausgeschriebene Tätigkeit vor? (Inserentennachbefragung)			Angaben in %
	AP	RZF	VertF
Fachhochschule/Uni	84,4	58,8	61,9
Berufsakademie	44,6	42,4	33,6
Fortbildungsabschluss	39,7	50,3	39,8
Lehrabschluss	25,9	39,4	38,1
Weiterbildungsabschluss	25,9	46,1	32,7
sonstiger Abschluss	4,9	7,3	8,0
keine Ausbildung	3,1	3,6	5,3
		Mehrfachnennungen möglich	

Tab. 2:
Ausbildungen, die üblicherweise auf die ausgeschriebene Tätigkeit vorbereiten (Inserentennachbefragung)

Danach befragt, welche Ausbildungen üblicherweise auf die ausgeschriebenen Tätigkeiten vorbereiten, machten die Betriebe folgende Angaben:

Mit durchschnittlich knapp 62% werden die Tätigkeiten im IT-Bereich über fachhochschulische bzw. hochschulische Abschlüsse abgedeckt. Insbesondere bei Tätigkeiten für Programmierer überwiegen Fachhochschul- bzw. Hochschulausbildungen.

Während Weiterbildungsabschlüsse als Formalqualifikation bei den Stellenausschreibungen mit unter 2% keine Rolle spielen, so zeigt sich in der Inserentennachbefragung, dass für die ausgeschriebenen Tätigkeiten Weiterbildungsabschlüsse durchaus eine nicht zu vernachlässigende Größe darstellen und die eingestellten Fachkräfte mit durchschnittlich knapp 10% tatsächlich einen speziellen Weiterbildungsabschluss vorweisen können. Die Rolle der Weiterbildung bekommt im IT-Bereich eine immer größere Bedeutung, wie es sich auch bei den Anforderungen an die überfachlichen Qualifikationen noch zeigen wird.

Formale Qualifikation der eingestellten Fachkräfte (Inserentennachbefragung)			Angaben in %
	AP	RZF	VertF
Lehrabschluss	8,7	16,2	15,7
Fachhochschule/Uni	67,1	39,4	61,8
Berufsakademie	6,4	5,6	2,2
anerkannter Fortbildungsabschluss	8,7	18,3	12,4
Weiterbildungsabschluss	5,8	15,5	7,9
sonstiger Abschluss	3,5	4,9	-

Tab. 3:
Formale Qualifikation der eingestellten Fachkräfte (Inserentennachbefragung)

Insgesamt kann festgestellt werden, dass ein formaler Abschluss häufig keine zwingende Voraussetzung für eine erfolgreiche Stellenbesetzung ist; die fachinhaltliche Qualifikation ist ausschlaggebend. So gaben die befragten Unternehmen an, dass bei 62,8% der Positionen für Anwendungsprogrammierer, bei 56,9% der Rechenzentrums- bzw. Netzwerkfachleute und bei 68,2% der Stellen für Vertriebsfachleute keine Formalqualifikation vorausgesetzt würde. Es reiche aus, wenn das notwendige, meist sehr spezifische Fachwissen vorhanden sei.

Spezifische Fachkenntnisse werden in über 80% der Stellenanzeigen verlangt. Um herauszufinden, welche fachinhaltlichen Qualifikationen für die Unternehmen von besonderer Wichtigkeit sind, wurden die inserierenden Betriebe in der

Nachbefragung gebeten, vorgegebene Fachkenntnisse auf einer siebenstufigen Skala, die von völlig unwichtig bis sehr wichtig reichte, zu bewerten. Als wichtigste fachinhaltliche Qualifikationen zur Besetzung der Stellen werden von den befragten Unternehmen für die Programmierer genannt: Konzipieren und Implementieren von IT-Lösungen (77,5%), C++ (58,4%) und JAVA (50,7%). Bei den Rechenzentrums- bzw. Netzwerkfachleuten sind die wichtigsten Qualifikationen: Administration (Netzwerke, IT-Systeme, Webserver) (81,4%), IT-Support (73%) und Konzipieren und Implementieren von IT-Lösungen (69,6%). Für die Vertriebsfachleute zeigt sich folgendes Bild bezüglich der wichtigsten fachinhaltlichen Qualifikationen: IT-Beratung (70,9%), Konzipieren und Implementieren von IT-Lösungen (69%) und Management, Koordination und Organisation (65,5%). Die Betriebe wurden gebeten, Angaben darüber zu machen, in welchem Maße die eingestellten Bewerber die geforderten Qualifikationen erfüllen. Hier zeigt sich, dass die eingestellten Personen für Programmiertätigkeiten den Qualifikationsanforderungen zu rd. 75% entsprechen. Die eingestellten Fachkräfte, die als Rechenzentrums- bzw. Netzwerkfachleute tätig wurden, erfüllen die an sie gestellten Anforderungen zu mehr als 80%. Zu knapp 80% erfüllten die als Vertriebsfachleute beschäftigten Personen die gewünschten Qualifikationen.

Neben den fachinhaltlichen Qualifikationen spielen die sogenannten Schlüsselqualifikationen nach wie vor eine außerordentlich große Rolle für die erfolgreiche Besetzung einer im IT-Bereich ausgeschriebenen Stelle. So werden in den Stellenanzeigen der Printmedien für Programmierer in erster Linie unternehmerisches Denken und Handeln (99,1%), Mitwirkungs- und Gestaltungskompetenzen (93,8%) sowie eine ausgeprägte Kunden- und Dienstleistungsorientierung (90,2%) gefordert. Für die Rechenzentrums- bzw. Netzwerkfachleute wie für die Vertriebsfachleute ergibt sich ein ähnliches Bild. Eine deutliche Verschiebung in der Wichtigkeit der erwarteten Schlüsselqualifikationen zeigt sich bei der Nachbefragung der Betriebe. Die Unternehmen wurden gebeten, ein vorgegebenes Set an Schlüsselqualifikationen auf einer siebenstufigen Skala in der Weise zu bewerten, wie wichtig diese soft skills bei der Besetzung der Stelle waren. Unternehmerisches Denken und Handeln verliert für Tätigkeiten von Programmierern und für Rechenzentrums- bzw. Vertriebsfachleute bei der Stellenbesetzung an Bedeutung. Für rd. die Hälfte aller Positionen in diesen Tätigkeitsfeldern galt unternehmerisches Denken und Handeln als wichtig. Andere Schlüsselqualifikationen treten gegenüber den Formulierungen in den Inseraten der Zeitungen in den Vordergrund. Hier sind in erster Linie zu nennen:

Geforderte Schlüsselqualifikationen (Inserentennachbefragung)			Angaben in %
	AP	RZF	VertF
Team- und Kooperationsfähigkeit	93,5	97,2	97,7
selbständige Lern- und Arbeitstechniken	89,7	90,0	80,7
Kommunikationsfähigkeit	89,3	95,8	98,9
Kognitive-/ Problemlösungskompetenz	86,1	89,1	89,5
Weiterbildungs-bereitschaft	89,2	90,8	93,3
Kunden- und Dienstleistungsorientierung	51,8	51,1	94,3

Tab. 4:
Geforderte Schlüsselqualifikationen (Inserentennachbefragung)

In den Tätigkeitsfeldern für Programmierer, für Rechenzentrums- bzw. Netzwerkfachleute sowie für Vertriebsfachleute muss ständig mit internen bzw. externen Kunden verhandelt und zusammengearbeitet werden, um maßgeschneiderte Lösungen zu konzipieren, zu entwickeln und zu implementieren. Von daher wird verständlich, dass in den Stellenanzeigen Kunden- und Dienstleistungsorientierung eine der häufigsten geforderten Schlüsselqualifikationen sind. Ist eine Vorauswahl der eingegangenen Bewerbungen getroffen, kann also eine einschlägige Qualifikation in dieser Richtung nachgewiesen werden, so wird im Bewerbungsverfahren, d.h. im Vorstellungsgespräch, das Gewicht der soft skills verlagert. Kommunikationsfähigkeiten z.B. sind in einem Bewerbungsschreiben nicht nachprüfbar darzulegen bzw. für das Unternehmen zu erschließen; in einem Einstellungsgespräch ist dies hingegen möglich. In Stellenanzeigen formulierte Qualifikationsanforderungen haben für die einstellenden Betriebe eine Filterwirkung, die es den Unternehmen ermöglicht, die eingehenden Bewerbungen leichter zu selektieren. Erst wenn die Grundvoraussetzungen zur Aufgabenerfüllung gegeben zu sein scheinen, die Bewerber also grundsätzlich für die ausgeschriebene Position in Frage kommen, kommen die entscheidenden Qualifikationsanforderungen zum tragen. Besonders hervorzuheben ist hier der hohe Stellenwert, den die Betriebe der Weiterbildungsbereitschaft zumessen. Für rd. 90% der zu besetzenden Stellen ist die Bereitschaft zur Weiterbildung von entscheidender Bedeutung. Dies ist nicht verwunderlich, denn gerade der IT-Bereich ist durch eine rasante Innovationsdynamik gekennzeichnet.

4 Zur Stellenbesetzung und zum Stelleninhaber

Auf die ausgeschriebenen Stellen im IT-Bereich gingen bei den Unternehmen durchschnittlich je 35 Bewerbungen ein. Hiervon erfüllten rd. 30 Bewerber die von den Betrieben gewünschten Qualifikationen nicht, denn durchschnittlich nur sechs der eine Stelle suchenden Personen kamen grundsätzlich nach der Sichtung der schriftlichen Bewerbungsunterlagen durch die Betriebe für die zu besetzende Position in Frage. Zu einem Bewerbungsgespräch wurden schließlich durchschnittlich fünf Bewerber eingeladen. Mehr als 30% der Stellen konnten nach der ersten externen Ausschreibung nicht besetzt werden. Erst eine wiederholte Stellenausschreibung führte zu dem von den Unternehmen gewünschten Erfolg. Am schwierigsten war es für die Betriebe, die gewünschten Qualifikationen für Vertriebsfachleute zu finden. 37% der Stellen mussten hier erneut ausgeschrieben werden. Ein ähnliches Bild zeigt sich bei Tätigkeiten für Programmierer: hier mussten immerhin noch 34% der Stellen mehrfach ausgeschrieben werden.

Wie schwierig es für die Betriebe ist, die gesuchten Qualifikationen auf dem Arbeitsmarkt zu realisieren, zeigt die folgende Tabelle:

Stelle ein halbes Jahr nach Ausschreibung unbesetzt (Inserentennachbefragung)			Angaben in %
Gesamt	AP	RZF	VertF
19,3	22,5	10,5	22,1

Tab. 5:
Unbesetzte Stellen ein halbes Jahr nach der Ausschreibung (Inserentennachbefragung)

Auch ein halbes Jahr nach der Ausschreibung konnten rd. 20% der Stellen nicht mit hinreichend qualifizierten Personen besetzt werden. Wie bereits oben beschrieben, werden hoch spezialisierte Fachkräfte gesucht, die auch innerhalb der vorhandenen Belegschaft nicht gefunden werden können. Bei einer erfolgreichen Stellenbesetzung werden über 90% der zu vergebenden Positionen mit externen Mitarbeitern besetzt. Um den speziellen Anforderungen des einstellenden Betriebs gerecht werden zu können, werden mehr als die Hälfte der neuen Stelleninhaber weitergebildet. Am häufigsten lassen die Unternehmen den Personen eine gezielte Weiterbildung angedeihen, die sich erfolgreich um Stellen als Vertriebsfachleute im IT-Bereich beworben haben (67,4%). Programmierer stehen mit 54,9% an zweiter Stelle. Die gezielte Weiterbildung hilft den neu eingestellten Fachkräften den Einstieg in die neue Position zu bewältigen. Eine fortdauernde Weiterbildungsbereitschaft wird allerdings, wie berichtet, in den meisten Fällen vorausgesetzt.

Die einstellenden Betriebe des IT-Bereichs haben ein großes Interesse an einer raschen Stellenbesetzung. Sind hinreichend qualifizierte Bewerber gefunden, so liegt die durchschnittliche Zeit zwischen erster Ausschreibung und der Stellenbesetzung bei 11 Wochen. Hier kann durchaus von einem zügigen Einstellungsverfahren gesprochen werden, das auch als Indiz für die Dringlichkeit zur Besetzung der Stelle und damit zur Notwendigkeit für die unverzügliche Aufgabenerfüllung gewertet werden kann.

In Bezug auf die Mitarbeiterstruktur im IT-Bereich kann festgestellt werden, dass die Tätigkeitsfelder von Männern dominiert werden. Mehr als 80% der ausgeschriebenen Stellen wurden mit männlichen Bewerbern besetzt. Insbesondere bei Positionen für Rechenzentrums- bzw. Netzwerkfachleute werden mit 93,7% Männer eingestellt. Am häufigsten wurden Frauen bei Tätigkeiten für Vertriebsfachleute mit 28,2% eingestellt. Aus diesen Daten kann allerdings keine Prognose für die Arbeitsmarktchancen von Frauen im IT-Bereich abgeleitet werden, da differenzierte Fragen zu den Frauenanteilen bei den Bewerbungen nicht gestellt wurden. Eine geschlechtsspezifische Tätigkeits- bzw. Berufsbezeichnung wird in den Stellenanzeigen kaum verwandt. In knapp 96% der Ausschreibungen werden geschlechtneutrale Tätigkeits- bzw. Berufsbezeichnungen gewählt. Weibliche Bezeichnungen für auszuübende Tätigkeiten werden nur zu unter 1% genannt.

Nicht verwunderlich ist die Altersstruktur der eingestellten neuen Mitarbeiter. Das Durchschnittsalter der Bewerber beträgt knapp 33 Jahre. Neue Mitarbeiter im IT-Bereich müssen jung sein, aber bereits über eine ausreichende Berufserfahrung verfügen, aus der sie hochqualifiziertes Fachwissen mitbringen, in Verbindung mit ausgewiesenen Schlüsselqualifikationen wie Kooperations- und Kommunikationsfähigkeiten. Auffällig ist, dass Betriebe in Stellenanzeigen für Tätigkeiten im IT-Bereich fast ausnahmslos keine Angaben zum Alter (98%) der Bewerber machen. Es wird offensichtlich unterstellt, dass nur jüngere Menschen in der sich schnell wandelnden IT-Branche eine Chance haben.

Danach befragt, inwieweit die neuen Mitarbeiter die Anforderungen an die Stelle zum Zeitpunkt der Einstellung erfüllten, gaben die Betriebe an, dass die Qualifikationsanforderungen durchschnittlich zu 80% durch die Bewerber erbracht werden. Dass dieser relativ hohe Durchschnittswert nicht zu überschätzen ist, zeigt die Abbildung 1. Eine nicht unbeträchtliche Zahl neu eingestellter Bewerber im IT-Bereich kann die von den Betrieben geforderten Qualifikationen zu Beginn ihrer Anstellung nur zu 60% bzw. sogar weniger erfüllen.

Vorhandene Qualifikationsdefizite sind aus der Sicht der befragten Unternehmen zu nahezu gleichen Teilen bei Bewerbern für Tätigkeiten als Programmierer, als Rechenzentrums- bzw. Netzwerkfachmann oder als Vertriebsfachmann zu konstatieren. Für hoch spezialisierte Tätigkeiten in Betrieben des IT-Bereichs können kaum passgenaue Qualifikationen auf dem Arbeitsmarkt gefunden werden. In vielen Fällen werden die neu eingestellten Mitarbeiter erst durch gezielte Weiterbildungen auf die speziellen Anforderungen des neuen Aufgabenfeldes vorbereitet.

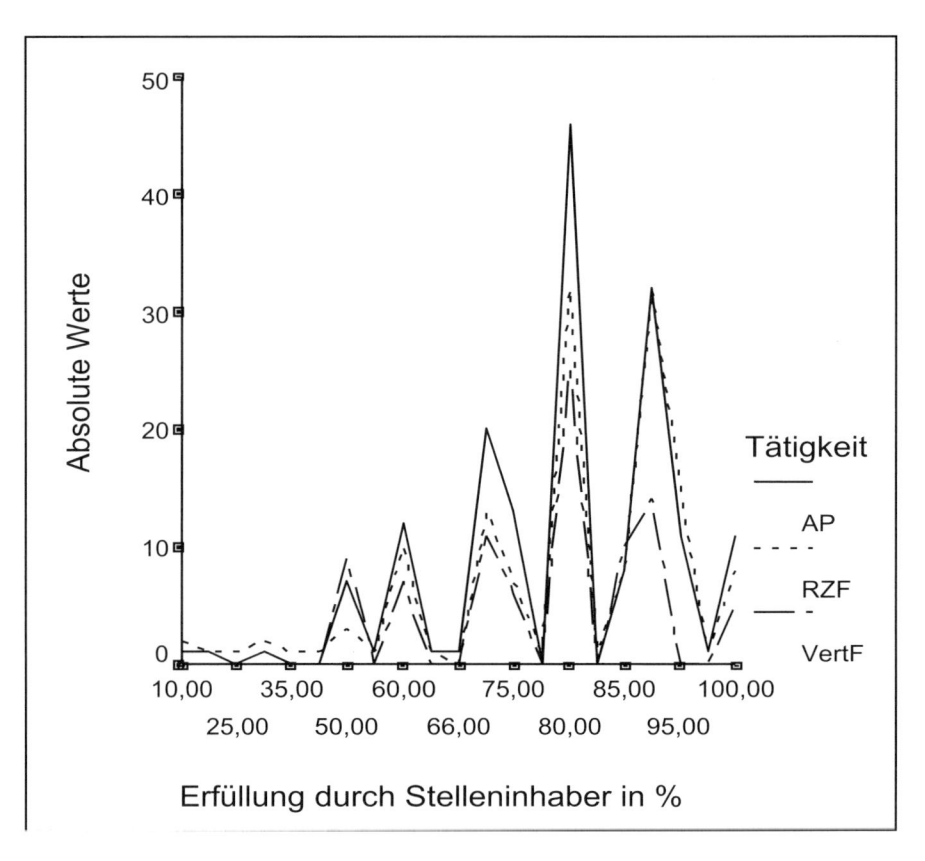

Abb. 1:
Qualifikationsanforderungen erfüllt (Inserentennachbefragung)

Anmerkungen

[1] Bundesverband Informationswirtschaft, Telekommunikation und neue Medien e.V. (BITKOM): Informations- und Kommunikationsbranche will aus dem Tal heraus. München, 17.12.2002 unter: www.bitkom.org.

Lothar Abicht, Horst Bärwald

Trendqualifikationen in der IT- und Multimedia-Branche

1 Problemlage und Vorgehen

Der Übergang zur Wissensgesellschaft führt zu massiven Arbeitsplatzverlusten und zur Entwertung traditioneller, für industriegesellschaftliche Verhältnisse charakteristischer Qualifikationen. Zugleich entstehen neue Wachstumsbereiche mit entsprechend hohem Bedarf an qualifiziertem Personal. Sie sind daher in besonderer Weise als Untersuchungsfeld zur Früherkennung von Trendqualifikationen[1] geeignet.

Ein solcher Bereich sind zweifellos die Informations- und Telekommunikationstechnologien (ITK), die sich langfristig zum größten deutschen Wirtschaftssektor überhaupt entwickeln.[2] An dieser Einschätzung ändert offensichtlich auch der Zusammenbruch des so genannten Neuen Marktes und die noch immer andauernde Krise des IT- und Multimedia-Sektors nichts Grundlegendes. Nach Auffassung vieler Experten durchläuft die Branche derzeit eher eine Konsolidierungsphase, in der sich unter anderem entscheidet, welche Konzepte tragfähig und welche Produkte marktgängig sind. Niemand stellt damit jedoch ernsthaft die langfristigen Wachstumspotenziale dieses Wirtschaftsbereiches in Frage.[3]

Das gilt grundsätzlich auch für die Entwicklung des Fachkräftebedarfs, selbst wenn die früheren, geradezu euphorischen Erwartungen teilweise in ihr Gegenteil umgeschlagen sind. Bewegten sich die Schätzungen zu offenen Stellen in der ITK-Branche Deutschlands zum Zeitpunkt des Beginns unserer Untersuchungen (Ende 1999) noch zwischen 75.000 und mehr als 100.000[4], so war nach Angabe des Bundesverbandes Informationswirtschaft, Telekommunikation und neue Medien e. V. (BITKOM) im Jahr 2002 ein Rückgang des Beschäftigungsvolumens um ca. 35.000 Personen zu verzeichnen[5].

Ungeachtet dessen wird die Branche zumindest mittel- und langfristig auch weiterhin Fachkräftemangel zu verzeichnen haben. Das BITKOM-Branchenbarometer vom Juni 2002 kam trotz des gerade zu dieser Zeit massiven Stellenabbaus zu dem Ergebnis, dass der Fachkräftemangel als eines der wichtigsten Entwicklungshemmnisse gesehen wird.[6] Damit hat die Frage der Früherkennung von Qualifikationsbedarfen, insbesondere die Ermittlung von Trendqualifikationen ganz unabhängig von konjunkturellen Schwankungen, nach wie vor prioritäre Bedeutung.

Bereits zu Beginn der Untersuchungen war klar, dass es kaum möglich ist, die IT- und Multimedia-Branche in ihrer vollen Bandbreite und Vielgestaltigkeit zu erfassen. Dementsprechend erfolgte eine Konzentration auf Softwareproduzenten und Anbieter spezifischer Internetdienstleistungen.

Eine besondere Schwierigkeit bestand darin, eindeutig als Trendsetter einzustufende betriebliche Partner herauszufinden, weil im Grunde alle über längere Zeit erfolgreichen IT-Firmen in hohem Maße innovativ und damit in der Regel auch Trendsetterunternehmen sind. Besonders relevant erschienen deshalb Unternehmen, die zum Zeitpunkt des Beginns der Untersuchungen einen hohen zusätzlichen Personalbedarf zu verzeichnen hatten.

Da sich die Untersuchungen territorial zunächst auf den mitteldeutschen Wirtschaftsraum um Halle und Leipzig konzentrierten, einer Region also, in der das isw seit Jahren den Prozess der Herausbildung neuer wirtschaftlicher Strukturen mit einer Vielzahl wissenschaftlicher Projekte begleitet, konnte der Kontakt zu IT-Firmen, die den genannten Kriterien entsprachen, relativ rasch und im Grunde problemlos hergestellt werden. Das Institut wie auch der als Branchenscout[7] agierende Mitarbeiter waren den Unternehmern seit langem bekannt, so dass von vornherein ein vertrauensvolles Verhältnis gegeben war.

Bereits die ersten, im November 1999 geführten Kontaktgespräche mit Vertretern der als Trendsetter ausgewählten Firmen bestätigten, dass dort qualifizierte Mitarbeiter(-innen) in der Regel sofort und in einem Umfang benötigt wurden, der durch Absolventen eines Studiums bzw. einer beruflichen Erstausbildung in einem der neuen IT-Berufe weder kurz- noch mittelfristig abzusichern war. Auf Wunsch der beteiligten Unternehmen erfolgten die empirischen Untersuchungen deshalb in enger Verknüpfung mit einem Modellversuch, der darauf gerichtet war, den unmittelbaren Mitarbeiterbedarf über ganz gezielte, rasch realisierbare Bildungsmaßnahmen für geeignete Arbeitslose zu decken. Die Kombination mit dem in der Endkonsequenz sehr erfolgreich verlaufenen Modellversuch (auf den hier allerdings nicht näher eingegangen werden soll[8]) ermöglichte ein deutlich gezielteres Vorgehen als in anderen Branchenuntersuchungen zu Trendqualifikationen.

Angesichts des immensen zusätzlichen Abstimmungsbedarfs wurden während der Laufzeit des Versuchs (Dezember 1999 bis September 2000) allein sechs Workshops mit festem Teilnehmerkreis (Trendsetterunternehmen, Sozialpartner und Arbeitsverwaltung) durchgeführt, in denen unter anderem auch alle wesentlichen Schritte im Hinblick auf Erfassung und Beschreibung der in den Unternehmen benötigten Qualifikationsprofile beraten und vereinbart werden konnten. In diesem Zusammenhang gab es seitens der Unternehmen zunächst heftige Kritik am Arbeitsamt und an den professionellen Bildungsträgern. Sie bezog sich in erster Linie auf die Erfahrung, dass sich vom Arbeitsamt zugewiesene Bewerber, zumeist Absolventen von gemäß SGB III geförderten Bildungsmaßnahmen, oft nicht für eine Tätigkeit in der IT-Branche eignen. Grund seien insbesondere Defizite in der Persönlichkeitsstruktur der Bewerber(-innen), aber auch mangelnde bzw. nicht den aktuellen Erfordernissen entsprechende Kenntnisse und Fähigkeiten. Hier setzte vor allem die Kritik an der Qualität der Ausbildung durch klassische Bildungsträger an. Nach Auffassung der Unternehmen sind die dort angebotenen Lehrinhalte häufig veraltet. Zudem spüre man, dass in der Regel Wissen aus „zweiter Hand" vermittelt werde und der unmittelbare Praxisbezug fehle. Allein schon solche Kritikpunkte galten als Beleg dafür, dass die beabsichtigte, konkret arbeitsplatzbezogene Ermittlung von Qualifikationsbedarfen von zentraler Bedeutung für die erfolgreiche Realisierung des Modellversuchs war, aber ebenso verallgemeinerungsfähige Hinweise auf Trendqualifikationen im Sinne der Früherkennung liefern konnte.

Die Vorgehensweise zur Feststellung der Qualifikationsbedarfe in den Unternehmen folgte dem vom isw entwickelten methodischen Konzept des Branchenscouting. Ausgehend von einer Analyse der die Entwicklung der ITK-Branche beeinflussenden gesellschaftlichen Rahmenbedingungen und Megatrends, erfolgte in einem ersten Schritt die Herausarbeitung von Entwicklungstrends in der Branche selbst. Dabei wurden Elemente einer (wesentlich auf Aussagen aus der Literatur gestützten) makroökonomischen Sicht mit eigenen Beobachtungen auf der betrieblichen Mikroebene verknüpft. Die damit auch durch das praktische Einzelbeispiel belegten Branchentrends ließen erste Schlussfolgerungen zu neuen Qualifikationserfordernissen zu. Diese zunächst noch relativ allgemeinen Aussagen konnten dann in einem zweiten Schritt auf der Grundlage von Ergebnissen der empirischen Arbeit in den Unternehmen weiter konkretisiert, systematisiert und teilweise zu konkret arbeitsplatzbezogenen Qualifikationsbündeln zusammengefasst werden.

Da die Untersuchungen in einen Modellversuch eingebettet waren, hatte auch die empirische Arbeit eine Reihe von Besonderheiten, die vom „üblichen" Vorgehen in anderen Bereichen abweichen. So waren die betrieblichen Partner sehr viel direkter an dem Prozess der Ermittlung des Qualifikationsbedarfs interessiert, weil es für sie um die Realisierung ganz aktueller Personalbedarfe ging. Dadurch war es unter anderem möglich, die beteiligten Unternehmen auch frontal zu befragen und so günstigere Voraussetzungen für das Scouting in den Betrieben selbst zu schaffen. So ist es häufiger als in anderen Bereichen gelungen, bis zum Arbeitsplatz einzelner Mitarbeiter(-innen) vorzudringen und damit Tätigkeitsspektrum und Qualifikationsprofile ganz unmittelbar zu untersuchen. Durch den engen Kontakt mit den betrieblichen Partnern war zudem eine ständige und unmittelbare Verständigung bezüglich der Untersuchungsergebnisse möglich. Insbesondere die Kurzbeschreibungen zu komplexen Qualifikationsbündeln (vgl. Anhang) sind so in der vorliegenden, mehrfach in Abstimmung mit den Unternehmen überarbeiteten Fassung durch alle Beteiligten bestätigt worden.

2 Gesellschaftliche Rahmenbedingungen und Trends der Branchenentwicklung

Mit dem Übergang zur postindustriellen Wissens- bzw. Informationsgesellschaft verliert die industrielle Güterproduktion ihre bis dahin dominierende Stellung und Triebkraftfunktion. Zum eigentlichen Motor des technologischen, wirtschaftlichen und sozialen Fortschritts werden die Hersteller und Betreiber von Informations- und Kommunikationstechnologien, insbesondere auch die Anbieter von Datenbank-, Informations- und Beratungsdiensten.[9]

Bereits heute hat die Computertechnik alle Sphären des wirtschaftlichen und gesellschaftlichen Lebens erfasst, wobei der übergreifende, von den Informations- und Kommunikationstechnologien getragene und charakterisierte Megatrend die zunehmende **Internationalisierung und Globalisierung** ist. Damit erfährt die bisher in erster Linie nationalstaatlich organisierte Wirtschafts-, Bildungs- und Arbeitsmarktpolitik einen nachhaltigen Bedeutungsverlust. Jedes – selbst traditionell auf einen engen regionalen Markt ausgerichtete – Unternehmen sieht sich angesichts der Möglichkeiten des E-Commerce einem globalen Wettbewerb mit all seinen Risiken und Chancen ausgesetzt.

Ebenso erlaubt das Internet nicht nur die grenzenlose Jobsuche, sondern über Formen der Telearbeit auch die Aufnahme einer Tätigkeit an jedem beliebigen Ort der Welt ohne selbst den Wohnsitz wechseln zu müssen. Diese neue Stufe der Freizügigkeit, die sich gewissermaßen als „immobile Mobilität" darstellt, ist verbunden mit höheren Anforderungen an die individuelle Selbstorganisation und Selbstverantwortung. Um international aktionsfähig zu sein, muss man zudem international kommunikationsfähig sein. Sichere Fremdsprachen-, insbesondere Englischkenntnisse, Wissen um fremde Kulturen und deren Akzeptanz sowie die Fähigkeit zum sicheren Umgang mit PC und Internet – kurz IT- und Medien-Kompetenz – gehören deshalb in den Bereich der schon von Kindheit an zu vermittelnden Allgemeinbildung. IT- und Medien-Kompetenz erreichen dabei – wie Lesen, Schreiben und Rechnen – sogar den Status einer allgemeinen Kulturtechnik.[10]

Ein weiterer Megatrend zeigt sich darin, dass die für industriegesellschaftliche Verhältnisse charakteristischen Organisationsmuster des Arbeitsprozesses aufgehoben werden. Tief gegliederte Hierarchien mit streng geregelten Zuständigkeiten, die einen disziplinierten, jederzeit austauschbaren Mitarbeiter verlangten, werden abgelöst durch Teamarbeit, Just-in-Time-Konzepte, Qualitätsmanagement, Lean-Management, Profitcenter, Workflow etc.

Mit einer solchen **Enthierarchisierung** entstehen flache Organisationen, in denen Verantwortung nach unten verlagert wird und der Informationsaustausch nicht nur vertikal, sondern auch auf horizontal, d. h. von Team zu Team und selbst über die Organisationsgrenzen des Unternehmens hinaus erfolgt. Hierarchien werden so durch dynamische Netzwerkstrukturen ersetzt. Damit nimmt der Bedarf an engagierten, kooperativen, selbständigen, entscheidungsfähigen und kreativen Mitarbeitern zu. Dies sind Eigenschaften, die als besondere Qualifikationsmerkmale zumindest gleichrangig neben den Anforderungen an fachliches Wissen und Können stehen. Auch solche Eigenschaften sind nicht „angeboren", sondern müssen frühzeitig ausgebildet und ständig entwickelt bzw. trainiert werden.

Mit dem Übergang zur Wissensgesellschaft wird die Entwicklung nicht mehr primär von der Verwertung von Bodenschätzen, Stoffumwandlungsprozessen und Energien getragen, sondern von den immateriellen Größen Information und Wissen, die damit zur wichtigsten Ressource und unmittelbaren Produktivkraft werden. Als charakteristischer Trend zeichnet sich deshalb schon jetzt eine beständige **Zunahme des Anteils intelligenzintensiver Arbeiten** ab. Qualifikation und Wissenserwerb erhalten einen deutlich höheren Stellenwert als in der Vergangenheit. Dagegen führt Nichtwissen, das in erster Linie auf ungleiche Chancen beim Zugang zu Wissen zurückzuführen ist, zwangsläufig ins soziale Abseits, weil es eine Einordnung ins Arbeitsleben – unter Umständen auf Dauer – verhindert.

Es gehört zu den Wesensmerkmalen der Wissensgesellschaft, dass der Bedarf an Beschäftigten mit geringer Qualifikation immer mehr abnimmt. Dieser Trend ist bereits seit Jahren zu beobachten und wird auch in Zukunft anhalten. Lag der Anteil der mit Hilfstätigkeiten Beschäftigten in der Bundesrepublik Deutschland 1991 noch bei 20,6 Prozent so wird er nach einer IAB-Prognos-Projektion bis 2010 voraussichtlich auf 15,1 Prozent zurückgehen. Andererseits erhöht sich der Anteil der Fach- und Führungskräfte mit höherer Qualifikation im gleichen Zeitraum von 39,4 auf 45,7 Prozent[11], so dass man durchaus von einer trendhaften Zunahme intelligenzintensiver Arbeitstätigkeiten sprechen kann. Mehr noch: Der typische Beschäftigte in der Informationsgesellschaft ist vom Charakter seiner Tätigkeit her ein Kopfarbeiter.[12] Er muss über eine hohe fachliche Bildung verfügen und angesichts des beschleunigten Wissensumschlags bereit und in der Lage sein, Wissen und Können lebenslang zu vervollständigen bzw. zu erneuern.

Als grundlegende, den Übergang in die Informations- und Wissensgesellschaft besonders augenfällig charakterisierende Trends haben Globalisierung, Enthierarchisierung und Zunahme intelligenzintensiver Arbeiten mithin entscheidenden Einfluss auf das allgemeine Anforderungsgefüge an die Qualifikation von Erwerbstätigen. Das gilt in besonderem Maße für die durch neue Technologien dominierten Wirtschaftsbereiche.

Die Qualifikationsentwicklung in der IT- und Multimedia-Branche wird aber nicht nur durch solche grundsätzlichen, z. T. globalen, zumindest aber branchenübergreifend wirksamen Trends beeinflusst, sondern vor allem durch längerfristige, von konjunkturellen Schwankungen relativ unabhängige Entwicklungsprozesse in der Branche selbst. Im Verlaufe unserer Untersuchungen konnten im Wesentlichen fünf, für die Qualifikationsentwicklung besonders relevante Trends festgestellt werden.

1. In der IT- und Multimedia-Branche ist ein Prozess zunehmender Spezialisierung der Unternehmen auf bestimmte Produkte bzw. Leistungen zu beobachten, der offensichtlich zur Herausbildung einer branchentypischen, auf bestimmte Marktsegmente orientierten Wirtschaftsgruppenstruktur beiträgt.

2. Die Nachfrage nach IT-Fachkräften ist nicht allein von der Zunahme der Zahl der Unternehmens- bzw. Existenzgründungen abhängig, sondern immer häufiger Ausdruck des Wachstums bestehender Unternehmen.

3. Mit dem Wachstum von Unternehmen verstärken sich im betrieblichen Ablauf zugleich auch arbeitsteilige Prozesse, die mit einer fortschreitenden Differenzierung des Personalbedarfs einhergehen und zur allmählichen Ausprägung einer für die IT-Branche charakteristischen Berufelandschaft führen. Dazu gehören nicht nur ausgesprochene IT-Berufe, sondern auch ganz traditionelle Qualifikationen, z. B. im Büro- und Buchhaltungsbereich, in den Bereichen Marketing und Vertrieb, mehr und mehr aber auch im Hauptleistungsbereich der Unternehmen selbst. Gerade die Spezialisierung eines Unternehmens auf eine fest definierte Produktgruppe kann zu mancherlei, auf den ersten Blick auch „branchenfremden" Bedarfen führen. So benötigt beispielsweise eines der von uns kontaktierten Trendsetterunternehmen, das sich auf die Entwicklung von Logistiksoftware für die Abfallwirtschaft spezialisiert hat, eben auch Logistikexperten und selbst juristische Kompetenz, um so die vielfältigen und international z. T. sehr unterschiedlichen rechtlichen Regelungen zu Umweltschutz und Abfall- einschließlich Giftmüllentsorgung besser berücksichtigen zu können.

4. Zu beobachten ist eine Entwicklung, die darauf hindeutet, dass der Bedarf an komplexen (zumindest berufsähnlichen) IT-Qualifikationen im engeren Sinne ebenfalls differenzierter und spezialisierter ist, als beispielsweise in den neuen IT-Ausbildungsberufen angelegt. Solche Einsichten werden sowohl von stark expandierenden Trendsetterunternehmen (vor allem des Software-Bereichs) als auch durch aktuelle Forschungsarbeiten anderer Institute bestätigt.[13] Die Herauskristallisierung einer größeren Anzahl komplexer Qualifikationsprofile hat vor allem zwei Wurzeln: Zum einen führt die Zunahme arbeitsteiliger Prozesse zu engeren, teilweise sehr stark spezialisierten Tätigkeitsanforderungen, für die oft eine mittlere Qualifikation und bei entsprechenden Voraussetzun-

gen teilweise sogar eine betriebliche Einarbeitung ausreichend ist. Zum anderen wird deutlich, dass sich auch relativ breit ausgebildete IT-Fachleute in der betrieblichen Praxis mehr und mehr spezialisieren. Das ist nicht allein eine Frage der höheren Effizienz, sondern auch dadurch bedingt, dass die Dynamik des Wissensumschlags in der Branche eine lebenslange Qualifizierung auf breiter Ebene gar nicht zulässt.

5. Wesentlich rascher und umfassender als in anderen Fertigungs- und Dienstleistungsbereichen setzen sich in der IT-Branche neue Beschäftigungsformen durch. Das betrifft vor allem freiberufliche Tätigkeiten sowie unterschiedliche Formen der Telearbeit. Zu beobachten ist insbesondere, dass der Anteil derartiger Beschäftigungsweisen rasch zunimmt. Daraus ergibt sich die Notwendigkeit, dass auch die dafür erforderlichen zusätzlichen Kompetenzen entwickelt werden müssen. Das betrifft insbesondere die Fähigkeit und Bereitschaft, ein höheres Maß an Eigenverantwortung wahrzunehmen, die Fähigkeit zur Selbstorganisation sowie die Aneignung betriebswirtschaftlicher, steuer- und vertragsrechtlicher Kenntnisse, die allerdings im Hinblick auf konkrete Inhalte, erforderlichen Umfang und Tiefe noch konkret zu definieren sind. Zu berücksichtigen ist in diesem Zusammenhang, dass solche an die spezifische Beschäftigungsform gebundenen Zusatzqualifikationen generelle Bedeutung haben und nicht nur in der IT- und Multimedia-Branche gefragt sind.

Alle hier kurz umrissenen Trends wirken sich also mittelbar oder sogar unmittelbar auf die Qualifikationsentwicklung im ITK-Bereich aus. Allerdings lassen sich aus einer so globalen Sicht nur recht allgemeine Qualifikationsanforderungen ableiten. Mehr Konkretheit und Tiefe sind nur durch Untersuchungen in den Unternehmen selbst möglich, wobei die Kenntnis der wichtigsten, die Entwicklung der Branche beeinflussenden Trends dafür eine tragfähige Grundlage bietet und zugleich ein relativ zielorientiertes Vorgehen ermöglicht.

3 Auswirkungen der Branchentrends auf die Qualifikationsentwicklung in den Unternehmen

Eingeleitet wurde die Phase der empirischen Arbeit mit einem Workshop, der sich speziell mit der Frage der Bedarfsermittlung in den Unternehmen beschäftigte. Hier wurde den betrieblichen Partnern das beabsichtigte Vorgehen erläutert und – vor allem im Hinblick auf Einzelaspekte des Branchenscouting – diskutiert. Damit konnte von vornherein eine Aufgeschlossenheit gegenüber dem Anliegen des isw erzielt werden, die so weit reichte, dass aus dem Forum selbst noch weitere Vorschläge zur möglichst effizienten Gestaltung der Untersuchung erfolgten, so z. B. auch der, zuerst eine frontale schriftliche Befragung der Geschäftsführer durchzuführen.

Dieser Anregung folgend, wurden alle am Modellversuch teilnehmenden Unternehmen per E-Mail um die stichwortartige Beantwortung folgender Fragen gebeten:

1. Für welche Tätigkeiten benötigen Sie dringend Mitarbeiter(-innen)?
2. Über welche Kenntnisse, Fähigkeiten und Persönlichkeitsmerkmale müssen die Bewerber(-innen) verfügen?
3. Welche Kenntnisse, Fähigkeiten und Persönlichkeitsmerkmale sollten die Bewerber(-innen) als Voraussetzung für die Teilnahme an einer eventuell erforderlichen Bildungsmaßnahme bereits mitbringen?

An der Befragung beteiligten sich sieben der angeschriebenen zehn Unternehmen. Die Ergebnisse waren für eine so geringe Anzahl von Beteiligten unerwartet umfassend und in zahlreichen Einzelpositionen weitgehend übereinstimmend. Der Umstand, dass sich alle Befragten daran gehalten hatten, wirklich stichwortartig zu antworten, ermöglichte es, die Ergebnisse übersichtlich in tabellarischer Form zusammenzufassen. Dabei kristallisierten sich sieben komplexe Qualifikationen (oder auch Qualifikationsbündel) heraus, wobei die Nachfrage nach Vertriebskräften und Programmierern bzw. Programmiererinnen bei den beteiligten Firmen am stärksten ausgeprägt war. Die Qualifikation „Projektleiter(in)" wurde im weiteren Verlauf der Untersuchung nicht mehr berücksichtigt, da hier Anforderungen zu stellen sind, die im Rahmen einer Qualifizierung für Erwerbslose kaum realisierbar sind.

In die tabellarische Übersicht wurden ausschließlich die unbewerteten Antworten der Befragten aufgenommen. Das erklärt einerseits die unterschiedliche Besetzungsdichte der Zellen. Andererseits ist es erstaunlich, dass bei einem so kleinen Sample eine doch recht große Zahl, teilweise sehr konkreter Qualifikationsanforderungen genannt wurde.

Ein ganz wesentliches Ergebnis dieser ersten Befragung zeigte sich darin, dass die Befragten mit Abstand am häufigsten ganz allgemeine Voraussetzungen, insbesondere bestimmte Persönlichkeitsmerkmale und soziale Kompetenzen als wesentlich für eine Tätigkeit in ihrem Unternehmen hervorgehoben haben. Wie in späteren Diskussionen immer wieder bestätigt wurde, legen Unternehmer(-innen) der IT- und Multimedia-Branche bei der Neueinstellung von Bewerberinnen und Bewerbern tatsächlich eindeutig größeren Wert auf solche Persönlichkeitsqualitäten als auf bereits vorhandene fachliche Kenntnisse. Begründet wird das aus der Erfahrung, dass bei entsprechender Einstellung der Bewerber(-innen), d. h. wenn sie neben den notwendigsten fachlichen Grundvoraussetzungen auch Interesse, Neugier sowie die Fähigkeit, den Willen und die Bereitschaft zum Lernen mitbringen, im Grunde alles machbar sei. Andererseits nütze eine abgeschlossene Ausbildung allein recht wenig, wenn die Bereitschaft zum ständigen Hinzulernen oder auch der „innere Drang", Probleme unter allen Umständen lösen zu wollen, fehle.

Die herausragende Bedeutung, die solchen Qualifikationsmerkmalen seitens der Unternehmer zugemessen wird, offenbart schlaglichtartig ein Grundproblem unseres gesamten Bildungs- und Ausbildungssystems: Es ist offensichtlich zu einseitig auf die Vermittlung von Wissen und formalem Können ausgerichtet. Dagegen werden persönliche und soziale Kompetenzen im Lehr- und Lernprozess noch immer vernachlässigt. Möglichkeiten der Anerziehung und des Trainings entsprechender Verhaltensmuster erfolgen bestenfalls sporadisch und zumeist unbewusst, z. B. im Rahmen von Projektarbeit und Praktika, aber eben nicht systematisch und nicht durch speziell dafür ausgebildete Lehrkräfte oder Trainer. In dieser Beziehung besteht ganz zweifellos Handlungsbedarf, denn auf derartige Defizite wird auch in anderen Branchen immer wieder hingewiesen.

Als nächster Schritt der Untersuchung erfolgten ausführliche Gespräche in den Unternehmen selbst, die entsprechend dem Konzept des Branchenscouting z. T. auch direkt am Arbeitsplatz bestimmter Mitarbeiter(-innen) stattfanden. So konnten in direkter Kooperation mit den Trendsettern sehr konkrete Anforderungen an die Qualifikation der dringend benötigten Mitarbeiter(-innen) herausgearbeitet werden. Hier nur drei Beispiele:

In den Vorortuntersuchungen bestätigte sich, dass die Qualifikationsbedarfe äußerst differenziert sind und in der Regel ein hoher Spezialisierungsgrad erwartet wird. Dabei kann das Niveau der Qualifikationsanforderungen in direkter Abhängigkeit von den konkreten Tätigkeitsinhalten sehr unterschiedlich sein und bis in den Bereich qualifizierter Hilfstätigkeiten reichen, die nicht unbedingt eine abgeschlossene Berufsausbildung erfordern. Das betrifft auch Programmiertätigkeiten.

Dazu das erste Beispiel aus einem halleschen Unternehmen, welches kundenspezifische IT-Komplettlösungen – bestehend aus Hard- und Softwarekomponenten – für die Entsorgungswirtschaft herstellt.[14] Unter anderem bietet die Firma ein grafikorientiertes Tourenplanungs- und Optimierungssystem an, dessen Kernstück hochleistungsfähige Bordrechner sind, mit denen mobile Einheiten wie z. B. Entsorgungsfahrzeuge via Satellitenortung (GPS) geleitet und kontrolliert werden können. Zusätzlich ermöglicht das System auch die direkte Auftragsübermittlung von der Zentrale zur mobilen Einheit, einschließlich des Ausdrucks aller notwendigen Dokumente und Formulare direkt im Fahrzeug. Dazu ist es erforderlich, dass alle benötigten Formularvordrucke in digitalisierter Form verfügbar sind. Sie sind deshalb in das zum System gehörende Softwarepaket integriert und werden über entsprechende Updates ständig aktualisiert.

Die Zahl der so zu programmierenden Formulare ist enorm. Das resultiert vor allem aus der Tatsache, dass die Entsorgungswirtschaft strengen gesetzlichen Sicherheitsauflagen unterliegt. Gefordert ist deshalb eine vollständige Dokumentation sowohl zur Abfallart und seiner stofflichen Zusammensetzung als auch zu seiner Herkunft und seinem Transportweg von der Entstehung bis zum Ort der Endlagerung oder Beseitigung. Angesichts dessen war zum Zeitpunkt unserer Untersuchung ein Programmieraufwand erreicht, der es rechtfertigte, dafür einen eigenen Vollzeitarbeitsplatz einzurichten. Der mit dieser Aufgabe befasste Mitarbeiter hatte ein Studium abgebrochen und verfügte bei seiner Einstellung nur über einfache PC-Anwenderkenntnisse. Für die Einarbeitung benötigte er wenige Wochen und erreichte bereits nach knapp drei Monaten seine volle Leistungsfähigkeit. Nach Einschätzung der Geschäftsleitung beherrschte er damit diese relativ einfache Programmiertätigkeit in einer Perfektion, die auch von voll ausgebildeten Programmierern erst nach einer gewissen Einarbeitungszeit erreichbar ist.

Programmierarbeiten mit graduell unterschiedlich gestuftem Anforderungsniveau konnten auch in weiteren Trendsetterunternehmen beobachtet werden – und zwar immer dann, wenn von der Größenordnung des Unternehmens her arbeitsteilige Prozesse möglich und im Hinblick auf eine größere Effizienz auch nötig wurden. Diese Einsicht, die in zahlreichen Gesprächen mit Unternehmern der IT- und Multimedia-Branche zusätzliche Bestätigung fand, war Veranlassung, das Qualifikationsbild „Softwareentwickler(-in)/Programmierer (-in)" zu skizzieren (vgl. Anhang 1). Die hier aufgenommenen Anforderungen sind bewusst enger gefasst als die, die z. B. an Fachinformatiker (-innen) gestellt werden. Geeignet erscheint eine in diese Richtung gehende Ausbildung insbesondere für so genannte Seiteneinsteiger. Dabei lässt es das Konzept auch zu, die Qualifizierung je nach betrieblichem Bedarf bzw. Eignung der Teilnehmerin bzw. des Teilnehmers mit unterschiedlichem Befähigungsniveau abzuschließen. Angesichts der differenzierten Anforderungen an Mitarbeiter gerade in solchen Zukunftsbranchen erscheint es nachdenkenswert, derart „gestufte" Abschlüsse auch im Hinblick auf andere Beruflichkeiten in Erwägung zu ziehen und – wo sinnvoll – zu ermöglichen.

Das zweite Beispiel bezieht sich im Grunde ebenfalls auf eine – allerdings recht anspruchsvolle – Hilfstätigkeit, die eine ganz spezifische Qualifikation im Hinblick auf die Realisierung multimedialer Produkte erfordert. Den ersten Hinweis auf ein solches Tätigkeitsfeld erhielten wir von einem Unternehmen, das erst später, dafür aber mit besonders hohem Engagement in den Modellversuch eingestiegen war. Die Firma realisiert eine breite Produktpalette, in deren Zentrum vor allem Virtual-Reality-Präsentationen, multimediale Kataloge für CD-ROM und Internet sowie die Gestaltung kompletter Online-Auftritte von Unternehmen stehen.[15]

Auch hier zeichnete sich die Notwendigkeit eines in stärkerem Maße arbeitsteilig organisierten Vorgehens im Prozess der Projektrealisierung ab. Nach einem

Zielprofile und Eignungskriterien der in ITK-Unternehmen benötigten Mitarbeiter (Befragungsergebnis)

Tätigkeitsbezeichnung	Zielprofile		Eignungskriterien	
	Aufgaben	Kenntnisse u. Fähigkeiten	Spezifische Voraussetzungen	Allgemeine Voraussetzungen
Vertriebsmitarbeiter(in) für EDV- und Multimediaprodukte	Vertrieb von Softwaresystemen wie Warenwirtschaftssysteme, FIBU, Lohnbearbeitung, Auftragsbearbeitung etc.	- Betriebswirtschaftliche Kenntnisse - Produktkenntnisse - Marketingwissen - Pädagogische Grundkenntnisse - Englischkenntnisse	- Grundkenntnisse Betriebs- u. Finanzwirtschaft, Rechnungsführung - Überzeugendes Argumentieren - Korrekte Umgangsformen und angemessenes äußeres Erscheinungsbild	- Interesse und Neugier - Spaß an der Sache - Kreativität - Psychische Belastbarkeit - Teamfähigkeit - Ehrgeiz, Leistungs- und Lösungsorientiertheit - Fähigkeit zur Selbstmotivation - positive Lebenseinstellung - Fähigkeit zu eigenverantwortlichem Arbeiten - Zuverlässigkeit - Gute Umgangsformen - Überzeugendes Auftreten - Kommunikationsfähigkeit - PC-Grundkenntnisse (Betriebssysteme/Office-Anwendungen) - Fähigkeit zum strukturierten logischen Denken – Abstraktionsfähigkeit - Abgeschlossene Berufsausbildung, Berufspraxis oder Studium (auch abgebrochen) - Erfahrungen bei der Lösung komplexer Aufgaben und in der Team- bzw. Projektarbeit - Englischkenntnisse - Fähigkeit und Wille zum selbstständigen Wissenserwerb unter Nutzung von Fachliteratur und Internet - Hohe Leistungsbereitschaft - Beruflicher Ehrgeiz und klare persönliche Ziele - Grundlagenwissen BWL, Mathematik, EDV, Technik und andere naturwissenschaftliche Kenntnisse
Softwareentwickler(in)/ Programmierer(in)	Erstellen von kundenspezifischen Programmen bzw. Internetseiten nach den Vorgaben des Kunden mit verschiedenen einzubindenden Komponenten (Java-Applet, Datenbanken, CGI-Script etc.)	- HTML - Programmiersprachen (z.B. Java, C++, Perl etc.) - Kenntnisse zu den wichtigsten Betriebssystemen - Arbeit mit Datenbanken - Strukturierung und Lösung komplexer Aufgaben - Englischkenntnisse	- Programmierung (möglichst Scriptprogrammierung, Lotus Notes) - Programmierung im Team bzw. Erfahrungen in der Projektarbeit	
Bildgestalter(in) für Internet- und Multimediaprodukte	Grafische Gestaltung von Internetseiten nach den Vorgaben des Kunden, Entwickeln von Ideen und Konzepten, Erstellen von Einzelelementen (Grafiken, Effekte etc.)	- HTML/XML - Grafische Gestaltung, Design - Bildbearbeitung - Spezielle Anwendungen (z.B. Flash) - Englischkenntnisse	- Grafik/Design - Ästhetisches Gespür - Programmierung	
Textgestalter(in)/ Online-Redakteur(in)	Konzipierung von Internetauftritten des Kunden auf der Grundlage seiner spezifischen Marketingstrategie, Erarbeitung von Textbausteinen für die Web-Seiten	- HTML/XML - Fähigkeit zur Aufgabenstrukturierung und -lösung - Fähigkeit zur Problemerkenntnis und -lösung - Fähigkeit zur Erstellung werbewirksamer Texte - Englischkenntnisse	- Journalistische Kenntnisse	
Support-Mitarbeiter(in) für EDV-Systeme und Softwareprodukte	Auslieferung und Installation von EDV-Systemen und Netzwerken. Anpassungsprogrammierung von Standard- und Spezialsoftware – Systemintegration. EDV-Anwenderschulung, Kundenakquisition	- Methoden des Software-Engineering (objekt- bzw. kundenorientierte Problemanalyse und Programmierung) - Handling von Workstations in DV-Netzen (Novell, Windows NT) - Englischkenntnisse	- Vorkenntnisse bzw. Praxiserfahrungen zu typischen betrieblichen Abläufen - Sicheres Auftreten - Korrekte Umgangsformen u. angemessenes äußeres Erscheinungsbild	
Infobroker(in) für die Bereiche Software- und Systementwicklung	Gezielte Beschaffung, Aufbereitung und Weitergabe von Informationen, Erarbeitung von Suchstrategien und Auswertungsrastern	- Fähigkeit zur Aufgabenstrukturierung und ihrer Umsetzung in tragfähige Suchstrategien - Fähigkeit zum Erkennen wesentlicher Zusammenhänge - Arbeit mit Datenbanken - Englischkenntnisse		
Projektleiter(in) in den Bereichen Software- und Systementwicklung	Projektleitung, Consulting	- Gebietsübergreifende fundierte Kenntnisse der EDV, Betriebswirtschaft, Arbeitsorganisation - Grundkenntnisse Programmierung - Englischkenntnisse	- Erfahrungen in der Projektarbeit - Führungskompetenz - Generalistisches Überblickswissen - Evtl. Hochschulabschluss	

Blick auf die Ergebnisübersicht zur Online-Befragung meinte unser betrieblicher Gesprächspartner: „Hier fehlt etwas, eine Qualifikation, die wir dringend brauchen, nämlich einen ‚Multimedia-Operator'." Die zunächst recht spontane Äußerung begründete er damit, dass die hoch qualifizierten Grafikdesigner des Unternehmens oft durch Routinearbeiten so überlastet seien, dass ihnen zu wenig Raum für Kreatives, vor allem im Hinblick auf die eigentliche Produktentwicklung bleibe. Schon allein aus Effizienzgründen und um nicht eines Tages Aufträge allein mangels Kapazität ablehnen zu müssen, sei eine solche qualifizierte, auf Routinearbeiten spezialisierte „Hilfskraft" einfach nötig.

In der Folge wurden gemeinsam mit Mitarbeitern der Firma die für eine solche Qualifikation charakteristischen Tätigkeiten sowie die zu ihrer Ausführung erforderlichen Einstellungen, Kenntnisse und Fähigkeiten zusammengetragen und zur Qualifikationsbeschreibung „Multimedia-Operator" verarbeitet (vgl. Anhang 2).

Als drittes Beispiel soll schließlich auf die Tätigkeitsfelder Vertrieb und Akquisition hingewiesen werden, die in sehr kleinen Firmen bzw. in der Frühphase der Unternehmensentwicklung zumeist durch die Geschäftsführung selbst mit wahrgenommen werden. Das geht allerdings nur bis zu einer gewissen Grenze, die unter anderem durch Unternehmensgröße und Auftragsumfang bestimmt wird. Die Tatsache, dass bei Fragen nach dem Personalbedarf neben Programmierern immer wieder Vertriebsmitarbeiter genannt wurden, ist ein Beleg dafür, dass offensichtlich zahlreiche Unternehmen diese Grenze bereits überschritten haben. Der Bedarf nimmt zu, wobei ganz speziell für den Vertrieb von IT- und Multimediaprodukten qualifizierte Mitarbeiter(-innen) nachgefragt werden. Das bedeutet vor allem, dass von Bewerberinnen und Bewerbern neben den für eine Vertriebstätigkeit unbedingt notwendigen kaufmännischen, kommunikativen und Marketingkenntnissen insbesondere auch solide und relativ breit angelegte Fachkenntnisse auf den Gebieten IT und Multimedia erwartet werden. Deshalb wurde gemeinsam mit den betrieblichen Partnern auch für diese Qualifikation ein entsprechendes Anforderungsprofil erarbeitet (vgl. Anhang, 3).

Sowohl die Untersuchungen zu Trendqualifikationen im Rahmen des halleschen Modellversuches als auch deren Weiterführung in Berliner Multimedia-Unternehmen[16] bestätigten auf vielfältige Weise die eingangs genannte These, dass sich mit der Entwicklung der IT- und Multimedia-Branche, insbesondere mit der Ausprägung einer spezifischen Wirtschaftsgruppenstruktur, aber auch mit dem Größenwachstum der Unternehmen selbst eine ganz eigene, branchentypische und in sich stark differenzierte Berufelandschaft herauszubilden beginnt. So konnten im Verlaufe der sich alles in allem über mehr als zwei Jahre erstreckenden Untersuchungen neben zahlreichen allgemeinen, in der Regel berufsfeldübergreifenden Qualifikationsmerkmalen, insgesamt neun komplexe, jeweils auf ein größeres Tätigkeitsfeld bezogene Qualifikationen[17] herausgearbeitet und beschrieben werden, von denen hier drei als Beispiele vorgestellt wurden.

Anhang 1
Kurzbeschreibung von Qualifikationsanforderungen

Qualifikationsbezeichnung:	***Software-Entwickler(-in) / Programmierer(-in)***
Kurzbeschreibung möglicher Tätigkeiten und Einsatzfelder:	Entwicklung von Anwendersoftware, speziellen E-Business-Lösungen, Internet-Präsentationen etc. Konzipierung und Erstellung kundenspezifischer Softwareanwendungen (von der Systemanalyse über die Erarbeitung der Programmstruktur bis zur Umsetzung in einer der Aufgabenstellung entsprechenden Programmiersprache) oder Programmierung bzw. Codierung von Anwendungsabläufen oder allgemeinen Dienstprogrammen auf der Grundlage detaillierter Vorgaben oder Konzipierung und Erstellung von Internetseiten nach den Vorgaben des Kunden unter Einbindung verschiedener Komponenten, die teilweise auch von spezialisierten Mitarbeitern (Grafiker, Texter) zugearbeitet werden. Zum Aufgabengebiet gehört neben der Durchführung von Testphasen auch die Mitwirkung an der Installation der Programme beim Kunden, die Umsetzung von eventuell erforderlichen hardware- oder betriebssystembezogenen Modifizierungen der Software (Anpassungsprogrammierung), unter Umständen auch das Schreiben von Betriebsanleitungen sowie die Schulung und gegebenenfalls Beratung der Nutzer.
Berührungspunkte zu bestehenden Qualifikationen:	Informatiker/Informatikerin Informatikassistent/Informatikassistentin Fachinformatiker/Fachinformatikerin
Persönliche Voraussetzungen:	• Realschulabschluss und technisch orientierte berufliche Ausbildung bzw. Praxiserfahrungen im EDV-Anwendungsbereich • oder Seiteneinsteiger(in) mit abgeschlossener Hochschulausbildung bzw. Studienabbrecher(in) - möglichst ingenieurtechnische bzw. mathematisch-naturwissenschaftliche Richtung • Mathematisches und technisches Grundlagenwissen • Grundkenntnisse zu mindestens einer objektorientierten Programmiersprache (z. B. C++, Java, Delphi etc.) • Grundkenntnisse zu WEB-Entwicklungstechnologien (z. B. HTML, XML, TCP/IP) • Englischkenntnisse • Begeisterung für moderne Informationstechnologien, Fähigkeit zum strukturierten analytischen Denken, hohes Abstraktionsvermögen, Fähigkeit und Bereitschaft zur selbständigen fachlichen Weiterbildung, Zielstrebigkeit, hohe Leistungsbereitschaft, Lösungsorientiertheit, Fähigkeit zu eigenverantwortlichem Arbeiten im Team, Belastbarkeit
Weitere Qualifikationsinhalte (zu vermittelnde Kenntnisse und Fähigkeiten):	**Allgemeine Kenntnisse und Fähigkeiten** • Grundlagen BWL • Grundlagen der angewandten Informatik • Mathematische Logik, Analysis, Algebra • Überblickskenntnisse zu marktgängigen IT-Produkten (Systemarchitekturen, Hardware, Betriebssysteme, Anwendungssysteme, Netzwerkarchitekturen und -betriebssysteme) • Grundlagen Datenschutz, Urheberrecht • Qualitätsmanagement **Fachliche Spezialkenntnisse und -fähigkeiten** • Methoden und Werkzeuge der Software-Entwicklung • Programmiersprachen (Java, C++, Delphi) • WEB-Entwicklungstechnologien (HTML, XML, TCP/IP) • Grundlagen der Client-Servertechnik • Entwicklung anwendungsfreundlicher Bedienoberflächen • Fehleranalyse mit Hilfe von Experten- und Diagnosesystemen • Spezifische Kenntnisse zu den EDV-Produkten bzw. -Leistungen des Unternehmens sowie zur Firmenphilosophie **Sonstige zu vermittelnde Kenntnisse und Fähigkeiten** • Eventuell Englisch-Aufbaukurs

Anhang 2
Kurzbeschreibung von Qualifikationsanforderungen

Qualifikationsbezeichnung:	**Multimedia-Operator**
Kurzbeschreibung möglicher Tätigkeiten und Einsatzfelder:	Aufgabe von Multimedia-Operatoren ist die mediengerechte technische Vorbereitung und Umsetzung von grafischen Entwürfen und Darstellungen. Er/sie arbeitet dabei in allen Phasen des Produktentwicklungsprozesses eng mit dem Grafik-Designer zusammen. Insbesondere geht es um • die Digitalisierung von grafischen Darstellungen, Scannen, Grabben • die Konvertierung großer Mengen von Audio-, Video-, Grafik- und Geometriedateien • das Zuweisen von Paletten, Masken oder Austauschfarben • die Komprimierung von AV-Dateien • das Steuern von Renderjobs sowie • die zur Realisierung dieser Aufgaben erforderliche Scriptprogrammierung Einsatz erfolgt vorzugsweise in Unternehmen bzw. Firmenbereichen, die auf komplexe, in der Regel sehr hochwertige digitale Multimediaprodukte spezialisiert sind.
Berührungspunkte zu bestehenden Qualifikationen:	Mediengestalter(-in) für Digital- und Printmedien Mediendesigner(-in), Programmierer
Persönliche Voraussetzungen:	• Hochschulausbildung oder Studienabbrecher(-in) in einer naturwissenschaftlichen bzw. technischen Fachrichtung. Eventuell bereits Erfahrungen als „klassischer" Operator. • Gutes audiovisuelles Auffassungsvermögen • Ausgeprägte analytische Fähigkeiten, Blick für das Wesentliche • Kreativität • Englischkenntnisse • PC-Anwenderkenntnisse (Office-Anwendungen), eventuell Grundkenntnisse Scriptsprachen • Interesse für moderne Informationstechnologien, Fähigkeit und Bereitschaft zur selbständigen fachlichen Weiterbildung, Kommunikationsfähigkeit, Zielstrebigkeit, hohe Leistungsbereitschaft, Fähigkeit zu eigenverantwortlichem Arbeiten, Belastbarkeit
Weitere Qualifikationsinhalte (zu vermittelnde Kenntnisse und Fähigkeiten):	**Allgemeine (gestalterische) Kenntnisse und Fähigkeiten** • Grundlagen bildnerischen Gestaltens • Grundlagen der Layout-Gestaltung • Video, Fotografie, Bildmontage etc. • Grundlagen Kommunikations-Design **Fachliche Spezialkenntnisse und -fähigkeiten** • Betriebssysteme (UNIXe/LINUX, Mac, WinX) • Scriptsprachen (Schells, Packer, Hilfesysteme...) • Audio-Video-Formate (z. B. Apple-Quicktime, Microsoftformate, MPGs) und deren Codes • AV-Programme (z. B. Soundforge, Soundedit, Videostudio, Premiere u. a.) • Anwendung von Grafikprogrammen wie z. B. Photoshop, Free Hand, Vektorgrafik oder auch Quark-Xpress (für umfangreiche Kataloge) • Konvertierungsprogramme wie Mediakonverter, alchemy, Sgi Mediatools u. a. • Renderer, speziell deren Kommandozeilenoptionen wie z. B. Alias, POV, Mentalray oder Cinema 3D • Medientechnik (Hardware) • Schnittstellen für AV-Technik, Grundkenntnisse AV-Technik • Arbeit mit flexiblen Datenträgern (Wechselmedien) wie DAT, DLT, ZIP, Jazz etc. **Sonstige zu vermittelnde Kenntnisse und Fähigkeiten** • Grundlagen BWL (ökonomisches Denken) • bei Bedarf Englisch-Aufbaukurs

Anhang 3
Kurzbeschreibung von Qualifikationsanforderungen

Qualifikationsbezeichnung:	***Vertriebsmitarbeiter(-in) für EDV- und Multimedia-Produkte***
Kurzbeschreibung möglicher Tätigkeiten und Einsatzfelder:	Dem Vertriebsmitarbeiter/der Vertriebsmitarbeiterin obliegen Präsentation und (oder) Vertrieb von EDV- und Multimedia-Produkten im nationalen und internationalen Maßstab. Er/sie akquiriert bzw. kontaktiert potenzielle Kunden (i.d.R. Firmen), stellt ihnen sachkundig, anschaulich und werbewirksam die Hard- bzw. Softwareprodukte sowie andere zum Leistungsspektrum seines Unternehmens gehörende Angebote (z. B. Gestaltung und Pflege von Internet-Seiten, Netzwerkinstallationen etc.) vor. Er/sie ist in der Lage, eventuell erforderlichen Anpassungsbedarf im Hinblick auf Konfiguration bzw. Programmierung zu erkennen sowie die Marketingstrategie des Kunden zu erfassen und entsprechende Angebote zu erarbeiten. Der Vertriebsmitarbeiter/die Vertriebsmitarbeiterin bereitet die erforderlichen Vertragsabschlüsse vor und setzt die Kundenbetreuung auch nach der Lieferung der Produkte bzw. nach Leistungserbringung fort. Sofern erforderlich, vermittelt er/sie den Kontakt zu anderen zuständigen Mitarbeitern seines/ihres Unternehmens (Geschäftsleitung, Projektleiter, Support-Mitarbeiter). Zum Aufgabengebiet gehören auch die Angebotserstellung im Rahmen von Ausschreibungen, die Schaltung von Anzeigen, die Vorbereitung und Durchführung größerer Werbeaktionen sowie die Produkt- und Leistungspräsentation auf Messen. Im Bedarfsfall (z. B. bei Neuentwicklungen) sollte der Vertriebsmitarbeiter/die Vertriebsmitarbeiterin auch in der Lage sein, die Geschäftsführung bei der Akquise und Gewinnung von Kooperations- und Vertriebspartnern bzw. Geld- oder Kreditgebern zu unterstützen.
Berührungspunkte zu bestehenden Qualifikationen:	Vertriebswirt/Vertriebswirtin EDV-Fachberater/EDV-Fachberaterin Informations- und Telekommunikationssystem-Kaufmann/-Kauffrau
Persönliche Voraussetzungen:	• Möglichst abgeschlossene Ausbildung in einem kaufmännischen Beruf oder Seiteneinsteiger(-in) mit abgeschlossener Hochschulausbildung bzw. Studienabbrecher(-in) • oder Praxiserfahrungen in einer Vertriebstätigkeit • Erfahrungen im Umgang mit technischen Systemen • Betriebs- und finanzwirtschaftliche sowie vertragsrechtliche Grundkenntnisse • Gute Englischkenntnisse • EDV-Grundkenntnisse • Begeisterung für moderne Informationstechnologien, hohes Abstraktionsvermögen, Fähigkeit und Bereitschaft zur selbständigen fachlichen Weiterbildung, sicheres Auftreten, korrekte Umgangsformen, angemessenes äußeres Erscheinungsbild, Kommunikationsfähigkeit/Überzeugungskraft, geistige Beweglichkeit, Zielstrebigkeit, hohe Leistungsbereitschaft, Erfolgswille, Fähigkeit zu eigenverantwortlichem Arbeiten, Belastbarkeit, Mobilitätsbereitschaft
Weitere Qualifikationsinhalte (zu vermittelnde Kenntnisse, Fähigkeiten, Einstellungen):	**Allgemeine (kaufmännische) Kenntnisse und Fähigkeiten** • Grundlagen BWL • Rechnungswesen • Grundlagen Vertragsrecht • Kaufmännischer Schriftverkehr **Fachliche Spezialkenntnisse und -fähigkeiten** • Kommunikations- und Präsentationstechniken • Grundlagen des Marketing (konzeptionelle Erarbeitung von Marketing- und Verkaufsstrategien) • Werbung/Werbepsychologie • Verkauf/Verkaufspsychologie • Vertriebs- bzw. Verkaufstraining • Grundlagen der Datenverarbeitung • PC- und Internet-Anwenderkenntnisse (Hard- und Software-Kenntnisse – insbesondere sicherer Umgang mit Textverarbeitungs-, Tabellenkalkulations- und Datenbanksystemen sowie mit Präsentationssoftware) • Spezifische Kenntnisse zu den EDV-Produkten des Unternehmens (Einsatzgebiete, Vergleich zu konkurrierenden Angeboten, Handhabung, Fähigkeit zur Beurteilung der Kompatibilität zu den vom Kunden genutzten anderen Systemen, Kenntnisse über Möglichkeiten der kundenspezifischen Anpassung) **Sonstige zu vermittelnde Kenntnisse und Fähigkeiten** • Eventuell Englisch-Aufbaukurs

Anmerkungen

[1] Trendqualifikationen sind frühzeitig erfasste Bildungserfordernisse, die zunächst in Einzelfällen, oft auch nur ansatzweise auftreten, von denen aber auf Grund bestimmter Indizien zu vermuten ist, dass sie in einen sich künftig stark verbreiternden Bedarfstrend einmünden. Damit sind sie keine theoretischen Konstrukte, sondern existieren – zumindest in Einzelfällen – bereits ganz real. Trendqualifikationen sind zugleich Gegenstand und Ziel des vom isw gGmbH im Rahmen von FreQueNz bearbeiteten Projektes.

[2] Beleg dafür ist u. a. die Tatsache, dass die ITK-Branche seit 2001 sowohl nach Umsatzanteilen am deutschen Bruttoinlandsprodukt als auch nach der Beschäftigtenzahl den dritten Rang einnimmt. Vgl. Monitoring Informationswirtschaft. 4. Faktenbericht 2002. 2. Trendbericht 2002. Management Summary Faktenbericht und Trendbericht im Auftrag des Bundesministeriums für Wirtschaft und Technologie. Eine Sekundärstudie von NFO Infratest (Germany) und Ergebnisse einer Expertenumfrage des Institute for Information Economics (IIE). München, Februar 2002, S. 1.

[3] Vgl. Bredemeier, W.: Monitoring Informationswirtschaft. 2. Trendbericht 2001/2002. Die Entwicklung der deutschen Informationswirtschaft bis 2006. Ergebnisse einer Expertenumfrage, vorgelegt vom Institute for Information Economics in Zusammenarbeit mit NFO Infratest. Hattingen, Februar 2002.

[4] Vgl. auch Graumann, S.; Köhne, B.; Kahre, S.: Monitoring Informationswirtschaft. 4. Faktenbericht 2002 im Auftrag des Bundesministeriums für Wirtschaft und Technologie. Eine Sekundärstudie von NFO Infratest (Germany). München, Februar 2002, S. 63.

[5] Nach dem BITKOM-Branchenbarometer vom 10.07.2003 verringerte sich die Zahl der Beschäftigten der ITK-Branche von 819.000 im Jahr 2001 auf 784.000 im Jahr 2002. Das entspricht einem Rückgang um 4,3 Prozent. Mit weiteren – eventuell nicht ganz so starken – Arbeitsplatzverlusten ist nach BITKOM auch 2003 noch zu rechnen. Dennoch werden gut ausgebildeten Fachkräften auch weiterhin große Chancen eingeräumt. Vgl. http://www.bitkom.org.

[6] Vgl. Gemischte Erwartungen in der Informations- und Kommunikationswirtschaft, BITKOM-Pressekonferenz. München, 14.06.2002, www.bitkom.org.

[7] Zum Konzept des Branchenscouting vgl. Abicht, L.; Baldin, K.-M.; Bärwald, H.; Greim, R.; Schamel, E.: Ermittlung von Trendqualifikationen als Basis zur Früherkennung von Qualifikationsentwicklungen. Ziele – theoretischer Ansatz – Ergebnisse. Abschlußbericht Band 1, Studie des isw gGmbH im Auftrag des BMBF. Halle/München/Raesfeld, Juni 1999; Abicht, L.; Bärwald,

H.: Scouting als innovative Methode zur Untersuchung nichtlinearer Trends in der Qualifikationsentwicklung. In: Bullinger, H.-J. (Hrsg.): Qualifikationen erkennen – Berufe gestalten. Bielefeld, 2000, S. 45 ff.

[8] Der Modellversuch und seine Ergebnisse wurden im Rahmen verschiedener Fachtagungen und anderer Veranstaltungen bereits ausführlich vorgestellt und publiziert. Vgl. z. B. Bärwald, H.: Personal- und Qualifikationsbedarf in der IT-Branche – Ableitung möglicher Trendqualifikationen. In: Bullinger, H.-J.; Schömann, K. (Hrsg.): Qualifikationen von morgen. Ein deutsch-französischer Dialog. Bielefeld, 2001, S. 166ff.; Abicht, L.; Bärwald, H.: Trendqualifikationen in der IT- und Multimedia-Branche – Einstiegschancen auch für Erwerbslose. In: Berufsbildung in Wissenschaft und Praxis (BWP), Heft 1/2002, S. 32 ff.

[9] Vgl. Nefiodow, L. A.: Der sechste Kondratieff. St. Augustin, 2000, S. 23.

[10] Vgl. dazu Gidion, G.; Kuwan, H.; Schnalzer, K.; Schmidt, S. L.: AdeBar – Arbeitsnahe Dauerbeobachtung der Qualifikationsentwicklung mit dem Ziel der Früherkennung von Veränderungen in den Betrieben. In: FreQueNz-Newsletter, 1/2000, insbesondere S. 12.

[11] Berechnet nach Weidig, I.; Hofer, P.; Wolff, H.: Arbeitslandschaft der Zukunft. Quantitative Projektion der Tätigkeiten, BeitrAB 213. Nürnberg, 1998, S. 127.

[12] Vgl. Nefiodow, L. A., a. a. O., S. 30.

[13] So wurden im Rahmen des BMBF-Projektes „IT-Weiterbildung mit System", das teilweise zeitparallel zu unseren Untersuchungen bearbeitet wurde, allein bei den als unterste Karriereebene eingestuften „Spezialisten" 29 IT-Berufsprofile definiert. Vgl. BMBF (Hrsg.): IT-Weiterbildung mit System. Neue Perspektiven für Fachkräfte und Unternehmen. Dokumentation. Bonn, 2002, S. 30 ff.

[14] Dabei handelt es sich um das ehemalige Softwarehaus Ruppach, das am 01.08.2001 von der in Barleben bei Magdeburg ansässigen Regiocom unter dem Namen SELOG Systemhaus für Entsorgungsmanagement und Logistik GmbH als 100%-ige Tochtergesellschaft übernommen wurde. Ebenso waren wesentliche Teile des Know-hows, der Technologien und Produkte der ehemaligen Firmengruppe Ruppach Bestandteil der Übernahme. Vgl. http://www.selog.com.

[15] Hier geht es um die Firma VR-Fabrik Virtual Reality und Multimedia GmbH in Halle (Saale). Zum Firmenprofil und zu den Produkten vgl. http://www.vr-fabrik.com.

[16] Zu den von Cornelia Schuster (isw) mit Unterstützung von Frau Prof. Dr. Brigitte Stieler-Lorenz (CORE BUSINESS DEVELOMENT GmbH) in Berlin geführten Untersuchungen in Multimedia-Unternehmen liegt eine spezielle Dokumentation vor, die derzeit in den Branchenbericht zu Trendqualifikationen in der IT- und Multimediabranche eingearbeitet wird.

[17] Das sind die Qualifikationsbündel „Vertriebsmitarbeiter(-in) für EDV- und Multimediaprodukte", „Softwareentwickler(-in)/Programmierer(-in)", „Support-Mitarbeiter(-in) für EDV-Systeme und Softwareprodukte", „Multimedia-Operator", „Textgestalter(-in)/Online-Redakteur(-in)", „Bildgestalter(-in) für Internet- und Multimediaprodukte", „Sound-Designer(-in)", „Content-Manager(-in)" und „Medienassistent(-in)".

Lothar Dorn, Gerlinde Hammer

Zur Entwicklung von Qualifikationsstruktur und Qualifizierungsbedarf in der Digital Economy

Der Beitrag „Zur Entwicklung von Qualifikationsstruktur und Qualifizierungsbedarf in der Digital Economy" entstand im Rahmen des Regionalen Monitoring-Systems Qualifikationsentwicklung, kurz RMQ, des Projektes EQUIB (www.equib.de). Das Projekt EQUIB – Entwicklungsplanung Qualifikation im Land Bremen – wird vom Senator für Arbeit, Frauen, Jugend, Gesundheit und Soziales des Landes Bremen aus Landesmitteln sowie Mitteln des Europäischen Sozialfonds gefördert. Es wird am Institut Arbeit und Wirtschaft – iaw – der Universität/Arbeitnehmerkammer Bremen durchgeführt.

1   Vorbemerkung

Innerhalb der Digital Economy und vor allem innerhalb der Marktsegmente des E-Business (E-Business Enabling Tools, E-Business Solutions) hat sich in den vergangenen Jahren eine rasante Entwicklung vollzogen: Für nahezu alle Geschäftsprozesse, die innerhalb und zwischen Unternehmen anfallen, werden IT-Lösungen angeboten und implementiert, die den Anwendern Effizienzsteigerungen und Marktvorteile versprechen.

Die Nachfrager sind allerdings nach einer Periode euphorischen Überschwangs zur Zeit eher zurückhaltend: Die Krise der New Economy und das Dotcom-Sterben der vergangenen Jahre, der Schock des 11. September, die Wirtschaftsflaute in den USA und Europa haben dazu geführt, dass die Unternehmen angesichts der verbreiteten Unsicherheit über Zeitpunkt und Intensität des nächsten Konjunkturaufschwungs nur vorsichtige Investitionsentscheidungen treffen. Die Bereitschaft der Unternehmen, in neue Konzepte und Technologien zu investieren, ist also derzeit eher niedrig.[1] Aktuell hat dies unmittelbar negative Auswirkungen auf die Anbieter von IT-Lösungen und den Umfang ihrer Geschäftstätigkeit.[2] Die weiterhin bestehenden großen langfristigen Wachstumspotenziale der Informationswirtschaft stehen nach dem Urteil von Experten allerdings ebenso außer Frage[3] wie die positiven Auswirkungen dieser Entwicklung auf den Arbeitsmarkt für Fach- und Führungskräfte mit informationswirtschaftlichem Schwerpunkt.

Wie sich der quantitative und qualitative Bedarf an Fach- und Führungskräften für die Digital Economy und die Multimedia-Anwenderunternehmen dabei im einzelnen entwickeln wird, lässt sich nicht präzise vorhersagen. Verlässliche Prognosen scheitern an der bisher nicht gekannten Dynamik der technischen Entwicklung. Darüber hinaus ist es eine Frage der politischen und wirtschaftlichen

Rahmenbedingungen, mit welcher Diffusionsgeschwindigkeit sich technologische Entwicklungen und innovative Organisationsmodelle als gesellschaftliche Standards durchsetzen. Ungeachtet dieser Schwierigkeit lassen sich aber Felder ermitteln, in denen IT-Anwendungen mittel- bis langfristig hohe Verbreitung finden werden, und auf die sich der Bedarf nach qualifiziertem Personal aller Voraussicht nach konzentrieren wird.

Die folgende Analyse der Perspektiven der Digital Economy mit Fokus auf die Entwicklung der Qualifikationsstruktur und des Qualifizierungsbedarfs in exemplarischen Segmenten der IT- und Internetdienstleistungsbranche intendiert eine strukturelle, d.h. von kurzfristigen konjunkturellen Verwerfungen bereinigte Betrachtung. Sie versucht, vor allem qualitative Trends zu identifizieren und daraus Schlussfolgerungen für die Strukturmerkmale von Qualifikationsprofilen der Humanressourcen innerhalb der Digital Economy zu ziehen.

2 Die Wissensgesellschaft und ihre technologische Basis

2.1 Deutschland auf dem Weg in die Wissensgesellschaft

Der umfassende Einsatz der Informations- und Kommunikationstechnik und die Entwicklung zur Wissensgesellschaft gehen mit einem Wandel der Berufe und Beschäftigungsfelder einher. Für einen immer größeren Kreis von Erwerbstätigen wird der Schwerpunkt „Informationstätigkeit" zum bestimmenden Merkmal der Berufsausübung. Im Jahre 2010 werden dem Sektor „Information" (als viertem Sektor neben den drei traditionellen Sektoren Landwirtschaft, Produktion und Dienstleistungen) rund 55 Prozent der Erwerbstätigen zuzurechnen sein.[4]

Der Trend in die Wissensgesellschaft ist verbunden mit der Tertiarisierung der Arbeitslandschaft; sekundäre Dienstleistungstätigkeiten (Forschung und Entwicklung, Organisation und Management, Beraten, Betreuen, Lehren, Publizieren u.ä.) sind dabei die tragenden Säulen der zukünftigen Beschäftigungsentwicklung (Anteilszuwachs +5,3%-Punkte). Der Trend geht zu immer anspruchsvolleren Tätigkeiten mit der Folge weiter steigender Qualifikationsanforderungen.[5]

Der wissensbasierte Sektor gewinnt signifikant an Bedeutung, und vor allem in der Informations- und Kommunikationstechnik werden Human Capital und Know-how zu Ressourcen, die über die Wettbewerbsfähigkeit von Unternehmen der TIME-Branchen (Telekommunikation, Informationstechnik, Medien, Entertainment) entscheiden.[6]

2.2 Digital Economy – das Internet als Basistechnologie der Wissensgesellschaft

Die Basistechnologie der Informations- und Wissensgesellschaft ist das Internet. Die Internettechnologie treibt mit ihren Rationalisierungspotenzialen und als „Enabler" neuer Geschäftsmodelle den wirtschaftlichen Strukturwandel voran. In nur wenigen Jahren hat das Internet die Art und Weise zu kommunizieren, zu arbeiten und zu wirtschaften nachhaltig verändert. Welche Potenziale das Internet in Zukunft noch entfalten wird, lässt sich zum derzeitigen Zeitpunkt kaum abschätzen, denn die Entwicklung steht nach 10 Jahren noch am Anfang, und die Internettechnologie erschließt beständig neue Anwendungen.[7]

Das Internet steht im Zentrum der Digital Economy:

„Die Digitale Wirtschaft umfasst die Wirtschaftssektoren Software, Systemdienstleister, E-Business-/ Internet- und Multimedia-Dienstleister, Internetagenturen, Zugangsplattformen, Onlinedienste sowie Internetangebote (e-Commerce, e-Content, e-Services.) ... Der Ausgangspunkt der Wertschöpfungskette der Digitalen Wirtschaft ist die Software. Sie ist das Werkzeug, das die Verarbeitung von Prozessen und Inhalten ermöglicht. Dienstleister nutzen eben dieses Werkzeug zur Entwicklung, Verarbeitung und Veredlung von Inhalten, Dienstleistungen oder Prozessen, die wiederum anderen Unternehmen zur Verfügung gestellt werden...."[8]

2.3 Entwicklungstrends in der Informations- und Kommunikationstechnik[9]

Als zukünftige Hauptentwicklungslinien, von denen auch Wachstumsimpulse sowohl für die Digital Economy als auch für die sog. Old Economy erwartet werden, lassen sich Breitband-Technologien, Mobile Anwendungen und die zunehmende Medienintegration erkennen:

- Die Geschwindigkeit im Netz nimmt zu. Neue Zugangstechnologien ermöglichen Zugriff auf immer größere Datenmengen. Dabei ist ein Effekt auf Internet-Angebote wie auch das Nutzerverhalten zu erwarten.
- Das Web wird zudem mobil; durch Mobilität werden neue Anwendungen ermöglicht.
- Höhere Übertragungsraten befördern die Konvergenz von Telefonie, Internet und Fernsehen.

Der Prozess der Konvergenz und die Erschließung innovativer Anwendungsfelder der Internettechnologie werden den industriellen Strukturwandel weiter vorantreiben. Das hat nicht nur weitreichende Auswirkungen auf die Neugestaltung und Erweiterung der Wertschöpfungskette, sondern führt auch zu einer kontinuierlichen Veränderung der Märkte für Information, Kommunikation, Unterhaltung und Bildung. Insbesondere in der Konvergenz ist auf längere Sicht ein wesentlicher Treiber für die Entstehung neuer Produkte und die Vielfalt von Angeboten für die Herausbildung neuer Märkte und Segmente zu sehen.[10]

3 Segmente der Digital Economy mit großem Wachstumspotenzial

3.1 Das Internet auf dem Weg zum Massenmedium

Ein Indikator für die Entwicklungsdynamik der Wissens- und Informationsgesellschaft ist die Zahl der Internet-Nutzer. Festzustellen ist, dass der deutsche Internet-Markt kontinuierlich wächst. Die Anzahl der WWW-Nutzer pro Monat in Deutschland stieg von 22,2 Mio. im Frühling 2001 auf 31,4 Mio. im Frühling 2002; das sind 57 Prozent der 14- bis 69- jährigen Bevölkerung.[11] Derzeit nutzen etwa 15 Mio. Menschen regelmäßig das World Wide Web.

Das WWW wird also immer mehr zum normalen, alltäglich genutzten Kommunikations- und Informationsmedium.

Der Vertrieb von Produkten und Dienstleistungen über das Internet (B2C-E-Commerce) erlebt weltweit eine Phase des Wachstums, und die Einkaufsform Online-Shopping hat sich auch in Deutschland etabliert: Nach den Ergebnissen des Gfk-Webgauges betrug die Anzahl der E-Consumer im Frühling 2002 26,5 Mio. – gegenüber dem Vorjahr ist eine Steigerungsrate von ca.70 Prozent zu verzeichnen. Die privaten Internetnutzer in Deutschland haben im Frühling 2002 insgesamt Waren im Wert von 2,6 Mrd. Euro über das Internet geordert (Frühling 2001: 1,2 Mrd. Euro).

Laut Forrester Research können die europäischen Online-Händler trotz momentaner Schwierigkeiten insgesamt optimistisch in die Zukunft blicken: Bis 2006 soll ihr Umsatz auf insgesamt 152 Mrd. Euro anwachsen. Damit wird der Online-Anteil am gesamten Einzelhandelsumsatz auf über 8 Prozent steigen.[12]

3.2 IT-Services als Wachstumsschwerpunkt des IT-Marktes

Die Prognosen für die Entwicklung des IT-Marktes gehen davon aus, dass die derzeit herrschende Phase der Stagnation nicht von Dauer sein wird. So werden nach Schätzungen von IDC die IT-Ausgaben der Unternehmen in Deutschland in den kommenden Jahren 2003 und 2004 ein Wachstum von 5,2 bzw. 8,9 Prozent erreichen.[13]

Den Hauptbestandteil des IT-Marktes bilden die IT-Services, für die in den nächsten Jahren zweistellige Wachstumsraten prognostiziert werden. Nach Schätzungen der EITO beläuft sich das Volumen des deutschen IT-Marktes im Jahre 2002 auf 74,5 Mrd. Euro. Der Anteil der IT-Services daran ist von 37,5 Prozent im Jahre 2000 auf 40,8 Prozent (Hardware 37,3 Prozent; Software 21,9 Prozent) angewachsen.[14]

Diese Entwicklung kann als Indiz für den Trend einer zunehmenden Dienstleistungsorientierung der Informationswirtschaft angesehen werden.

3.3 E-Business: B2B als Wachstumsmotor[15]

Innerhalb des IT-Marktes nimmt der Bereich des E-Business eine Schlüsselrolle ein.[16]

Der Motor des E-Business ist allerdings nicht der Consumer Bereich, sondern der Geschäftsverkehr zwischen den Unternehmen; die Chancen des E-Business und damit seine Wachstumsschwerpunkte liegen weniger in der Nutzung des Internets als Vertriebskanal als vielmehr in der Neuorganisation von Geschäftsprozessen innerhalb und zwischen Unternehmen entlang der gesamten Wertschöpfungskette (Supply Chain) und ihrer Optimierung durch den Einsatz moderner Internet-Technologien.

Nach Schätzungen des EITO beläuft sich der derzeitige Anteil des B2B-Segments am E-Business-Markt auf 78 Prozent. Der Online-Anteil am gesamten B2B-Handel lag im vergangenen Jahr lediglich bei einem Prozent; bis zum Jahr 2006 soll er laut einer Prognose von Forrester[17] aber auf 22 Prozent ansteigen.

Eine aktuelle deutsche Studie[18] belegt ebenfalls, dass die aktive Nutzung des Internets im Business-to-Business-Bereich noch am Anfang steht und für die nächsten Jahre ein starkes Wachstum zu erwarten ist: Mehr als 30 Prozent der für die B2B-Studie von Agamus-Consult befragten Unternehmen gehen davon aus, dass sie in den nächsten zwei Jahren bis zu 20 Prozent ihres Umsatzes mit Hilfe von IT-Technologien über das Internet abwickeln werden. Welches Einsparungspotenzial in der elektronischen Abwicklung von Geschäftsprozessen liegt, wird allein schon durch den Umstand dokumentiert, dass 80 Prozent der Transaktionen (Geschäftsprozesse) noch manuell und papierbasiert ablaufen.

Für die Unternehmen stehen E-Business-Lösungen also nach wie vor ganz oben auf der Agenda.[19] Die derzeitigen Schwerpunkte liegen dabei in der Implementation von Anwendungen, die das Internet als Transaktionsmedium nutzen. Herausragende Positionen nehmen dabei

- die Nutzung elektronischer Marktplätze,
- Beschaffungsprozesse (E-Procurement),
- Online-Bezahlung,
- Online-Bestellung für Kunden und
- Online-Kundenbetreuung

ein.[20]

Die zukünftige Entwicklung wird von der Realisierung anspruchsvoller Anwendungen wie z.B. Enterprise Ressource Planning (ERP), Dokumentenmanagementsysteme (DMS), Customer Relationship Management (CRM), Workflow Management Systeme (WFMS) und Supply Chain Management Systeme (SCM) bestimmt sein. Ins Zentrum rücken zunehmend Business-Integrationslösungen, die mit erheblichem personellen und finanziellen Aufwand verbunden sind[21], und die Reorganisation der internen und externen Geschäftsprozesse erfordern. Da sich die Internet-Nutzung deutscher Betriebe insgesamt und vor allem kleiner und mittlerer Unternehmen z.T. noch nicht auf einem hohen Niveau bewegt, besteht auf diesen Feldern erheblicher Nachholbedarf [22]

Der Nachholbedarf von KMU wird auch durch eine aktuelle Befragung von Unternehmen aus den Regionen Sachsen, Thüringen und Berlin / Brandenburg zu den Auswirkungen von E-Business belegt: „Befragt nach der erreichten E-Business-Integrationsstufe gaben rund zwei Drittel der Unternehmen die Nutzung von Informations- und Kommunikationsdiensten sowie eine vorhandene Internetpräsenz zur Herstellung von Kundenkontakten an. Für die nahe Zukunft plant etwa die Hälfte der Unternehmen eine partielle bis vollständige Integration der Geschäftsprozesse über das Internet."[23]

3.4 Mobile-Business-Lösungen

Nach Überzeugung von Marktbeobachtern hat das Konzept der geschäftlichen mobilen Datenkommunikation – M-Business – zukünftig ein hohes Wachstumspotenzial[24]: Sie sind davon überzeugt, dass sich der Markt kräftig entwickeln wird, sobald die allgemeine Unsicherheit über die wirtschaftliche Entwicklung schwindet.

Bei der Implementation von Mobile Business-Lösungen wird nicht der Consumer Markt im Vordergrund stehen, sondern das B2B-Segment – also Lösungen zur Mobilisierung der Unternehmens-IT, die vorrangig die Beziehungen mit Geschäftskunden und Lieferanten betreffen. Als Indiz dafür kann nicht nur die wachsende Anzahl der Mobile-Business-Anbieter, sondern auch die zunehmende Zahl der Anbieter von Anwendungssoftware, die ihre existierenden B2B-Systeme mit der Funktionalität zum mobilen Zugriff ausstatten, gelten. Neben dem B2B-Bereich rücken zur Zeit auch die Business-to-Employee-Prozesse (B2E) in den Blickpunkt, da in der unternehmensinternen Kommunikation erhebliche Optimierungspotenziale liegen.[25]

Die aktuelle Mobile-Business-Studie von Berlecon Research geht davon aus, dass der deutsche Markt für mobile Unternehmenslösungen innerhalb der nächsten drei Jahre auf ein Volumen von 1,9 Milliarden Euro anwachsen wird, während es im letzten Jahr noch bei rund einer Viertel Milliarde Euro lag.[26]

Auch die Experten des mCommerce-Panels des eco-Verbandes[27] erwarten auf dem Markt für mobile Geschäftslösungen in Deutschland für die Mitte des Jahrzehnts starke Zuwächse. Als „Killer Applications" werden Außendienststeuerung (75%), Mobile Office (E-Mail, Messenger etc.; 74%), Logistik (63%) und Customer Relationship Management (CRM; 50%) gesehen.

Eine der Herausforderungen, vor die die IT-Dienstleister mit der Implementation komplexer Mobile-Business-Lösungen gestellt sind, besteht in der Anbindung an die bestehende IT-Infrastruktur des Unternehmens. Denn erst die umfassende Integration in die bestehenden IT- und E-Business-Ressourcen ermöglicht die Nutzung der Effizienzvorteile des mobilen Daten- und Anwendungszugriffs beispielsweise im Vertrieb bzw. in der Kundenbetreuung.

3.5 E-Learning

Ein weiterer zukünftiger Wachstumsschwerpunkt der Digital Economy liegt nach Auffassung von Experten - trotz der Rückschläge, die die Branche im vergangenen Jahr hinnehmen musste - im Markt für E-Learning (Computer Based Training und inter- und intranetgestützte Online-Learning Systeme).

E-Learning hat schon heute einen hohen Verbreitungsgrad erreicht: Nach einer Befragung von Innotec führt bereits ein Drittel der Unternehmen elektronische Weiterbildungsmaßnahmen durch, wobei über 90 Prozent davon Computer Based Training (CBT) einsetzen.[28] Die Befragung führt zu dem Resultat, dass der Einsatz von E-Learning zukünftig stark steigen wird. So planen in der Gruppe der „E-Learner" 73 Prozent der Befragten eine Ausweitung des bestehenden

Angebotes. Bei den „Traditionellen Weiterbildnern" plant bzw. diskutiert über die Hälfte die Einführung von E-Learning.

Die Management- und IT-Beratung Cap Gemini Ernst & Young - um nur ein beliebiges Beispiel zu nennen - rechnet mit einem starken Wachstum des E-Learning-Marktes.[29] In seiner „e-Learning Studie 2001"[30] geht das Beratungsunternehmen von einer Steigerung des Gesamtvolumens von rund 120 Mio. Euro in 2000 auf etwa 1,3 Mrd. Euro bis 2004 aus. Diese Schätzung beruht auf IDC Zahlen für Europa, die auf den deutschen Markt adaptiert wurden.

Auch die führenden Anbieter beruflicher Weiterbildung schätzen das Wachstum von E-Learning bis 2006 positiv ein. Nach einer Lünendonk-Studie gehen fast 60 Prozent davon aus, dass der Anteil am Markt für berufliche Weiterbildung zwischen 9 und 15 Prozent erreichen wird.[31] Und 90 Prozent der im Rahmen einer empirischen Studie von Cognos und Innotec befragten Personen erwarten, dass elektronischen Lernformen in den nächsten 5 Jahren eine wachsende Bedeutung zukommt.[32]

E-Learning trifft auf zunehmende Akzeptanz bei den Beschäftigten: 70 Prozent der Befragten einer Untersuchung der WEBACAD GmbH[33] können sich vorstellen, in fachbezogenen Themen (Marketing, Rechnungswesen, Recht etc.) online geschult zu werden.

Für das Wachstumspotenzial spricht auch, dass einer aktuellen amerikanischen Studie zufolge E-Learning- und E-Business-Integrationslösungen die Bereiche sind, in denen Investitionen sich für Unternehmen am meisten lohnen und sich durch einen schnellen Return on Investment (ROI) auszeichnen.[34]

4 Bedarfe der Digital Economy und der Multimedia-Anwenderunternehmen nach Fach- und Führungskräften mit IT- und internetaffinen Qualifikationen

4.1 Ende des IT-Fachkräftemangels?

Die Innovationen im Bereich globaler Informations- und Kommunikationsnetzwerke führen zu neuen personalen und geschäftlichen Beziehungen. Internet, Extranet und Intranet sind Medien, die in wachsendem Umfang von den Unternehmen aller Branchen und öffentlichen Einrichtungen für den elektronischen Geschäftsverkehr genutzt werden. Damit entsteht ein zunehmender Bedarf an IT- Fachkräften. Als solche definiert sind „Beschäftigte, die im Kern ihrer beruflichen Tätigkeit mit Entwicklung, Planung, Durchführung, Betrieb oder Pflege von informations- und kommunikationstechnischen Systemen befasst sind."[35]

Nach wie vor wird von Fachverbänden und Experten davon ausgegangen, dass in der deutschen Wirtschaft – zumindest auf längere Sicht – ein Mangel an IT-Fachkräften besteht. Das Zentrum für Europäische Wirtschaftsforschung (ZEW) geht in einer Untersuchung davon aus, dass der derzeitige Konjunktureinbruch nur zu einer vorübergehenden Entspannung auf dem Arbeitsmarkt für IT-Fachkräfte führen wird. Für Deutschland betrage der zusätzliche Bedarf in den IT-Anbieterbranchen bis Mitte 2005 350.000 Fachkräfte. Dieser Bedarf konzentriere sich hauptsächlich auf Hochschulabsolventen.[36]

Der konjunkturbedingte Personalabbau, der v.a. in den großen Unternehmen der IT-Branche in den vergangenen Monaten für Schlagzeilen gesorgt hat, kann nicht darüber hinwegtäuschen, dass sich der Arbeitsmarkt für IT-Fachkräfte in bestimmten Segmenten nur wenig entspannt hat. Besonders in den trotz der gegenwärtigen Rezession wachsenden Service-Segmenten Beratung und Systemintegration besteht eine, wenn auch verhaltene Nachfrage.[37] Vor allem kleine Unternehmen haben nach wie vor Schwierigkeiten, geeignetes und ihren Anforderungen entsprechend qualifiziertes Personal zu finden.

Die Experten des Panels Monitoring Informationswirtschaft kommen in ihrem 2. Trendbericht 2002 ebenfalls zu dem Schluss, dass in der konjunkturellen Abschwächung Know-how der entscheidende Engpass bleibt. „Der Engpass der informationswirtschaftlichen Unternehmen im Bereich `Qualifikationserwerb' ist durch die Krise der `New-Economy' allenfalls gelindert, aber nicht aufgehoben, weil zwischen den angebotenen und nachgefragten Qualifikationen weiterhin ein `Mismatch' besteht und im Zuge des technischen Fortschritts ständig neue Qualifikationsanforderungen entstehen. Im nächsten Aufschwung dürften sich die Probleme des `Qualifikationserwerbs' in alter Schärfe erneut stellen."[38]

Es ist zu erwarten, dass der Mangel an IT-Spezialisten mit dem Ende der Rezession nicht nur die Anbieterbranchen, sondern auch zunehmend die Anwender von Informations- und Kommunikationstechnik und E-Business-Lösungen treffen wird. Denn der Großteil der IT- und E-Business-Spezialisten arbeitet nicht mehr innerhalb, sondern außerhalb der eigentlichen IT-Branche.[39]

4.2   Schwerpunkte der Bedarfsentwicklung

Die Branchenverbände der Informationswirtschaft rechnen damit, dass die Zahl der Arbeitsplätze in der Digitalen Wirtschaft in der nächsten wirtschaftlichen Aufschwungsphase weiterhin zunehmen wird. Als sicher kann jedenfalls gelten, dass die fortschreitende Digitalisierung der Wirtschaft generell dazu führen wird, dass der zukünftige Personalbedarf sich auf Fach- und Führungskräfte mit IT- und internetaffinen Qualifikationsprofilen fokussiert.

Sowohl nach Auffassung des Panels „Monitoring Informationswirtschaft", als auch nach der Einschätzung des BITKOM liegen die Schwerpunkte der Bedarfsentwicklung in den Segmenten IT-Services bzw. Internet/E-Business. Der Bedarf nach Fach- und Führungskräften für diese Bereiche wird nachhaltig sein, weil immer wieder neue IT-Produkte und Standards sowie neue E-Business-Tools entstehen, die dann auf der Anwenderebene koordiniert, realisiert und in die Geschäfte hinein getragen werden müssen.

Ein wachsender Bedarf an Fachkräften besteht auch durch den Aufbau von unternehmensinternen Multimedia-Abteilungen und E-Business-/Internet-Units in den IT-Anwenderunternehmen, der branchenübergreifend vor allem bei größeren Unternehmen stattfindet. Hier entstehen zum Teil neue Berufsbilder, die häufig an der Schnittstelle von Internettechnik und Betriebswirtschaft angesiedelt sind.[40]

5 Zur Entwicklung der Qualifikationsanforderungen und der Qualifikationsstruktur

Um die Trends der Qualifikationsentwicklung in den Branchen der Digitalen Wirtschaft bestimmen zu können, werden im Folgenden schlaglichtartig einige aufgrund der beschriebenen Markttendenzen relevante Bereiche betrachtet.

Mit diesem Verfahren wird nicht der Anspruch erhoben, eine umfassende Analyse der Qualifikationsentwicklung vorzulegen: Es werden exemplarisch Berufsfelder beleuchtet, die auf der Anbieter- und der Anwenderseite lokalisiert sind. Ziel ist dabei die Identifizierung allgemeiner Strukturmerkmale, die als übergreifende Charakteristika der Veränderung von Qualifikationsprofilen in der Digital Economy festgehalten werden können. Dieses Verfahren kann eine eingehende Analyse der Qualifikationsentwicklung in einzelnen Segmenten der Informationswirtschaft, die eine Vielzahl von speziellen Feldern mit spezifischen Anforderungsprofilen umfasst, nicht ersetzen. Es unterstreicht vielmehr die Notwendigkeit differenzierter Qualifikationsbedarfsanalysen.

5.1 IT-Projektmarkt: Besonderheiten von E-Business-Projekten

Der IT-Projektmarkt als ein Kernbereich der Digitalen Wirtschaft wird zunehmend von den Anforderungen der Implementation von E-Business-Lösungen in den Unternehmen bestimmt.

Gegenüber herkömmlichen IT-Projekten weisen E-Business-Projekte eine Reihe von Besonderheiten auf: E-Business steht für die Abwicklung von Geschäftsvorfällen auf der einheitlichen technologischen Plattform des Internets. In E-Business-Projekten werden Geschäftsprozesse angepasst und die dazu notwendige Infrastruktur geschaffen. E-Business-Lösungen können dabei sehr umfangreich und komplex sein und die gesamte Wertschöpfungskette eines Unternehmens umfassen (Beschaffung, interne Geschäftsprozesse und Kundenbeziehungsmanagement). Von zentraler Bedeutung ist dabei die Durchgängigkeit der beteiligten internen und externen Prozesse.

Von E-Business-Projekten gehen hohe Anforderungen an die Dienstleister aus:

- Die Entwicklungen im Internet-Bereich verlaufen rasant. Von den Teammitgliedern ist daher gefordert, dass sie mit der dynamischen Entwicklung Schritt halten und immer „up-to-date" sind. Innovative E-Business-Anwendungen und ihre Integration in bestehende Strukturen lassen Projekte häufig zu Pionierprojekten werden; die Teammitglieder müssen sich das für das Projekt notwendige Know-how selbständig und in wachsendem Maße im Arbeitsprozess aneignen. Gefordert ist damit von ihnen eine hohe Flexibilität und die Fähigkeit der „Ad-hoc-Weiterbildung".

- E-Business-Projekte lassen sich nicht auf Technikimplementation reduzieren: Sie greifen in die spezifischen Geschäftsprozesse eines Unternehmens ein und berühren häufig alle Unternehmensbereiche. Aufgrund der dahinter liegenden Prozessveränderungen umfassen sie insbesondere auch organisatorische Komponenten. Das Projektmanagement ist aufgrund der hohen Komplexität von E-Business-Projekten also mit der Aufgabe konfrontiert, zwischen kommerziellen, organisatorischen und technischen Anforderungen zu vermitteln.

- Da die Anforderungen an E-Business-Projekte stark vom wirtschaftlichen Umfeld der Anwenderunternehmen definiert sind, ist von den IT-Dienstleistern ein hohes Maß an Branchenkenntnis und die Fähigkeit, auf unternehmensindividuelle Anforderungen einzugehen, gefordert.

5.2 IT-Services – Schwerpunkt der Anforderungen an die Dienstleister: E-Business-Integration

Der Schwerpunkt von IT-Projekten wird zukünftig vor allem im Bereich der E-Business-Integration (Enterprise Application Integration – EAI) liegen. Der Aufbau von E-Business-Strukturen in den Unternehmen erfordert die Abbildung von internen und in der Perspektive auch von externen Geschäftsprozessen des Unternehmens in der Unternehmens-IT.[41] Mit der E-Business-Integration werden bestehende E-Business-Anwendungen oder –Datenbestände miteinander verbunden, um so geschäftsbezogene Informationen austauschen und Geschäftsprozesse durchgängig und ohne Datenbrüche abbilden zu können.[42]

Bei einer wachsenden Integration der IT-Infrastrukturen kann ein isoliertes Know-how nicht mehr im Sinne der Kunden sein. Seitens der Anwender werden heute nicht nur technische Lösungen eingekauft; sie erwarten darüber hinaus die Sicherheit, dass damit die angestrebten betriebswirtschaftlichen oder wettbewerbsbezogenen Ziele erreicht werden. Notwendig ist eine Gesamtsicht, die beinhaltet, dass etwa beim Einsatz einer neuen Anwendung deren Umfeld mit einbezogen wird. Um dieser Anforderung gerecht zu werden, muss der IT-Dienstleister auf integrierte Kompetenzen zurück greifen können: Betriebswirtschaftliches Know-how sowie eine hohe Sensibilität für die Anforderungen des Kunden sind neben Architekturkompetenz und IT-Skills unverzichtbare Bestandteile eines Kompetenzprofils, das sich in der Personalstruktur und in gewissem Umfang auch bei jedem einzelnen Beschäftigten widerspiegeln muss.

5.3 Netzwerk-Dienstleister

Auch wer als Netzwerkdienstleister in Zukunft bestehen will, darf sich nicht auf seine Funktion als Technik-Anbieter für Local Area Network (LAN) und Wide Area Network (WAN) beschränken. Er muss sich verstärkt Kompetenzen im Bereich TK-Integration und konvergente Netzwerke aneignen. Die Schwerpunkte der Kundenanforderungen haben sich verlagert: Die Aufgaben, mit denen Netzwerkdienstleister heute und in Zukunft zunehmend konfrontiert werden, sind an den Geschäftsprozessen in den Anwenderunternehmen orientiert und umspannen alle Segmente des Kommunikationsspektrums: Internet, Intranet, Extranet, drahtlose Netze und Virtual Private Networks (VPN).

Auch für Netzwerk-Dienstleister gilt folglich, dass technische Skills eine Basiskompetenz darstellen, die einer Kombination mit betriebswirtschaftlichem Know-how und der grundlegenden Kenntnis von Geschäftsprozessen bedürfen.

5.4 Multimedia-/New Media-Dienstleister[43]

Die Qualifikationsanforderungen der Multimedia-/New Media-Dienstleistungsbranche werden hier vergleichsweise ausführlich dargestellt, da in diesem Bereich exemplarisch die Bandbreite der Anforderungen der Dienstleistungsbranchen innerhalb der Digital Economy deutlich wird.

Die Entwicklung innerhalb der Multimedia-Branche[44] ist ebenfalls bestimmt durch die Anforderungen des E-Business. Die Abbildung komplexer Geschäftsprozesse im Internet ist zum zentralen Betätigungsfeld im Multimedia-Agenturgeschäft geworden; die Bereiche Multimedia und Informationstechnik sind mehr und mehr zusammengewachsen und eine trennscharfe Abgrenzung der Internet- und Multimedia-Dienstleistungsbranche wird zunehmend schwieriger, da die anfängliche Frontend-Orientierung von Multimedia-Anwendungen weitgehend von E-Business-Applikationen abgelöst worden ist, die umfassende IT-Lösungen erfordern.[45]

Diese Entwicklung hat Auswirkungen auf die Humanressourcen: Die Qualifikationsanforderungen sind aufgrund des Strukturwandels und der Professionalisierung der Branche in den vergangenen Jahren in der gesamten New-Media-Industrie gestiegen.[46] Wesentlich dazu beigetragen hat der Prozess der Konsolidierung, der mit steigenden Kundenanforderungen (vom Verkäufer- zum Käufermarkt), einem nur noch moderat wachsenden Marktvolumen und einem zunehmenden Wettbewerb zwischen den Anbietern multimedialer Produkte und Dienstleistungen (IT-Anbieter, Consultern etc.) verbunden ist. Daraus leiten sich auch die zur Zeit wichtigsten Kompetenzfelder ab, in denen sich die gestiegenen Qualifikationsanforderungen hauptsächlich geltend machen. Sie betreffen sowohl das Management als auch die Fachkräfte in den Bereichen Informationstechnik, Content, Design und Programmierung:

Betriebswirtschaftliches Know-how und Unternehmensführung:
Das Management in den Agenturen benötigt ein hohes Maß an betriebswirtschaftlicher Kompetenz, da im Internet die Abhängigkeit zwischen Technologie, betriebswirtschaftlichen Fragestellungen, Kommunikation und Medien wächst. Gefordert ist von den Führungskräften der Branche – u.a. deutlich geworden durch die Erfahrungen aus den spektakulären Pleiten bei expansiven Multimedia-Dienstleistern und den Dotcom-Firmen der New Economy – zunehmend solides kaufmännisches Denken; dabei stehen Kosteneffizienz und die Straffung der internen Strukturen im Mittelpunkt.

Schnittstellen- und Netzwerkkompetenz:
Für alle Unternehmen der Branche gilt, dass Schnittstellenkompetenz zunehmend an Bedeutung gewinnt. Interaktive Produktionen sind Teamarbeit; sie entstehen in enger Zusammenarbeit zwischen Konzeptionern, Designern und Programmierern. Es genügt also nicht, dass die Fachkräfte Spezialisten auf ihrem jeweiligen Gebiet sind. Da Multimedia eine Kooperationsbranche ist, benötigen die Mitarbeiter, um hochwertige Dienstleistungen für den Kunden erbringen zu können, vor allem Schnittstellenkompetenz.

Da komplexe Multimedia-Dienstleistungen i.d.R. nicht ohne die Zusammenarbeit mit externen Partnern auskommen, entstehen auf diesem Gebiet neue Aufgaben für das Management: Es muss den Aufbau und die Pflege eines Partnernetzwerks leisten. Projektmanagement erhält in der Netzwerkkonstellation eine neue Dimension. Notwendig sind Kenntnisse der unternehmensübergreifenden Prozesse und deren Schnittstellen, Know-how über Kundenstrukturen und -mechanismen, rechtliche Absicherung der Kooperation, Personalentwicklung unter dem Gesichtspunkt der Realisierung von Gemeinschaftsprojekten etc. Die dazu benötigten Qualifikationen lassen sich als Netzwerkkompetenz zusammenfassen.

Kundenorientierung und Beratungskompetenz:
Die Schnittstelle zum Kunden wird immer wichtiger. Da es sich bei Multimedia-Anwendungen um erklärungsbedürftige Produkte handelt und E-Business für die Anwenderunternehmen mit strategischen Entscheidungen verbunden ist (Backend-Integration, Neuorganisation interner Strukturen etc.), ist ein hohes Maß an Beratungskompetenz gefragt. Die wachsenden Kundenanforderungen und die sich wandelnde Wettbewerbssituation erfordern von den Agenturen neue Kompetenzen. „Für den Aufbau und die Anbindung von Datenbanksystemen bedarf es zum einen hochqualifizierter Programmierleistungen. Darüber hinaus erfordert die Implementierung neuer Technologien auch eine Überarbeitung der internen und externen Unternehmensstrukturen. Auch hier sehen sich viele Dienstleister in der Pflicht, den Unternehmen beratend zur Seite zu stehen."[47]

5.5 IT-Verantwortlicher/IT-Manager in Anwender-Unternehmen

IT-Manager sind mit ungleich vielfältigeren und komplexeren Anforderungen konfrontiert, als dies noch vor wenigen Jahren der Fall war. Auf der technischen Seite erwachsen die wesentlichen Anforderungen an die IT-Manager aus der Aufgabe der Integration der Systemwelten. Vorhandene Lösungen müssen mit E-Business-Lösungen wie Supply Chain-Management (SCM) verbunden werden, um eine durchgängige Infrastruktur zu erzeugen. Die Systeme der internen Geschäftsbereiche einerseits und die der externen Partner andererseits müssen auf einen Nenner gebracht werden. Die Schnittstellen zwischen IT und E-Business vervielfachen sich dadurch und der IT-Manager ist zunehmend gefordert, das Gesamtbild im Auge zu behalten.

War der IT-Verantwortliche nach der bisherigen Vorstellung eher der klassische Technik-Experte, so führt das E-Business-Zeitalter hier einen Funktionswandel herbei, der ihm eine Schlüsselfunktion im Unternehmen zuweist: Er wird zunehmend zum – nicht nur technischen – Integrator der Fachabteilungen.

Von den IT-Verantwortlichen, die an der Schnittstelle von Ökonomie und Technik situiert sind, wird erwartet, dass sie relevante Technologietrends und Entwicklungen frühzeitig erkennen und eine ganzheitliche IT-Strategie entwickeln. Entscheidend wird in Zukunft also nicht die technische Kompetenz sein, sondern ein ausgeprägtes betriebswirtschaftliches Verständnis für Geschäftsprozesse und die Fähigkeit, strategisch zu denken und zu planen.

5.6 Soft-Skills und Persönlichkeitsmerkmale: Wachsende Anforderungen in allen Bereichen der Digital Economy

Neue und erweiterte fachliche Anforderungen, mit denen IT- und Multimedia-Fachkräfte konfrontiert sind, stehen in einem Kontext zu Aufgabenstellungen, die Kompetenzen erfordern, welche weit über den technisch-fachlichen Bereich hinausgehen: Die Fach- und Führungskräfte sind in Teams eingebunden, sie stehen permanent neuen technisch-organisatorischen Entwicklungen und innovativen Geschäftsmodellen gegenüber; sie tragen wachsende Verantwortung für das Gelingen von komplexen Projekten und sind für die Optimierung des Kundennutzens verantwortlich.

Auf diesem Hintergrund kommt den Soft-Skills und spezifischen Persönlichkeitsmerkmalen ein immer größerer Stellenwert zu: Eine im Februar 2002 veröffentlichte GULP-Umfrage [48] unter 1.100 Freiberuflern und 175 Projektanbietern belegt die herausragende Rolle, die überfachliche Qualifikationen und Persönlichkeitsmerkmale einnehmen. 80 Prozent der Projektanbieter geben an, dass Soft-Skills ein Kriterium für die Auftragsvergabe an IT-Freiberufler sind. Als wichtigste Merkmale werden von den Befragten

- Teamfähigkeit
- Problemlösungsfähigkeit
- Verantwortung, Sorgfalt und Termintreue
- organisatorische Fähigkeiten und strukturiertes Denken
- Leistungsbereitschaft und Belastbarkeit

genannt.

In der Unternehmensbefragung, die die Arbeitnehmerkammer Bremen bei 93 interaktiven Dienstleistern durchgeführt hat, erwiesen sich

- Teamfähigkeit (82% der Nennungen)
- Kundenorientierung (76% der Nennungen)
- Selbstlernkompetenz (70% der Nennungen)
- Kreativität (67% der Nennungen)
- Problemlösungsfähigkeit (64% der Nennungen)
- Kommunikationsfähigkeit (64% der Nennungen) und
- Flexibilität (53% der Nennungen)[49]

als besonders wichtig.

Die Ergebnisse der zitierten Befragungen belegen das hohe Gewicht, das Soft Skills innerhalb der Qualifikationsprofile unterschiedlicher Berufsfelder der Digitalen Ökonomie einnehmen.

6 Zusammenfassung und Schlussfolgerungen

6.1 Wandel der Qualifikationsstruktur und -anforderungen

Die Qualifikationsstruktur und die Anforderungen an die Beschäftigten in den IT-Anwenderunternehmen und den Branchen der Digitalen Wirtschaft sind einem Prozess des grundlegenden Wandels unterworfen, der durch den rapiden technischen Fortschritt mit sich verkürzenden Innovationszyklen angetrieben wird: Die Anwenderunternehmen sind laufend mit neuen Produkten, Diensten, Applikationen und Lösungen konfrontiert und damit gefordert, diese in ihre Geschäftsprozesse zu integrieren. Die IT- und New-Media-Dienstleister sehen sich zunehmend einem veränderten Kundendenken gegenüber. Seitens der Kunden werden mehr und mehr Komplettlösungen verlangt, die die Implementation von Applikationen und ihre Integration in die Geschäftsprozesse von Unternehmen umfassen. Die Kunden entscheiden sich nicht mehr für ein technisches Produkt wegen der Technologie, sondern erwarten eine Gesamtlösung für ein Problem. Die Lösung muss sowohl die inhaltliche Konzeption als auch die IT-Komponenten Anwendungssoftware und Hardware enthalten. Daraus folgt, dass bei IT-basierten betriebswirtschaftlichen Lösungen eine ganzheitliche Kompetenz für Organisation, Software und Hardware gefordert wird. Damit steigen die Anforderungen, die an die Dienstleister (Systemhäuser, IT-Dienstleister und -Berater, E-Business-Anbieter, Multimedia-Agenturen etc.) gerichtet sind.

Aufgrund der notwendigen Integration technischer und betriebswirtschaftlicher Aspekte und der Konvergenzprozesse zwischen den informationswirtschaftlichen Teilmärkten werden Interdisziplinarität und Soft-Skills zum entscheidenden Schlüssel, um die Herausforderungen der digitalen Ökonomie erfolgreich zu bewältigen. In internetbasierten Geschäftsprozessen sind Qualifikationen in den Bereichen Informatik, Betriebswirtschaftslehre, Kommunikation und Mediengestaltung gefordert. So stellt zum Beispiel die Implementation einer komplexen E-Business-Lösung Anforderungen, denen traditionelle segmentierte Berufsprofile nicht gerecht werden: Der Qualifikationsbedarf wird sich zunehmend an fachübergreifenden Anforderungen orientieren. Ganzheitliche Qualifikationsprofile, die durch jeweils spezifische Schwerpunkte im Schnittstellenbereich von Management, IT-Technologie und Contententwicklung für interaktive Anwendungen geprägt sind, charakterisieren den grundlegenden Trend des Bedarfs an Fach- und Führungskräften für die Digitale Wirtschaft.

6.2 Anforderungen an eine zukunftsorientierte Hochschulausbildung von Fach- und Führungskräften

Eine Bedingung für das weitere Wachstum der Informationswirtschaft ist die Verfügbarkeit von Personal, das den wachsenden Anforderungen entsprechende Qualifikationsprofile aufweist. Hier zeichnet sich bis 2005 und voraussichtlich auch darüber hinaus ein Engpass ab, der die weitere Entwicklung der deutschen Informationswirtschaft erheblich behindern könnte. Eine gezielte Förderung und eine zukunftsorientierte politische Weichenstellung erscheinen insbesondere hinsichtlich des Bedarfs nach Fach- und Führungskräften dringend geboten.

Die gegenwärtige Praxis der Qualifizierung von Fach- und Führungskräften für die Digital Economy an den Hochschulen weist nach Auffassung von Experten einen Korrekturbedarf auf, der sich auf die folgenden Bereiche bezieht:

- Die Qualifizierungsangebote für die Digital Economy und das weite Feld Internet/E-Business hinken dem derzeitigen und zukünftigen quantitativen Bedarf nach Fach- und Führungskräften hinterher.
- Die Hochschulen qualifizieren z.T. an den tatsächlichen Bedarfen vorbei. Sie vermitteln zu wenig interdisziplinäre Kenntnisse, da nach wie vor auf Spezialisierung gesetzt wird, obwohl angesichts der hohen Innovationsgeschwindigkeit eine Spezialisierung eher kontraproduktiv ist.
- Der Zeitraum, der benötigt wird, um neue Inhalte an den Hochschulen zu integrieren, hält mit dem Innovationstempo der Internettechnologie nicht Schritt.
- Die Zusammenarbeit zwischen Bildungseinrichtungen und der Wirtschaft, den „Abnehmern" von Qualifikationen, ist unzulänglich.

Aus diesen Defiziten folgt die Notwendigkeit, die Qualifizierungsangebote für die Digital Economy und Internet/E-Business auszubauen, die Anpassungsflexibilität der Hochschulen zu fördern und die „Transferdauer" zu verkürzen. Dazu bedarf es einer engen Kooperation zwischen Hochschulen und Wirtschaft und begleitend dazu der Intensivierung der Qualifikationsforschung über den künftigen qualitativen Bedarf der Informationswirtschaft.

Die Dienstleistungsorientierung aufgrund der veränderten Kundenanforderungen wird zu einem immer wichtigeren Merkmal der Digital Economy: Bei ganzheitlichen Problemlösungskonzepten spielen Dienstleistungen zunehmend eine wettbewerbsentscheidende Rolle und Interdisziplinarität wird zu einem herausragenden Qualifikationsmerkmal.[50] Ein integrierter Studiengang zur Qualifizierung für Internetanwendungen und einer weiten Variationsbreite von Schwerpunkten und Schnittstellen ist dazu geeignet, die ganzheitlichen Kompetenzen und Schnittstellenqualifikationen zu vermitteln, die als Bindeglieder der interdisziplinären Zusammenarbeit im Team fungieren.

Um auf kurzfristige Entwicklungen adäquat reagieren zu können, sind offene Strukturen notwendig. Es bietet sich an, internetaffine Studienschwerpunkte zu definieren und einzurichten und basierend auf einem modularen Aufbau ein System zu entwickeln, in dem ein gewählter Studienschwerpunkt mit frei kombinierbaren Modulen aus anderen Schwerpunkten sinnvoll verbunden werden kann. Diese Module können auch für die Weiterbildung von Fach- und Führungskräften geöffnet werden. Auf diese Weise lässt sich Interdisziplinarität realisieren, und die Flexibilität erreichen, die notwendig ist, um den sich wandelnden Anforderungen zeitnah begegnen zu können. Eine enge Zusammenarbeit mit der Wirtschaft, die z.B. durch studienbegleitende Praxisanteile sowie der Einbeziehung von Dozenten aus der Wirtschaft hergestellt werden kann, ist eine notwendige Ergänzung eines solchen Studienkonzepts.

„Angesichts sich verkürzender Innovationszyklen und innerhalb knapper Frist entstehender und wieder an Bedeutung verlierender Geschäftsfelder ist es kaum noch möglich, berufsrelevante Qualifikationen langfristig zu `planen´ oder zentral zu steuern. Diese Erkenntnis bedeutet im Umkehrschluss allerdings nicht den Verzicht auf Strukturierung von Bildungsinhalten und -formen. Entscheidend ist der Akzentwechsel: Weg von definierten Bildungsinhalten (`Kanon´) und einheitlichen vorgegebenen Bildungswegen, hin zu prozessorientierten Bildungsgängen, Selbststeuerung der Lernenden im Sinne eines klar definierten Selbstmanagements, Anerkennung informeller Lernformen usw. Der Komplexität des Wissens und der Anforderungen an das Kompetenzprofil des Einzelnen entspricht damit die Individualisierung des Lernens..."[51]

Anmerkungen

[1] Vgl. dazu auch die aktuellen Daten der Unternehmensbefragung von InformationWeek/CMP/WEKA Verlag, IT-Budget 2002: Danach wollen 27 % der befragten Unternehmen im Jahre 2002 weniger für Informationstechnologie ausgeben als im Vorjahr.

[2] Nach den jüngsten Konjunkturdaten, die der Bundesverband Informationswirtschaft, Telekommunikation und neue Medien e.V. (BITKOM) für das Jahr 2002 vorgelegt hat, wird der deutsche Markt für Informationstechnik und Telekommunikation (ITK) in diesem Jahr um 1,3% auf 136 Mrd. Euro schrumpfen; www.bitkom.org.

[3] Vgl. IFO Infratest, Institut for Information Economics (IIE) im Auftrag des Bundesministeriums für Wirtschaft und Technologie: Monitoring Informationswirtschaft. München, Februar 2002.

[4] Vgl. Bundesministerium für Wirtschaft: Info 2000: Deutschlands Weg in die Informationsgesellschaft, Februar 1996, S. 17; www.bmwinfo2000.de/archive/berichte/info2000.

[5] Vgl. Arbeitslandschaft 2010 – Teil 2: Ungebrochener Trend in die Wissensgesellschaft. Entwicklung der Tätigkeiten und Qualifikationen. IAB Kurzbericht; Ausgabe Nr.10 / 27.08.1999.

[6] Vgl. BITKOM: Bildung für die Informationsgesellschaft. Bildungspolitisches Grundsatzpapier des BITKOM. Berlin, Juli 2001; www.bitkom.org.

[7] Vgl. Landesinitiative media NRW: Gründen und Wachsen in der Internetwirtschaft; http://www.media.nrw.de/imperia/md/content/gruendung/4.pdf.

[8] Definition der Digitalen Wirtschaft durch den Deutschen Multimedia Verband (DMMV); www.dmmv.de.

[9] Die neuen Informations- und Kommunikationstechnologien im weiteren Sinne können mit dem Begriff Multimedia zusammengefasst werden: Multimedia umfasst drei neue oder erweiterte Möglichkeiten, die für sich und in ihrer Kombination die gegenwärtige Anwendungsbreite des Informations- und Kommunikationsverhaltens erheblich steigern: Vernetzung, Integration und Interaktivität. Vernetzung bezeichnet dabei die Möglichkeit des Zugangs zu allen weltweit gespeicherten Informationen. Integration drückt die Möglichkeit der zeitgleichen Zusammenführung der verschiedenen Medien Text, Grafik, Bewegtbild und Ton in einem Medium aus. Interaktivität meint die weltweite Möglichkeit, dass jeder zugleich Empfänger und Sender von Informationen wird.

[10] Vgl. Wissenschaftliches Institut für Kommunikationsdienste GmbH, Bad Honnef: Entwicklungstrends im Telekommunikationssektor bis 2010. Studie im Auftrag des Bundesministeriums für Wirtschaft und Technologie. Endbericht April 2001, S. 68.

[11] Basis: 14- bis 69-jährige Bevölkerung. Quelle: gfk-Webgauge; www.gfk-webgauge.com.

[12] Vgl. Forrester Research: „Europe's Online Retail Profits"; www.forrester.com; eMarket News vom 02.08.2001; www.emar.de/index.php3?content=content/news/aktuell/detail6meldung=2299.

[13] Vgl. IDC EMETA IT Market Monitor; www.idc.com.

[14] Vgl. dazu www.eito.com.

[15] Zum Folgenden siehe im Einzelnen: Dorn, Lothar; Hammer, Gerlinde; Knuth, Jutta: E-Commerce in deutschen Unternehmen – mit einer empirischen Untersuchung in kleinen und mittleren Handelsunternehmen des Landes Bremen. Bremen, 2001, S. 11 ff.

[16] Dies verdeutlicht auch die Lünendonk-Studie 2002 (www.luenendonk.de), die auf einer Befragung von Standard-Software-Unternehmen in Deutschland beruht: Die führenden Top-10 der Branche schätzen die Bedeutung von E-Business und Enterprise Application Integration (EAI) für ihre Tätigkeit mit jeweils 4,3 Punkte auf einer Skala von 1 (nicht wichtig) bis 5 (sehr wichtig) als sehr hoch ein. Diese Einschätzung beruht augenscheinlich auf der engen Verknüpfung beider Themen: EAI gilt als technische Voraussetzung für eine erfolgreiche Realisierung von E-Business-Strategien.

[17] Vgl. Dazu www.forrester.com.

[18] Vgl. Agamus-Consult: „Back-to-Business" – Die B2B-Studie; www.agamus.de.

[19] Als Beleg dafür sei lediglich darauf verwiesen, dass 52 Prozent der deutschen Unternehmen die Nutzung von elektronischen Marktplätzen planen. UPS Europe Business Monitor. Quelle: Newsletter CYbiz vom 17.09.02.

[20] Vgl. Bundesvereinigung der deutschen Arbeitgeberverbände (BDA), KPMG: eBusiness in der deutschen Wirtschaft. Status und Perspektiven 2001.

[21] Die B2B-Studie von Agamus beziffert den Kostenaufwand zur Lösung der Schnittstellen-Problematik auf 50 Prozent der IT-Ressourcen.

[22] Vgl. Empirica: Stand und Entwicklungsperspektiven des elektronischen Geschäftsverkehrs in Deutschland, Europa und den USA unter besonderer Berücksichtigung der Nutzung in KMU 1999 und 2001. Bonn, November 2001.

[23] Interorg-News, Ausgabe 2 – März 2002: Unternehmensanalyse zur E-Business-Integration. Vorabinformation zu Ergebnissen (Teilstichprobe); www.interorg.de.

[24] Von allen informationswirtschaftlichen Angeboten werden der Mobilkommunikation von den Experten des Monitoring Informationswirtschaft die besten Chancen eingeräumt; siehe 4. Faktenbericht/2. Trendbericht; www.passport.de.

[25] Vgl. dazu Claus Rissing: Mobiler Taktgeber. In: eCommerce-Magazin 10/2002, S. 62 f.

[26] Vgl. Berlecon Research: Mobile Business-Lösungen für Unternehmen; www.berlecon.de.

[27] Vgl. dazu www.eco.de.

[28] Vgl. Institut für Innovationsforschung und Technologiemanagement (INNO-TEC): e-Learning in der Weiterbildung – Ein Benchmarking deutscher Unternehmen. Ergebnisse einer Befragung der C-Dax-Unternehmen in Deutschland, November 2001; www.inno-tec.de.

[29] Bei den Prognosen werden ebenso viele unterschiedliche Zahlen genannt, wie es Prognose-Institute gibt, die dazu Schätzungen vorlegen. (Siehe dazu: Initiative D 21: Chancen neuer Bildungsstrategien für das Beschäftigungspotenzial in Deutschland, S. 7; www.initiatived21.de) Einigkeit besteht lediglich in der Frage, dass E-Learning in Zukunft einen erheblichen Zuwachs erfährt.

[30] Vgl. dazu www.de.cgey.com.

[31] Vgl. dazu www.luenenkonk.de.

[32] Vgl. Akzeptanz von E-Learning. Eine empirische Studie in Zusammenarbeit von Cognos und dem Institut für Innovationsforschung, Technologiemanagement und Entrepreneurship, Juli 2002; www.cognos.com, www.inno-tec.de.

[33] Vgl. dazu www.webacad.de.

[34] Vgl. Nucleus Research; www.nucleusresearch.com.

[35] So die Definition des Branchenverbandes BITKOM.

[36] Vgl. Zentrum für Europäische Wirtschaftsforschung GmbH (ZEW): IT-Fachkräftemangel und Qualifikationsbedarf. Empirische Analysen für das Verarbeitende Gewerbe und ausgewählte Dienstleistungsbranchen in Deutschland im Auftrag des Deutschen Zentrums für Luft- und Raumfahrt e.V. Projektträger des BMBF für Informationstechnik. Endbericht 01.07.2001.

[37] Dies belegt u.a. die Studie „Führende IT-Beratungs- und Systemintegrations-Unternehmen in Deutschland 2002" der Lünendonk GmbH. Ihr ist zu entnehmen, dass der Faktor `Mangel an Fachkräften' nach wie vor die Entwicklung und den Erfolg der befragten Unternehmen behindert. Auf der Skala von 1 (gar nicht) bis 5 (sehr stark) liegt der Wert bei 2,7 (gegenüber 4,3 im Vorjahr).

[38] Monitoring Informationswirtschaft, a.a.O., S. 4; ; www.password.de/trendreport.htm.

[39] Vgl. BITKOM-Pressemitteilung vom 16.03.2001; www.bitkom.org.

[40] Als Beispiel ist hier der Otto Versand zu nennen, bei dem sich im Rahmen seiner Online-Aktivitäten eine breite Bandbreite von neuen Berufsfeldern entwickelt hat. Vgl. FAZ Hochschulanzeiger, Ausgabe 55. Juni 2001, S. 8.

[41] Besondere Probleme bereitet den Unternehmen die Vielfalt und Inkompatibilität der bestehenden DV-Systeme. 21,4 Prozent gaben in einer Unternehmensbefragung an, dass sie 10 und mehr verschiedene Software-Systeme unabhängig von ihren Standardanwendungsprogrammen einsetzen.

[42] Vgl. die Studie: E-Business-Integration und Web Services; www.berlecon.de.

[43] Die folgenden Ausführungen beruhen auf dem Monitoring-Bericht 2001/2 des Projekts EQUIB. Bremen 2001, download unter: www.equib.de, sowie der von der Arbeitnehmerkammer Bremen herausgegebenen Studie zur Multimedia-Branche: Dorn, Charlotte; Dorn, Lothar; Wupperman, Beatrix: Die Entwicklung der Multimedia-Branche in Bremen und Bremerhaven – Qualifizierungsbedarf und strukturpolitische Chancen. Bremen, 2001.

[44] Die Unternehmen, die der Multimedia-/New Media-Dienstleistungsbranche zugerechnet werden, bieten interaktive Produktionen und Dienstleistungen rund um interaktive Medien an. Im Zentrum des breiten Spektrums von Anbietern stehen die Multimedia-Agenturen, das heißt Unternehmen, deren Hauptgeschäftsfeld darin besteht, für fremde Auftraggeber Multimedia-Dienstleistungen zu erbringen bzw. Multimedia-Produktionen zu konzipieren und zu realisieren.

[45] Die zunehmende Orientierung auf informationstechnische Anforderungen, kommt u.a. darin zum Ausdruck, dass die wichtigste Mitarbeitergruppe bei den Interaktiven mittlerweile die IT-Techniker und Programmierer sind. Sie stellen bereits mehr als 1/3 der Beschäftigten.

[46] Das Anforderungsniveau weist auch für die Zukunft eine noch steigende Tendenz auf: Eine Befragung von Multimediaausbildern führte zu dem Ergebnis, dass die Beschäftigten in der Branche mit wachsenden Ansprüchen konfrontiert sind. Auf einer Skala von 0 = sinkend bis 10 = steigend ergibt sich ein durchschnittlicher Index von 7,6 (Quelle: iBusiness, 02/2002).

[47] Agentur-Markt in Bewegung. In: eMarket; New Media Update. Aktuelle Grundlagen zum Online-Marketing und E-Commerce. Herbst 2000, Folge 6, S. 23.

[48] Vgl. GULP – Knowledge Base: Erfolgsfaktoren bei IT-Projekten; www.gulp.de.

[49] Vgl. a.a.O., S. 60.

[50] Vgl. Die Interdisziplinarität als Merkmal. Wirtschaftsinformatik: Ein Spannungsfeld zwischen Unternehmensstrategien und IT-Implementierung. In: FAZ vom 27. August 2001, Nr. 198, S. 25.

[51] BITKOM: Bildung für die Informationsgesellschaft. Bildungspolitisches Grundsatzpapier des BITKOM. Berlin, Juli 2001; www.bitcom.de.

Miriam Gensicke, Helmut Kuwan

IuK-Technologien und IuK–Qualifikationen im Tätigkeitsfeld "kaufmännische Bürotätigkeiten"

Im Rahmen des vom Bundesministerium für Bildung und Forschung geförderten Projektes AdeBar[1] bildet derzeit die Erforschung von Qualifikationsveränderungen in der Arbeitspraxis kaufmännischer Bürotätigkeiten einen Untersuchungsschwerpunkt. In diesem Artikel werden ausgewählte Untersuchungsergebnisse zu drei Aspekten dieses Themas näher beleuchtet:

- Entwicklungstrends, die im Zusammenhang mit Informations- und Kommunikationstechnologien stehen,
- Trends zum konkreten Einsatz neuer IuK-Technologien,
- veränderte Qualifikationsanforderungen, die an Fachkräfte im Bereich „kaufmännische Bürotätigkeiten" gestellt werden.

Das Grundkonzept des ADeBar-Projekts besteht aus einer Kombination von qualitativen und quantitativen Erhebungen. Der vom Fraunhofer-Institut für Arbeitswirtschaft und Organisation (IAO) betreute Teil zielt darauf ab, aus umfassenden arbeitsnahen Betriebsfallstudien Thesen zu Entwicklungstrends und Qualifikationsanforderungen abzuleiten. Im zweiten Teil des Projektes, für den Infratest Sozialforschung und Helmut Kuwan, Sozialwissenschaftliche Forschung und Beratung, München verantwortlich sind, werden betriebliche Experten im Rahmen mündlicher Repräsentativbefragungen um eine Bewertung dieser Ergebnisse gebeten.

1   Erhebungskonzept der Betriebsbefragung

Die folgenden Ergebnisse basieren auf einer Befragung, bei der in insgesamt 335 Betrieben mündlich persönliche Interviews durchgeführt wurden. Interviewpartner waren Personalverantwortliche bzw. in kleineren Einheiten Geschäftsführer oder Inhaber.

Die Auswahlgrundlage dieser Zufallsstichprobe bildete das von Infratest entwickelte „Arbeitsstätten-Master-Sample" (AMS). Das AMS enthält 160.000 Betriebsadressen, erfasst kontinuierlich Neugründungen und wird laufend aktualisiert.

Ausgangspunkt der Stichprobenziehung waren ausgewählte Branchen und Betriebsgrößenklassen bei denen anzunehmen war, dass in den Betrieben das interessierende Tätigkeitsfeld als wichtiges Aufgabengebiet vorhanden ist. Insgesamt waren in der Stichprobe folgende Branchen und Betriebsgrößenklassen vertreten:

- Verarbeitendes Gewerbe ab 100 Mitarbeitern;
- Baugewerbe ab 100 Mitarbeitern;
- Handel, Einzelhandel ab 50 Mitarbeitern, Großhandel ab 20 Mitarbeitern;
- Verkehr und Nachrichtenübermittlung ab 20 Mitarbeitern;
- Dienstleistungsgewerbe ab 20 Mitarbeitern.

Zentrale Themen der ADeBar-Repräsentativerhebung im Bereich "kaufmännische Bürotätigkeiten" waren Ausbildung, Weiterbildung und informelles berufliches Lernen in ihren verschiedenen Formen, allgemeine und spezifische Trends der Qualifikationsentwicklung, derzeitige und künftige Qualifikationsanforderungen, derzeitige und künftige Tätigkeitsschwerpunkte im kaufmännischen Bürobereich sowie der Einsatz neuer Arbeitsmittel und Büroarrangements.

Im Folgenden werden zunächst einige ausgewählte Ergebnisse zu Entwicklungstrends im Zusammenhang mit IuK-Technologien dargestellt.

2 Entwicklungstrends im Zusammenhang mit Informations- und Kommunikationstechnologien

Aus den Betriebsfallstudien des Fraunhofer IAO wurden insgesamt 31 Thesen zu möglichen Veränderungen, die Einfluss auf die Qualifikationsentwicklung haben könnten, entwickelt und den betrieblichen Experten zur Bewertung vorgelegt. 17 dieser Thesen befassen sich mit allgemeinen Entwicklungen und Veränderungen in der Arbeitswelt und 14 Thesen nehmen Bezug auf spezifische Entwicklungen im Bereich „kaufmännische Bürotätigkeiten". Im Folgenden werden diejenigen 9 Trendaussagen (4 allgemeine und 5 spezifische Thesen) näher betrachtet, die sich auf Entwicklungen im DV-, IT oder IuK-Bereich beziehen.

Mit Abstand am meisten Zustimmung findet die These, welche IT-Qualifikationen als *grundlegende Kulturtechnik* wie Lesen, Schreiben und Rechnen beschreibt. 96% der betrieblichen Experten äußern hierzu ihre Zustimmung. Daraus ergibt sich auf der Vierer-Skala[2] ein Durchschnittswert von 1,43 (s. Abbildung 1).

Die zentrale Bedeutung von IT-Qualifikationen für kaufmännische Bürotätigkeiten zeigt sich u.a. auch darin, dass Computersysteme nach Ansicht einer Mehrheit der Experten heute so gestaltet werden, dass sie über die *Prozesskette hinweg kompatibel* sind. Dadurch werden die Schnittstellen Kundenbestellung, Produktion und Vertrieb in einem gemeinsamen DV-System vernetzt. Die überwiegende Mehrheit der Experten stimmt dieser These voll und ganz (38%) oder eher (49%) zu. Entsprechend belegt sie mit einem Durchschnittswert von 1,72 den zweiten Rangplatz.

Vergleichbar große Zustimmung findet die Aussage, dass sich die *Arbeitsmittel* – also EDV-Programme, Hardware und Arbeitsplatzausstattung - sehr viel stärker wandeln werden als die kaufmännischen Fachinhalte. (Durchschnittswert ebenfalls 1,72, Rangplatz 3).

Veränderungen im IT-Bereich werden auch in der These zum *E-Commerce* angesprochen. Diese besagt, dass E-Commerce und E-Business, ausgehend vom Büro- und Betriebsbereich, nahezu alle betrieblichen Funktionsfelder durchdringen werden. Etwa vier von fünf Experten stimmen dieser These zu (Durchschnittswert 1,91, Rangplatz 8 von 31 Thesen).

Thesen zur Qualifikationsentwicklung bei kaufmännischen Bürotätigkeiten - Teil A   ADeBar

Rangplätze von 31 Thesen und Durchschnittswerte[1)]

Rang	These	Ø
1	Der Umgang mit Informations- und Kommunikationstechnologien wird zu einer grundlegenden Kulturtechnik wie Lesen, Schreiben und Rechnen.	1,43
2	Computersysteme werden so gestaltet, dass sie überdie Prozesskette hinweg kompatibel sind. Dadurch werden die Schnittstellen Kundenbestellung, Produktion und Vertrieb in einem gemeinsamen DV-System vernetzt.	1,72
3	Die Arbeitsmittel (EDV-Programme, Hardware, Arbeitsplatzausstattung) wandeln sich viel stärker als die kaufmännischen Fachinhalte.	1,72
8	E-Commerce und E-Business durchdringen, ausgehend vom Büro- und Betriebsbereich, auch nahezu alle anderen betrieblichen Funktionsfelder.	1,91

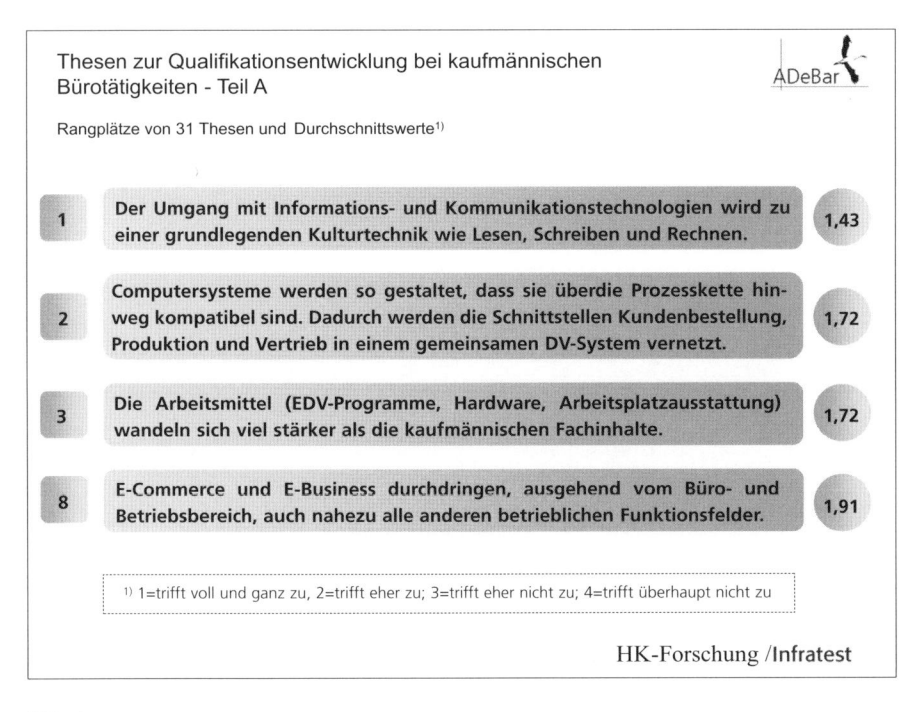

[1)] 1=trifft voll und ganz zu, 2=trifft eher zu; 3=trifft eher nicht zu; 4=trifft überhaupt nicht zu

HK-Forschung /Infratest

Abb. 1:
Thesen zur Qualifikationsentwicklung bei kaufmännischen Bürotätigkeiten im Zusammenhang mit IuK-Technologien – Teil A

Die bisher dargestellten Thesen, die eher allgemeine und übergreifende Veränderungen im Zusammenhang mit IuK-Technologien thematisieren, stoßen auf große Zustimmung der Experten. Dagegen fällt die Beurteilung der folgenden spezifischeren Entwicklungstrends kontroverser aus.

So liegt etwa die These, dass aufgrund der neuen Möglichkeiten der elektronischen Recherche eine neue *Standardisierungswelle* im kaufmännischen Bürobereich entstehen werde, lediglich auf Rangplatz 23 (Durchschnittswert 2,53) . Nur knapp die Hälfte (46%) der Befragten rechnen damit, dass sich kundenspezifische Sonderanfertigungen reduzieren werden, da im weltweiten Netz auf bereits vorhandene Lösungen zurückgegriffen werden kann.

Ähnlich kontrovers beurteilen die Experten, ob die Bürofachkräfte ihre Arbeitsergebnisse und ihr Erfahrungswissen künftig in *Wissensmanagementsystemen* (Intranet) zur Verfügung stellen müssen (Rangplatz 25, Durchschnittswert 2,57).

Auf Rang 26 der Thesen findet sich die Aussage, dass wesentliche Arbeitsaufgaben von *virtuellen Systemen* (z.B. elektronische Bestellsysteme) genau so gut erfüllt werden wie von Fachkräften (Durchschnittswert 2,57).

Thesen zur Qualifikationsentwicklung bei kaufmännischen Bürotätigkeiten – Teil B
Rangplätze von 31 Thesen und Durchschnittswerte[1)]

Rang	These	Ø
23	Durch die neuen Möglichkeiten elektronischer Recherche entsteht eine neue Welle der Standardisierung, indem weltweit auf bereits vorhandene Lösungen zurückgegriffen werden kann, die den Kundenanforderungen möglichst nahe kommen. Dadurch reduzieren sich die kundenspezifischen Sonderanfertigungen.	2,53
25	Die Bürofachkräfte müssen ihre Arbeitsergebnisse und ihr Erfahrungswissen in Wissensmanagementsystemen (Intranet) zur Verfügung stellen.	2,57
26	Wesentliche Arbeitsaufgaben werden von virtuellen Systemen (z.B. elektronische Bestellsysteme oder elektronisches Lagermanagement) genau so gut erfüllt wie von Fachkräften.	2,57
27	Mindestens ein Viertel der Bürotätigkeiten wird in Telearbeit verrichtet.	2,58
30	Bürotätigkeiten bestehen vermehrt aus der Erstellung, Weitergabe, Pflege und dem Controlling von Musterformularen, die von anderen Fachkräften ausgefüllt werden.	2,79

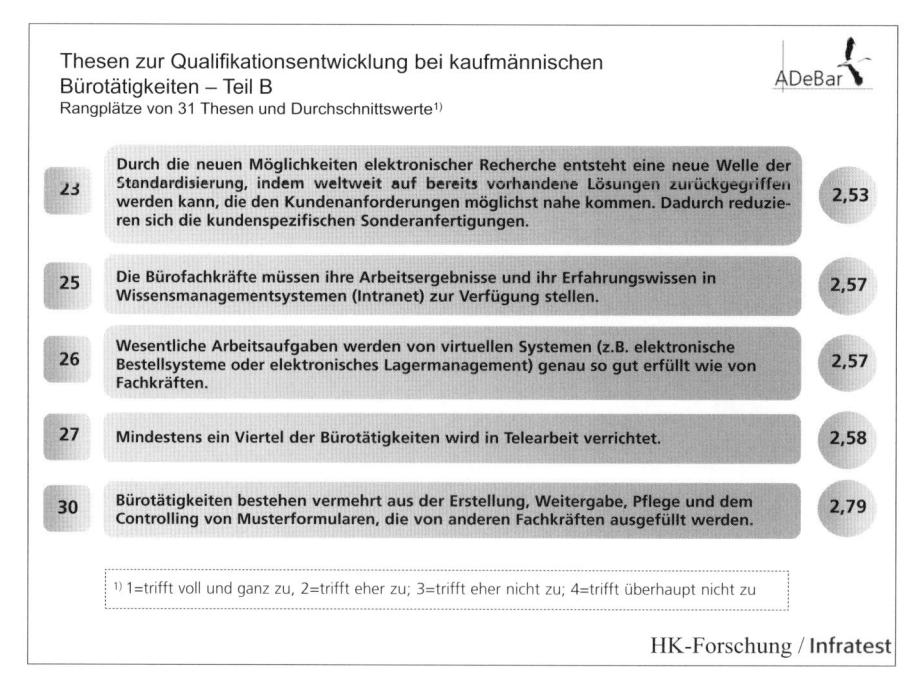

[1)] 1=trifft voll und ganz zu, 2=trifft eher zu; 3=trifft eher nicht zu; 4=trifft überhaupt nicht zu

HK-Forschung / Infratest

Abb. 2:
Thesen zur Qualifikationsentwicklung bei kaufmännischen Bürotätigkeiten im Zusammenhang mit IuK-Technologien – Teil B

Die These, dass mindestens ein Viertel der Bürotätigkeiten innerhalb der nächsten drei Jahre in *Telearbeit* verrichtet wird, liegt in der Gesamtrangreihe mit Rang 27 relativ weit hinten. Allerdings ist zu beachten, dass die Messlatte für eine Zustimmung zu dieser Aussage durch die Vorgabe "mindestens ein Viertel" recht hoch gelegt wird. Immerhin fast die Hälfte der Experten stufen diese Entwicklung als auf ihren Betrieb voll und ganz (16%) oder eher zutreffend (30%) ein.

Auf mehrheitliche Ablehnung stößt dagegen die These, dass kaufmännische Fachkräfte zunehmend für die Erstellung, Pflege und das Controlling von Musterformularen zuständig sind, die von anderen Fachkräften ausgefüllt werden. Fast zwei von drei betrieblichen Experten stimmen dieser Aussage nicht zu (Rangplatz 30, Durchschnittswert 2,79).

Die Ergebnisse zeigen, dass die betrieblichen Experten den eher generellen Thesen zur Verbreitung und Bedeutung von IuK-Technologien mit großer Mehrheit zustimmen. Dagegen fallen die Einschätzungen, welche konkreten Auswirkungen sich daraus für den eigenen Betrieb ergeben, kontroverser aus. Dies gilt insbesondere für eine Neugestaltung des Wissensmanagements – sowohl intern (Intranet) als auch extern (Internet). Auch eine möglicherweise dadurch bedingte Welle der Standardisierung erwartet nur jeder zweite betriebliche Experte. Eine Standardisierung könnte dabei marktbezogen erfolgen (z.B. durch die Reduktion von kundenspezifischen Sonderanfertigungen), aber auch innerbetrieblich (z.B. vermehrter Einsatz von Musterformularen).

3 Einsatz neuer IuK-Technologien

Anhand der dargestellten Thesen konnten Entwicklungstrends im Zusammenhang mit IuK-Technologien aufgezeigt werden, die einen Einfluss auf die Qualifikationsentwicklung von Fachkräften haben. Darüber hinaus wurden in der Betriebsbefragung die Experten auch zu den derzeit im Betrieb bereits verwendeten Arbeitsmitteln und zu deren voraussichtlichem Einsatz in drei Jahren befragt. Die in der Befragung angesprochenen Arbeitsmittel stützen sich dabei überwiegend, aber nicht gänzlich, auf IuK-Technologien.

Betrachtet man die derzeitige Nutzung so werden in kaufmännischen Bürotätigkeiten folgende Arbeitsmittel besonders oft verwendet: Internet, Intranet (55%), Betriebsverwaltungsprogramme wie SAP (54%) sowie mobile Hardware (52%), vgl. Abbildung 3[3]. Ebenfalls relativ weit verbreitet sind Funktionsräume, z.B. für Besprechungen, Telefonate oder Videokonferenzen, die 40% der Betriebe oft nutzen. Elektronische Kataloge und Application Sharing, also gleichzeitiges gemeinsames Arbeiten an einem Dokument von verschiedenen PCs aus, werden dagegen nur von 19% bzw. 18% der befragten Betriebe häufig genutzt. Mobile Büros nutzen derzeit erst 3% der Betriebe häufig.

In den nächsten drei Jahren wird nach Ansicht der Experten für alle genannten Büroarrangements und Arbeitsmittel die erwartete Nutzungshäufigkeit erkennbar ansteigen. Besonders deutlich ist dies bei den elektronischen Katalogen (Differenz im Vergleich zur derzeitigen Situation + 25 Prozentpunkte), dem Internet und Intranet (+ 21 Prozentpunkte), der mobilen Hardware (+ 15 Prozentpunkte) und dem Application Sharing (+ 12 Prozentpunkte). Auch der erwartete Nutzungsanstieg mobiler Büros (+ 8 Prozentpunkte) ist vor dem Hintergrund der niedrigen Ausgangsposition von 3% als relativ hoch anzusehen. Dagegen ist die erwartete Zunahme bei den Betriebsverwaltungsprogrammen und den Funktionsräumen (z.B. für Besprechungen, Telefonate oder Videokonferenzen) eher moderat.

Derzeitige und künftige Nutzung von Büroarrangements oder Arbeitsmitteln
Anteilswerte „oft genutzt" in Prozent

Arbeitsmittel	derzeit oft genutzt	in 3 Jahren oft genutzt
Internet, Intranet	55	76
Betriebsverwaltungsprogramme (z.B. SAP)	54	61
Mobile Hardware (z.B. Laptop, Handy)	52	67
Funktionsräume	40	46
Elektronische Kataloge	19	44
Application Sharing	18	30
Mobiles Büro	3	11

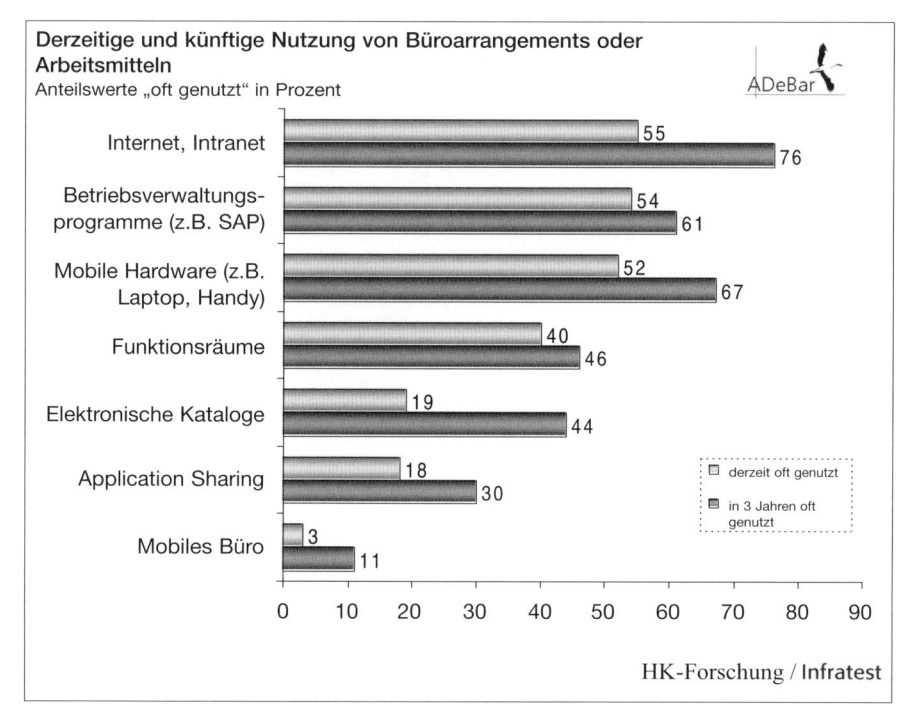

HK-Forschung / Infratest

Abb. 3:
Derzeitige und künftige Nutzung von Büroarrangements oder Arbeitsmitteln

Innovative Betriebe nutzen alle genannten Arbeitsmittel bereits heute deutlich häufiger als zeitgemäße und traditionelle Betriebe.[4] Besonders starke Nutzungsunterschiede sind bei dem Einsatz von Internet/Intranet, mobiler Hardware und elektronischen Katalogen festzustellen. Auch in der Drei-Jahres-Perspektive erwarten innovative Betriebe eine überdurchschnittlich häufige Nutzung aller genannten Arbeitsmittel.

4 Steigende Qualifikationsanforderungen

Veränderungen in der Arbeitswelt und insbesondere der Einsatz neuer Technologien und Arbeitsmittel führen zu veränderten Qualifikationsanforderungen. Die Experten wurden gebeten, Veränderungen der fachlichen und fachübergreifenden Anforderungen an Fachkräfte sowie im Hinblick auf das in den Arbeitsprozess integrierte Lernen einzuschätzen. Dabei zeigt sich, dass die Experten mit Blick auf die nächsten drei Jahre einen deutlichen Anstieg der Qualifikationsanforderungen für kaufmännische Bürotätigkeiten erwarten. Jeweils 82% glauben, dass die fachlichen Anforderungen und die überfachlichen Qualifikationsanforderungen zunehmen werden. 80% rechnen damit, dass die Bedeutung des arbeitsintegrierten Lernens in den nächsten drei Jahren steigen wird.

	Fachliche Anforderungen	Überfachliche Anforderungen	Arbeitsintegriertes Lernen
Stark steigen	26%	24%	31%
Etwas steigen	56%	58%	49%
Gleich bleiben	18%	17%	20%
Etwas sinken	0%	1%	0%
Stark sinken	–	0%	–
Durchschnitt insgesamt [1]	*1,9*	*2,0*	*1,9*

1) Die Skalenwerte bedeuten: stark steigen = 1; etwas steigen = 2; gleich bleiben = 3; etwas sinken = 4; stark sinken = 5.

Tab. 1:
Erwartete Veränderung der Anforderungen an Fachkräfte im Bereich „Kaufmännische Bürotätigkeiten"

Experten aus innovativen und zeitgemäßen Betrieben erwarten bei allen genannten Aspekten einen höheren Anstieg als diejenigen aus traditionellen Betrieben. Ähnliche Unterschiede zeigen sich zwischen den Betrieben mit einer nach eigener Einschätzung sehr guten und denen mit einer schlechten Früherkennungsfähigkeit.

5 IuK-Qualifikationsanforderungen – derzeit und künftig

Welche konkreten Qualifikationsanforderungen stellen Personalverantwortliche an Fachkräfte im Bereich der kaufmännischen Bürotätigkeiten? Insgesamt wurden den Experten 35 Qualifikationsanforderungen zur Bewertung vorgelegt, darunter 12 IuK-Qualifikationen. Dabei sollten sowohl der derzeitige[5] Umfang der Anforderung als auch die erwarteten Veränderungen in den kommenden drei Jahren eingeschätzt werden. Im Folgenden stellen wir die Bewertungen aller einbezogenen IT-Qualifikationen und einiger ausgewählter sonstiger Qualifikationen vor.

Bei den **derzeitigen Anforderungen** steht die Fähigkeit, sich an den Interessen und Belangen der Kunden zu orientieren, an erster Stelle (Durchschnittswert 3,43 auf der 4er-Skala[6], s. Abbildung 4). An zweiter Stelle mit beinahe ebenso hoher Einstufung liegt die Fähigkeit zur Kommunikation mit Kunden bzw. Auftraggebern (Durchschnittswert 3,41). Ebenfalls derzeit in hohem Maße gefordert wird die Kompetenz, Prioritäten zu setzen und zu erkennen, was wichtig und was nicht wichtig ist (Rang 3, Durchschnittswert 3,24). Auch unternehmerisches Denken und Kosten-Nutzen-Überlegungen im Arbeitsalltag werden derzeit bereits im hohen Maße auf der Fachkräfteebene gefordert (Rang 7, Durchschnittswert 3,00).

Derzeitige und künftige Bedeutung von Qualifikationsanforderungen an kaufmännische Bürotätigkeiten – Teil A
Durchschnittswerte derzeit und erwartete Veränderungen in den nächsten 3 Jahren

Derzeit	Künftig	Kategorie
3,43	5,19	Kundenorientierung
3,41	4,96	Kommunikation mit Kunden
3,24	4,71	Prioritäten setzen
3,00	4,94	Unternehmerisches Denken
2,77	5,21	Elektronische Kommunikation im Internet
2,76	5,25	Informationsbeschaffung im Internet
2,70	3,88	Auf ein klares berufliches Profil bezogene fachliche Anforderungen
2,32	4,89	Wissen über Sicherheitsprobleme und -vorkehrungen im Internet

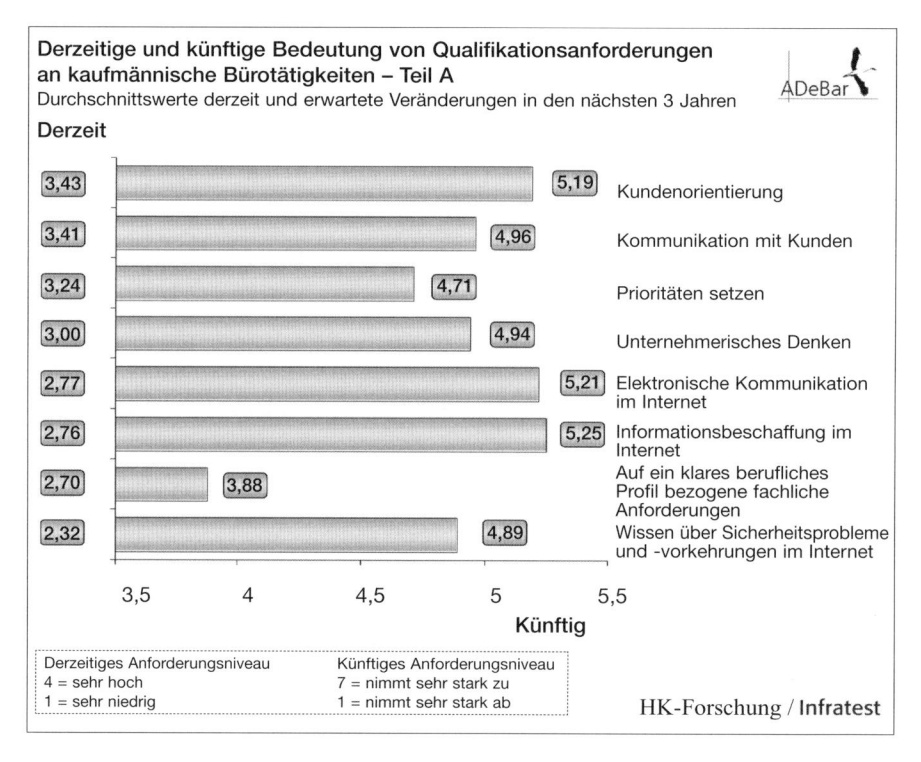

Derzeitiges Anforderungsniveau
4 = sehr hoch
1 = sehr niedrig

Künftiges Anforderungsniveau
7 = nimmt sehr stark zu
1 = nimmt sehr stark ab

HK-Forschung / Infratest

Abb. 4:
Derzeitige und künftige Bedeutung von Qualifikationsanforderungen an kaufmännische Bürotätigkeiten – Teil A

Erst auf Rang 14 und 15 der derzeitigen Anforderung sind zwei IuK-Qualifikationen zu finden, die in ihrer Bedeutung etwa gleich eingeschätzt werden. Sie beziehen sich auf die Fähigkeit zur elektronischen Kommunikation im Internet, Intranet und Extranet (Durchschnittswert 2,77) und die Kompetenz zur Informationsbeschaffung im Internet (Durchschnittswert 2,76). Diese Qualifikationen werden derzeit in den meisten Betrieben lediglich in mittlerem Umfang von Fachkräften im kaufmännischen Bürobereich gefordert.

Derzeit etwa gleichbedeutend mit diesen Internetfähigkeiten sehen die Experten Anforderungen an, die sich auf ein klares berufliches Profil beziehen (Rang 17, Durchschnittswert 2,70).

Alle weiteren zur Einstufung vorgelegten IT-Qualifikationen sind in ihrer derzeitigen Bedeutung für Fachkräfte im kaufmännischen Bürobereich noch im hinteren Drittel der Rangreihe zu finden. So gibt beispielsweise mehr als die Hälfte der befragten Personalverantwortlichen an, dass die Kompetenz zur Abwicklung von E-Commerce und E-Business zur Zeit in ihrem Betrieb nur in geringem Maße oder überhaupt nicht gefordert werden (Rang 24, Durchschnittswert 2,31). Bei der Kompetenz zur Pflege von Online-Warenkatalogen sind dies sogar zwei von drei Experten (Rang 31, Durchschnittswert 1,74).

In der **Drei-Jahres-Perspektive** zeigt sich ein stark verändertes Bild. Die Experten rechnen bei beinahe allen angesprochenen Qualifikationsanforderungen mit einer Bedeutungszunahme. Lediglich für die fachlichen Anforderungen, die sich auf ein klares berufliches Profil beziehen, wird kein Anstieg erwartet.

Die Bedeutungszunahme der übrigen Anforderungen fällt zum Teil sehr unterschiedlich aus. Bei den Internet-Qualifikationen erwarten die Experten den deutlichsten Anstieg. Der Fähigkeit zur Beschaffung von Informationen im Internet wird hierbei die stärkste Zunahme zugesprochen (Durchschnittswert 5,25 auf der 7er-Skala[7], s. Abbildung 4) und der Kompetenz zur elektronischen Kommunikation im Internet, Intranet und Extranet die zweitstärkste (Durchschnittswert 5,21).

Ebenfalls mit einem starken Bedeutungsanstieg rechnen die Experten bei der Anwendung von E-Commerce und E-Business (Durchschnittswert 4,91), den Kenntnissen zur Sicherheit im Internet (Durchschnittswert 4,89) und dem Umgang mit Wissensdatenbanken (4,78). Auch die Arbeit in virtuellen Welten und Kooperationen, also z.B. die Zusammenarbeit von Partnern an verschiedenen Orten oder via Internet, werden nach Ansicht der Experten in Zukunft wesentlich gefragter sein (Durchschnittswert 4,59).

Bei einigen anderen IT-Qualifikationen fällt der erwartete Bedeutungszuwachs wesentlich geringer aus. Dies betrifft z.B. die Kompetenz zur Pflege von Online-

Warenkatalogen, Kenntnisse von Internetprogrammen, Plattformgestaltung, Web-Design sowie die Arbeit in einem Netzwerk aus menschlichen und elektronischen Akteuren künstlicher Intelligenz (z.B. eigeninitiative elektronische Agenten). Während nach Ansicht der befragten Experten die eher allgemeinen IT-Qualifikationen auf breiter Basis an Bedeutung gewinnen, werden diese speziellen Kompetenzen vor allem für eine kleinere Gruppe an Fachkräften wichtig (Durchschnittswerte zwischen 4,24 und 4,45 auf der 7er-Skala).

Derzeitige und künftige Bedeutung von Qualifikationsanforderungen an kaufmännische Bürotätigkeiten – Teil B
Durchschnittswerte derzeit und erwartete Veränderungen in den nächsten 3 Jahren

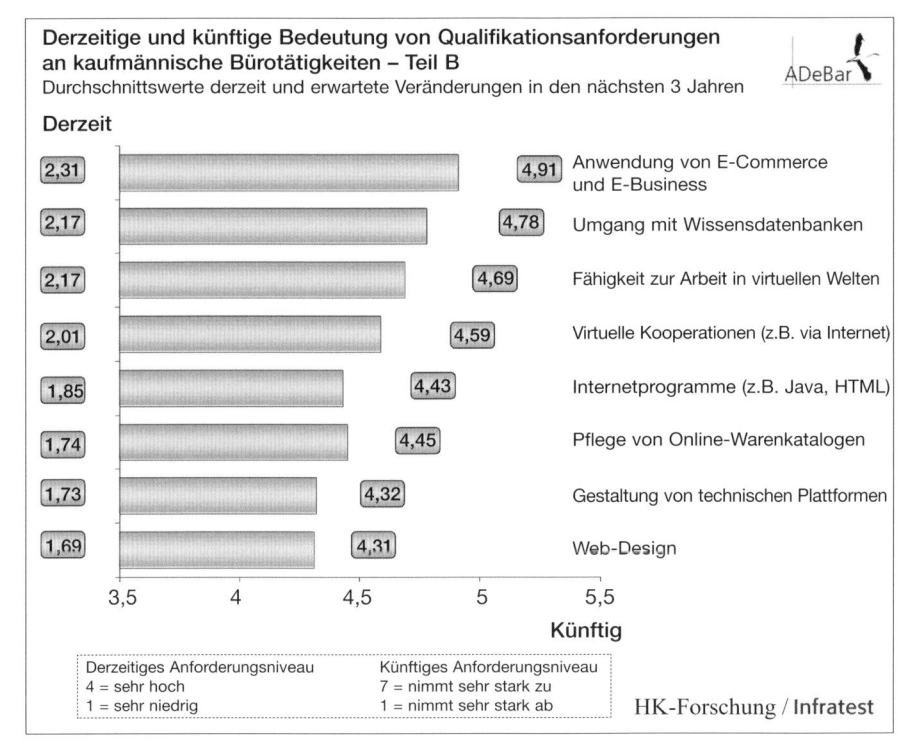

Derzeit	Künftig	Anforderung
2,31	4,91	Anwendung von E-Commerce und E-Business
2,17	4,78	Umgang mit Wissensdatenbanken
2,17	4,69	Fähigkeit zur Arbeit in virtuellen Welten
2,01	4,59	Virtuelle Kooperationen (z.B. via Internet)
1,85	4,43	Internetprogramme (z.B. Java, HTML)
1,74	4,45	Pflege von Online-Warenkatalogen
1,73	4,32	Gestaltung von technischen Plattformen
1,69	4,31	Web-Design

Derzeitiges Anforderungsniveau: 4 = sehr hoch, 1 = sehr niedrig
Künftiges Anforderungsniveau: 7 = nimmt sehr stark zu, 1 = nimmt sehr stark ab

ADeBar — HK-Forschung / Infratest

Abb. 5:
Derzeitige und künftige Bedeutung von Qualifikationsanforderungen an kaufmännische Bürotätigkeiten – Teil B

Bei den Qualifikationen außerhalb des IT-Bereichs ist vor allem für verschiedene Facetten der Kundenorientierung weiterhin mit einem starken Anstieg zu rechnen (Durchschnittswert 5,19 bei der Kundenorientierung und 4,96 bei der Kommunikation mit Kunden, s. Abbildung 4). Auch unternehmerisches Denken wird nach Einschätzung der Experten künftig stärker von Fachkräften kaufmännischer Bürotätigkeiten verlangt werden (Durchschnittswert 4,94). Die Fähigkeit zur Prioritätensetzung wird ebenfalls zunehmend gefordert, auch wenn andere Anforderungen noch stärker ansteigen (Durchschnittswert 4,71).

Der Stellenwert des Fachwissens wird sich im Spektrum der Qualifikationsanforderungen verschieben. Unter 35 Anforderungen nimmt das Fachwissen mit Blick auf erwartete Veränderungen den letzten Rangplatz ein (Durchschnittswert 3,88).

Die Experteneinschätzungen lassen einige gruppenspezifische Unterschiede erkennen. Beinahe durchgängig stufen folgende Expertengruppen – sowohl bei den IT-Qualifikationen als auch bei den ausgewählten anderen Anforderungen – den Bedeutungsanstieg überdurchschnittlich hoch ein: Experten aus innovativen Betrieben, aus Großbetrieben mit mehr als 500 Mitarbeitern und aus Betrieben mit guter wirtschaftlicher Lage.

Bei der Betrachtung der Ergebnisse nach Wirtschaftsbereichen fällt auf, dass sowohl die Experten im Handel als auch in der Industrie bei fast allen IuK-Qualifikationen eine stärkere Bedeutungszunahme erwarten als die Experten aus den übrigen Wirtschaftsbereichen. Mit einem deutlicheren Anstieg als in anderen Wirtschaftsbereichen rechnen die Experten im Handel bei den Internet-Qualifikationen (Kommunikation, Recherche und Sicherheit im Internet), den E-Commerce-Kompetenzen (Abwicklung von E-Commerce, Pflege von Online-Katalogen), aber auch beim Umgang mit Wissensdatenbanken und mit Internetprogrammen. In der Industrie rechnet man in überdurchschnittlichem Maße mit einer Zunahme virtueller Kooperationen, Plattformgestaltung, Web-Design und der Arbeit in menschlich-elektronischen Netzwerken.

6 Fazit

Insgesamt zeigen die Ergebnisse der quantifizierenden Betriebsbefragung, dass die betrieblichen Experten mit einer steigenden Bedeutung aller genannter IuK-Qualifikationen für Fachkräfte im Bereich kaufmännischer Bürotätigkeiten rechnen. Wie stark der Bedeutungsgewinn der jeweiligen Qualifikation eingeschätzt wird, ist dabei allerdings sehr unterschiedlich. Am größten wird er von den Experten bei den allgemeinen Internet-Qualifikationen wie Kommunikation, Informationsbeschaffung und Sicherheit im Internet gesehen. Dies geht einher mit einer derzeit bereits relativ hohen und künftig weiter steigenden Nutzungshäufigkeit des Internets/Intranets in den Betrieben.

Ebenfalls mit einem starken Bedeutungsanstieg rechnen die Experten bei E-Commerce-Kompetenzen und dem Umgang mit Wissensdatenbanken.

Bei eher spezifischen IuK-Qualifikationen wie Web-Design, Gestaltung von technischen Plattformen oder speziellen Internetprogrammen wird der Anstieg des künftigen Anforderungsniveaus von den Experten dagegen eher moderat eingestuft. Diese Qualifikationen werden auch künftig lediglich von einer kleineren Gruppe von Fachkräften gefordert.

Anmerkungen

[1] Das Projekt ADeBar – Arbeitsnahe Dauerbeobachtung der Qualifikationsentwicklung mit dem Ziel der Früherkennung von Veränderungen in der Arbeit und in den Betrieben - wird vom Bundesministerium für Bildung und Forschung im Rahmen des Projektverbunds FreQueNz gefördert. Bisherige Ergebnisse können unter **www.frequenz.net** abgerufen werden.

[2] Dabei bedeutet 1 = trifft voll und ganz zu, 2 = trifft eher zu, 3 = trifft eher nicht zu und 4 = trifft überhaupt nicht zu.

[3] Ein Unterschied von 1–2 Prozentpunkten ist bei einer Fallzahl von 355 befragten Betrieben als sehr gering anzusehen. Die genannten Anteilswerte sind somit als nahezu identisch zu interpretieren.

[4] Die Unterscheidung zwischen innovativen, zeitgemäßen und traditionellen Betrieben wurde in Indexform auf Basis der Angaben einer Frage vorgenommen, bei der die Experten verschiedene innovationsrelevante betriebliche Merkmale beurteilen sollten. Die Zuordnung erfolgte nach der Quartilsverteilung des Gesamtindexes, wobei das erste Quartil der Betriebe als innovativ, das zweite und dritte als zeitgemäß und das vierte Quartil als traditionell eingestuft wurden (vgl. näher Gidion u.a.: Spurensuche in der Arbeit. Ein Verfahren zur Erkundung künftiger Qualifikationserfordernisse. Hrsg. von Hans-Jörg Bullinger, Bielefeld 2000, S.171).

[5] Der Erhebungszeitpunkt, auf den sich die Angaben beziehen, ist Herbst 2001.

[6] Skala für den derzeitigen Umfang der Anforderungen: 0 = wird überhaupt nicht gefordert, 1 = sehr gering, 2 = eher gering, 3 = eher groß, 4 = sehr groß.

[7] Skala für die erwartete Veränderung: 1 = nimmt sehr stark ab, 2 = nimmt stark ab, 3 = nimmt etwas ab, 4 = bleibt etwa gleich, 5 = nimmt etwas zu, 6 = nimmt stark zu, 7 = nimmt sehr stark zu.

Alexander Schletz, Susanne Liane Schmidt

Neue Qualifikationserfordernisse in der Softwareentwicklung von KMU – Eine Fallstudie zum beschleunigten Aufgabenwandel bei Programmiertätigkeiten

Zusammenfassung

Die Informatisierung der Arbeitswelt führte nicht nur im IT-Sektor zu neuen IT-dominierten Tätigkeitsprofilen, die in besonderem Maße von einer sich beschleunigenden Innovationsentwicklung und von einer zunehmenden Bedeutung von Wissen gekennzeichnet sind. Diese Tätigkeitsprofile erfordern neue oder veränderte Qualifikationen und rufen einen besonders starken Weiterbildungsbedarf hervor, worauf im Aus- und Weiterbildungssystem, etwa mit den neuen IT-Berufen, durchaus reagiert wurde. Wie jedoch anhand der im Beitrag beschriebenen Intensivfallstudie in einem Softwareentwicklungsunternehmen deutlich wird, bringt Projektarbeit in kleinen und mittleren Unternehmen (KMU) des IT-Sektors weitere speziellere Qualifizierungs- und Weiterbildungsbedarfe mit sich, auf die mit angepassten Strategien reagiert werden sollte: Die Arbeit in wissensbezogen und personell wechselnden, kurzfristig ausgerichteten und informell strukturierten Umfeldern erfordert Schlüsselqualifikationen, wie die Fähigkeit zum selbstgesteuerten Lernen, mit dem Ziel, fachliche Qualifikationen zu erwerben und zu erhalten. Da im Zuge des demografischen Wandels die Belegschaften auch im IT-Sektor älter werden und altersunabhängig die Fähigkeit zur Mehrarbeit auf Dauer an Grenzen stößt, ist es ratsam, Strategien zu verfolgen, die Qualifikationspotenziale und Erfahrung älterer Mitarbeiter nutzen sowie die Gestaltung der Erwerbsbiografie berücksichtigen.

1   Einführung

Durch die Informatisierung der Gesellschaft und der Arbeit sind neue Tätigkeiten entstanden, die gemeinsamen Einflüssen unterliegen: Eine beschleunigte Innovationsdynamik, eine sich schnell erhöhende Menge von Informationen und eine zunehmende Bedeutung von Wissen führen zu einem kontinuierlichen qualifikatorischen Anpassungsdruck, dem sich Erwerbspersonen und Unternehmen ausgesetzt sehen. Zu den bedeutsamsten Innovationen für den IT-Sektor zählen Erfindungen, veränderte Verfahren und Produktionstechniken sowie technische Hilfsmittel für Informationsaustausch und Kommunikation (z.B. Computersoftware, neue Verfahren zur Mikrochipproduktion). Besonders weitgreifende Auswirkungen hat die Etablierung neuer Schlüsseltechnologien, da sie sich nicht nur auf Kernbranchen auswirken, in denen diese Technologien jeweils erfunden und weiterentwickelt werden, sondern auch benachbarte Branchen und Geschäftsfelder nachhaltig beeinflussen.

Neben technologischen Innovationen sind die wichtigsten Impulsgeber für Veränderungen in der Arbeitswelt:

- Die Veränderung von Arbeitssystemen und -organisationen, etwa durch Zusammenlegungen von ehemals getrennten Aufgaben und Tätigkeitsbereichen, Reorganisation und neue Tätigkeitszuschnitte.

- Der Zuwachs an Arbeitsplätzen, die den Einsatz von Wissen und den Umgang mit Informationen zum Inhalt haben. Dies hängt u.a. mit wachsender Kundenorientierung, der Zunahme wissensintensiver Dienstleistungstätigkeiten, der Abnahme physischer Arbeitstätigkeiten und neuartigen Lernkooperationen zusammen.

- Der demografische Wandel, der sich besonders in einem zunehmenden Fachkräftemangel, der Alterung von Belegschaften und der Expansion von Tätigkeitsfeldern in Gesundheit und Pflege zeigt.

Somit unterliegen die Tätigkeitsfelder der IT-Branche und die Arbeitsplätze mit einem IT-dominierten Tätigkeitsprofil sowohl technologischen Innovationen, kontinuierlichen Reorganisationsprozessen und der Anforderung, Wissen und Information als Ressource zur Aufgabenerfüllung einzusetzen, als auch den Folgen des demografischen Wandels.

Für die betroffenen Erwerbspersonen werden regelmäßige Weiterbildung und lebenslanges Lernen notwendige Bedingung zum Erhalt der individuellen Arbeitsmarktchancen. Durch den beschleunigten Aufgabenwandel in IT-dominierten Berufen resultieren erhöhte Anforderungen an die Gestaltung von Erwerbsbiografien und an die individuelle Karriereplanung, wovon in besonderem Maße ältere Erwerbspersonen betroffen sind.

2 Zur Entwicklung der IT-Berufe

Eine tiefgreifende Veränderung von Aufgabeninhalten und Tätigkeitsanforderungen ist durch die Entwicklung und den Einsatz neuer Informations- und Kommunikationstechnologien ausgelöst worden. Insgesamt 10 neue Berufe[1] sind innerhalb der letzten Jahre in den Bereichen Information und Medien entstanden und die Entwicklung ist noch lange nicht abgeschlossen. Besonders in diesen Arbeitsbereichen gehört Lernbereitschaft (lebenslanges Lernen) und Flexibilität zum Arbeitsalltag.

Der großen Bedeutung, welche die ständige Weiterentwicklung und die Wissensaktualisierung für die Beschäftigten in der IT- und Medienwirtschaft hat, tragen Bemühungen um eine systematische Neuordnung auch des Weiterbildungssystems für IT-Fachkräfte auf den unterschiedlichen Qualifikationsniveaus Rechnung. Sinn und Zweck dieser Bemühungen ist es dabei, einem zukünftigen Bedarf an Fachkräften vorausplanend begegnen zu können.

Wesentliche Zielgrößen dieser von verschiedenen Verbänden (einschließlich der Gewerkschaften), dem Bundesministerium für Bildung und Forschung (BMBF), dem Bundesinstitut für Berufsbildung (BIBB) sowie begleitenden Forschungseinrichtungen wie dem Fraunhofer-Institut für Software und Systemtechnik (ISST) betriebenen Neuordnung[2] waren und sind:

- **Sicherstellung des Fachkräftebedarfs:** Die seit dem Jahr 2000 mit viel Beachtung geführte Debatte um die „Green Card" hat plakativ den Mangel an qualifizierten Fachkräften in der Branche deutlich gemacht. Auch wenn es gegenwärtig konjunkturbedingt um dieses Thema ruhiger geworden ist, sind längerfristig Lösungen zur Deckung des Bedarfs an entsprechend aus- und weitergebildeten Arbeitskräften notwendig, die weit darüber hinaus gehen müssen, hochqualifizierte Bewerber aus anderen Ländern zu rekrutieren. Die Integration gerade älterer Fachkräfte in das Weiterbildungssystem ist hier zu nennen.

- **Qualitätssicherung:** Der z.T. intransparenten Vielfalt und Güte im Angebot von IT-relevanter Weiterbildung soll ein national und international vergleichbares und verbindlich zertifiziertes System marktnaher und betrieblich relevanter Abschlüsse gegenübergestellt werden, die mit dem Berufsbildungsgesetz kompatibel sind.

- **Vertikale und horizontale Strukturierung:** Um eine langfristige Beschäftigungsfähigkeit und berufliche Weiterentwicklung nicht nur von einschlägig Erstqualifizierten, sondern auch von Quer- und Seiteneinsteigern zu gewährleisten, ist ein System der Weiterbildung mit drei horizontalen Niveaus (Specialist, Professional operativ und Professional strategisch) und insgesamt 35 vertikalen Tätigkeitsprofilen eingerichtet worden, die sich auf die fünf Tätigkeitsschwerpunkte Analyst, Developer, Administrator, Coordinator und Advisor verteilen.

- **Verzahnung der Weiterbildung von Betrieben und Hochschulen:** Das neu strukturierte Weiterbildungssystem setzt darauf, eine Anerkennung von Abschlüssen betrieblich absolvierter Fortbildungsgänge in Hochschulausbildungen zu ermöglichen. Diese anerkannten Abschlüsse sind kompatibel mit Bachelor- und Master-Abschlüssen. Bei der Festlegung der relevanten Abschlüsse wurde eng mit den Branchenverbänden zusammengearbeitet und es wurden und werden nur direkt aus der Praxis artikulierte Bedarfe berücksichtigt. Außerdem werden dabei Bildungspartnerschaften zwischen Betrieben und Bildungseinrichtungen zur konkreten Entwicklung von Fortbildungsmodulen eingegangen.

- **Arbeitsprozessorientierte Weiterbildung:** Der besonderen Bedeutung kontinuierlicher Weiterbildungsnotwendigkeit, die in den projektorientierten Arbeitszusammenhängen der IT-Branche gegeben ist, trägt die Organisation des neuen Weiterbildungssystems dadurch Rechnung, dass Arbeiten und Lernen integriert erfolgen, und dass das Prüfungs- bzw. Zertifizierungsverfahren stark projektorientiert durchgeführt wird.

Mit den neuen Aus- und Weiterbildungsverfahren nach den oben beschriebenen Grundsätzen soll auch der Verengung der Rekrutierungsspielräume von Unternehmen in den jüngeren Alterskohorten begegnet werden, die sich aus den veränderten demografischen Rahmenbedingungen ergeben. Gerade in der IT-Branche wurden Jüngere bislang als die zentralen Leistungs- und Innovationsträger angesehen.

Kernthese der hier diskutierten Überlegungen ist jedoch, dass gerade ein umfassenderer Einbezug älterer Fachkräfte in kontinuierliche Qualifizierungsmaßnamen diesen Bedarf decken könnte, da diese von den rasanten Veränderungen insbesondere betroffen sind, und junge Fachkräfte zunehmend fehlen könnten.

Die Bestimmungsfaktoren von Qualifikationsanforderungen im IT-Bereich werden nachfolgend an einem konkreten Betriebsbeispiel hinsichtlich der Arbeits- und Qualifikationssituation diskutiert. Ansätze von Personalentwicklungsmaßnahmen speziell für den IT-Bereich, die einer einseitigen Ausrichtung der Betriebe auf junge Belegschaften entgegenwirken und älteren Fach- und Führungskräften langfristige Entwicklungs- und Laufbahnperspektiven aufzeigen, werden im letzten Abschnitt angesprochen.

3 Veränderungen von Arbeitstätigkeiten und Qualifikationsanforderungen – ein Beispiel aus der Arbeitspraxis

Auf das Entstehen neuer Arbeitsplätze, neuer Produkte, Dienstleistungen und Arbeitsaufgaben im IT-Sektor wurde bereits im Bereich der Aus- und Weiterbildung reagiert. Mit dem zuvor beschriebenen System der Aus- und Weiterbildung soll es interessierten und motivierten Erwerbspersonen nun ermöglicht werden, sich formal zu qualifizieren bzw. die oft informell erworbenen Kenntnisse auch formal nachzuweisen. Die Arbeitsbereiche in dem noch jungen IT-Sektor sind jedoch durch neue, häufig chaotische Organisationsformen und unklare Aufgabenzuschnitte geprägt, da viele Unternehmen mit starken Auftrags- und Belegschaftsschwankungen umgehen müssen. In diesem Abschnitt wird anhand eines betrieblichen Fallbeispiels in einem mittelgroßen Unternehmen aus dem IT-Sektor erläutert, wie sich Arbeitsaufgaben und Tätigkeitszuschnitte verändern und welche neuen Entwicklungen zu erwarten sind.

Die betriebliche Fallstudie wurde im Rahmen des Projekts ADeBar durchgeführt. Das Projekt ADeBar – Arbeitsnahe Dauerbeobachtung der Qualifikationsentwicklung mit dem Ziel der Früherkennung von Veränderungen in der Arbeit und in den Betrieben – wird vom BMBF in dem Projektverbund FreQueNz gefördert. Im Mittelpunkt des wissenschaftlichen Interesses des ADeBar-Projekts steht die Arbeitspraxis als Ausgangspunkt für Qualifikationsentwicklungen. Kernziel dabei ist es, aus der Beobachtung der Arbeitspraxis konkrete Informationen über die Entwicklung von Arbeitsaufgaben zu gewinnen und damit einhergehende künftige Qualifikationserfordernisse zu identifizieren.[3] Die Ergebnisse und Beobachtungen der Intensivfallstudien werden nachfolgend dargestellt.

3.1 Das Fallstudien-Unternehmen und das betriebliche Umfeld

Die betriebliche Fallstudie wurde in einem jungen Multimediaunternehmen durchgeführt. Als die Fallstudie durchgeführt wurde (2001), haben Unternehmen gerade begonnen, Mitarbeiter nach den neuen Ausbildungsverordnungen auszubilden (so auch das untersuchte Unternehmen), dem Arbeitsmarkt standen jedoch noch nicht genügend fertig ausgebildete (bzw. formal qualifizierte) Fachkräfte zur Verfügung.

Das an der Fallstudie beteiligte Unternehmen wurde 1995 gegründet und hatte sich seitdem vom Ein-Mann-Unternehmen mit freien Mitarbeitern zu einer Firma mit 30 Festangestellten und einem Netzwerk von Freelancern mit festem Kundenstamm entwickelt. Das Unternehmen war zum Zeitpunkt der Untersuchung durch starkes Wachstum geprägt. Struktur und Organisation hatten sich zunächst informell gestaltet, da einerseits ein flexibles Reagieren auf neue Aufträge notwendig war und sich andererseits Tätigkeits- und Aufgabenzuschnitte erst entwickeln mussten. Zum Zeitpunkt der Untersuchung wurde jedoch angestrebt, Arbeitsaufgaben strategischer zu verteilen, den Qualifikationsbedarf des Unternehmens zu ermitteln und diesen bei Neueinstellungen stärker zu berücksichtigen. Bisher musste das Unternehmen wegen des Fachkräftemangels einzelne Mitarbeiter mit verschiedensten Aufgaben betrauen. Es wurde jedoch geplant, bisher auf einen Mitarbeiter konzentrierte Aufgaben wie beispielsweise die Auftragsakquise und Angebotserstellung sowie Programmieren, Gestalten und Contentmanagement neu zu verteilen. Damit sollte eine zu hohe Aufgabenkonzentration auf einen Mitarbeiter sowie Überforderung vermieden werden. Außerdem wurde beabsichtigt, neu entstehende Stellen nicht mehr ausschließlich mit hochqualifizierten Allround-Talenten zu besetzen, sondern auch weniger breit qualifizierte Fachkräfte mit Spezialkenntnissen in einem Gebiet (z.B. Netzwerktechnik oder Programmieren) einzusetzen. Dadurch sollte auch dem Mangel an akademisch ausgebildeten Fachkräften begegnet werden.

Im Unternehmen spielten eine hierarchische Organisation, Ablaufpläne, Stellenbeschreibungen und feste Regelwerke zur Gestaltung der Arbeit eine untergeordnete Rolle. Die Unternehmensorganisation zeichnete sich durch flache Hierarchien aus. Einzelnen Mitarbeitern wurde ein hohes Maß an Vertrauen entgegen gebracht und Verantwortung übertragen. Gerade diese flexible Organisation und Verantwortungsübertragung bewirkt zum einen, dass Mitarbeiter lernen müssen, mit Unsicherheiten umzugehen. Zum anderen steigen dadurch, gekoppelt mit schnellen technologischen Veränderungen, Anforderungen an ein lebenslanges Lernen.

Dagegen kam der Unternehmenskultur besondere Bedeutung zu, da sie allgemein anerkannte Verhaltensmuster hervorgebracht hat, die sich informell etabliert haben. Merkmale der Unternehmenskultur auf Seiten der Mitarbeiter zeigten sich beispielsweise in der Bereitschaft zur Mehrarbeit, hoher Motivation und Eigeninitiative sowie einer großen Übereinstimmung zwischen den persönlichen Interessen der Mitarbeiter und den Anforderungen in der Arbeit. Die Mitarbeiter haben sich auch außerhalb ihrer beruflichen Tätigkeit mit für die Arbeit relevanten Themen beschäftigt und waren an dauerhafter Weiterbildung interessiert, um den Anschluss an technologische Entwicklungen nicht zu verlieren.

Das Mitarbeiterteam wurde während der Untersuchung als „jung, dynamisch, erfolgreich" erlebt. Teamfähigkeit wird als wichtig angesehen, da die an Projekten beteiligten Mitarbeiter durch hohen Termindruck erfolgreich zusammen arbeiten müssen und aufeinander angewiesen sind.

Das Kerngeschäft des Unternehmens besteht aus Konzeption, Entwicklung und Vermarktung technologiegestützter Systeme zur betrieblichen Aus- und Weiterbildung sowie der Erstellung von entsprechenden Internetplattformen. Eine weitere wichtige Unternehmensleistung ist das Consulting, damit kundengerechte Produkte entwickelt und angeboten werden können. Insgesamt wurden die folgenden Geschäftsfelder bearbeitet:

Consulting	Plattformen	Content
Technische, organisatorische und didaktische Beratung in Aus- und Weiterbildungsprojekten	Entwicklung von Lernplattformen durch Konzeption der technischen Infrastruktur, Erarbeitung individuell entwickelter Softwarelösungen	Entwicklung von Lerninhalten nach unternehmens- und fachspezifischen Gesichtspunkten

Tab. 1:
Geschäftsfelder des Fallstudienunternehmens

Die Fallstudie wurde im Geschäftsfeld Content (Lerninhalte) durchgeführt.

In dieser Fallstudie wurde der Arbeitsbereich eines Programmierers im Geschäftsfeld Content (Lernsoftware) betrachtet. Die Qualifikationen in diesem Arbeitsbereich decken folgende vier Schwerpunktbereiche ab:

- **Analyse der Einsatzumgebungen**
  Feststellen von konkreten Bedürfnissen der Kunden und deren technisch-organisatorischen Umfeldern

- **Konzepte/Drehbücher schreiben**
  Erarbeiten von Konzepten, Aufbereitung und Festlegung der Inhalte

- **Grafik/Screen-Design**
  Gestaltung der einzelnen Computerseiten

- **Programmierung/Entwicklung**
  Technische Umsetzung, Funktionalität der Produkte

Die an den Programmierer gestellten qualifikatorischen Anforderungen und der Wandel der an ihn gestellten Arbeitsaufgaben standen im Mittelpunkt der Untersuchung und bilden den Ausgangspunkt für die daraus abgeleiteten Schlussfolgerungen.

3.2 Untersuchungsergebnisse aus der Fallstudie für die Arbeitstätigkeit eines Programmierers

Im Mittelpunkt der im Rahmen des ADeBar-Projektes erhobenen Untersuchung steht die Tätigkeit eines Programmierers. Seine Arbeit ist projektorientiert organisiert, und in „sein" gegenwärtiges Team sind Grafiker/Screen Designer und Konzepter eingebunden, mit denen er kooperieren muss. Die Anzahl der Mitarbeiter pro Projekt richtet sich, wie erwähnt, nach dem Arbeitsumfang. Einzelne Mitarbeiter sind häufig in mehrere Projekte gleichzeitig eingebunden. Die Projektleitung wird wechselnd einer Person zugeteilt, die dann vorrangig für den Kontakt zum Auftraggeber zuständig ist.

Aufgaben der Projektleiter:

Aufgabe der Projektleiter ist es, den direkten Kontakt zu den Kunden zu halten. Sie sind interne und externe Ansprechpartner für alle Belange des Auftrags. Für sie sind folgende Qualifikationen und Fähigkeiten besonders wichtig: Technisches Verständnis, organisieren und koordinieren, den Überblick behalten, sich um Teamkollegen kümmern, Informationen weiterleiten, kommunizieren, Mitarbeiter führen, Arbeitsbeziehungen gestalten, Mitarbeiter einbinden, Kenntnisse über Tools zur Produktion von Software.

Aufgaben der Konzepter:

Sie gestalten den grundsätzlichen logisch-strukturellen Aufbau der Software und deren inhaltliche Struktur und Funktionalität. Die Tätigkeitsfelder der Konzepter betreffen: Architektur des Software, didaktische Umsetzung und computergerechte Aufbereitung der Lerninhalte gemäß der vom Kunden gewünschten Lernziele, Festlegung des Informationsgehalts jeder einzelnen Webpage, Definieren von Links, Berücksichtigung benutzergerechter Kriterien. Das Konzept wird in einem Drehbuch festgehalten, das in z.T. unterschiedlichen Abstraktionsstufen die Anwendung bis zur einzelnen Webpage definiert.

Aufgaben der Grafiker:

Das Aufgabenspektrum der Grafiker beinhaltet die visuelle Aufbereitung der Software von der Gestaltung eines Vorschlags für den Kunden bis zum Design jeder einzelnen Bildschirmseite, wenn ein Vorschlag angenommen wurde. Da den Kunden meist mehrere Vorschläge zur Auswahl gegeben werden, sind ca. 2/3 aller Vorarbeiten bereits in diesem Stadium beendet.

3.2.1 Aufgabenspektrum des Programmierers

Die Hauptaufgabe des Programmierers besteht darin, Konzepte und grafische Darstellungen technisch umzusetzen, also die tatsächliche Realisierung des definierten Drehbuchs zu leisten. Der untersuchte Tätigkeitsumfang des Programmierers lässt sich wie folgt beschreiben: Den überwiegenden Anteil des Tages (ca. 90%) verbringt er am Computer. Durch die Entwicklung kundenspezifischer Produkte mit vereinbarten Abgabeterminen kommt es in der Arbeit immer wieder zu Arbeitsspitzen. Neben der Haupttätigkeit des Programmierens gestaltet sich ein normaler Tagesablauf wie folgt: E-Mails lesen, Besprechungen mit dem Projektteam, neue Softwaretools kennen lernen und weiterentwickeln und bei Problemen Kontakt mit Softwarefirmen aufnehmen. Weitere wichtige Punkte, welche die Arbeit des im Vordergrund der Fallstudie stehenden Programmierers beinhaltet, sind nachfolgend aufgelistet.

Aufgaben, Tätigkeiten und Arbeitsbedingungen	
Arbeitsaufgaben	• Programmieraufgaben erledigen • Mit Programmlistings arbeiten • Internet-/Präsentationsseiten erstellen und verknüpfen • Formulare/Layoutvorlagen/Dokumentenstandards u.ä. (zur Verwendung durch Andere) entwickeln • Inter-/Intranet-Recherchen durchführen/verstreute Informationen zusammenstellen • Montage von Texten aus vorhandenen Dokumenten • Innerbetriebliche Kommunikationsaufgaben erledigen • Terminplanung/Zeiteinteilung
Häufig vorkommende Tätigkeiten	• Eingabe von neuen Daten oder Informationen, Erstellen von Codes • Ändern/Ergänzen vorhandener Daten/Informationen • Aufrufen/Ablesen vorhandener Daten oder Informationen • Informationssuche in zusammengefasst vorliegenden Datenbeständen • Benutzung von Erklärungs-/Hilfefunktionen des Systems • Komplexe Informationssuche in verteilt vorliegenden Datenbeständen • Fehlersuche/Korrekturtätigkeit am Bildschirm
Erfordernisse in der Arbeit	• Rücksprache/Abstimmung mit anderen Mitarbeitern • Rücksprache/Abstimmung mit Vorgesetzten • Weitergabe von Zwischenergebnissen vor Abschluss einer Aufgabe • Teilnahme an kurzfristig anberaumten (unvorhersehbaren) Besprechungen • Kommunikation mit anderen Personen mittels EDV
Störungen oder Unterbrechungen in der Arbeit können entstehen durch	• Kollegen/-innen • Plötzliche Änderung des Arbeitsauftrags • Schwierigkeiten beim Auffinden/Erhalten benötigter Informationen • Probleme mit der technischen Infrastruktur
Wechsel zwischen Aufgaben mit sehr unterschiedlichen Anforderungen	• Mehrfach wöchentlich
Erfahrung mit Computern	• Seit mehr als 5 Jahren
Programmierkenntnisse Umgang mit folgenden Computersystemen	• Office Standard-Anwendungen • HTML, JAVA-Script, JAVA, • Objektorientierte Programmierung

Tab. 2:
Aufgabenspektrum des Programmierers

3.2.2 Beurteilung des untersuchten Tätigkeitsspektrums

Die Arbeit dieses Programmierers ist auf die Verrichtung von Teilaufgaben ausgerichtet. Er bearbeitet in der Regel einen Teilbereich innerhalb eines Projekts und arbeitet Team-Kollegen zu. Programmierer werden je nach Programmieraufwand in mehrere Projekte eingebunden und kooperieren mit Konzeptern und Grafikern. Sie bearbeiten kontinuierlich ähnliche Arbeitsaufgaben, die ausschließlich über das Medium Computer erbracht werden. Programmierer, die nach längerer Betriebszugehörigkeit als Projektleiter eingesetzt werden, haben jedoch ein erweitertes, anforderungsreicheres Aufgabengebiet, welches zusätzlich zu den technischen Fähigkeiten Gesamtprozesskompetenz erfordert. Sie müssen in dieser Rolle stärker als andere Teammitglieder die Arbeitsabläufe im Zusammenhang verstehen, den Arbeitsaufwand für einzelne Tätigkeiten abschätzen können und die Mitarbeiter aufgabenangemessen einteilen. In den verschiedenen Projekten wechseln die Leiter- und Mitarbeiter-Rollen, es kann also vorkommen, das zwei Mitarbeiter in zwei gleichzeitig bearbeiteten Projekten unterschiedliche Verantwortungsverhältnisse zueinander haben.

Die Freiheitsgrade in der Arbeit als Programmierer sind recht gering, was die grundsätzliche Funktionalität und die Darstellung der Programme anbelangt. Das „Wie" der Aufgabenerledigung stellt jedoch hohe Anforderungen an Programmierer, da sie immer auf dem neuesten Stand sein müssen, was Machbarkeit und Wege der Programmierung anbelangt. Die Arbeiten werden ausschließlich am Schreibtisch, in überwiegend starrer Haltung ausgeführt.

Die sozialen Anforderungen an den Programmierer sind hoch, da im Team gearbeitet wird und das Gesamtergebnis der Arbeit von allen Teammitgliedern gleichermaßen abhängig ist. Programmierer sprechen sich mit Konzeptern, Grafikern, anderen Programmieren und dem Projektleiter ab und haben die Aufgabe, die Vorstellungen der anderen in der ihnen zugeordneten Funktionalität umzusetzen. Kompetenzen in den Bereichen Kommunikation, Eigeninitiative, Flexibilität und Selbstmotivation sind deshalb für Programmierer wichtige Anforderungen und stellen so die wichtigsten Schlüsselqualifikationen dar.

Der Verantwortungsbereich der Programmierer erstreckt sich auf die Funktionalität der Programme. Sie sind jedoch nicht für das gesamte Arbeitsergebnis ihres Teams verantwortlich. Sie leisten einen wichtigen Beitrag für das Gesamtergebnis des Projektteams.

Die kognitiven Anforderungen sind sehr hoch, da es sich bei der Programmiertätigkeit um ausschließlich geistige Tätigkeiten handelt. Teilweise können jedoch bestimmte Teilprogramme aus anderen Arbeiten genutzt werden. Erhöhte Anforderungen entstehen, wenn Fehler gesucht und beseitigt werden müssen. Hier ist Erfahrungswissen von großem Vorteil.

Fachliche Qualifikationen werden durch arbeitsprozessintegriertes Lernen (Training on the Job), Ausprobieren (learning by doing), Wissensvermittlung durch Kollegen und „Wachsen an den Aufgaben" erworben. Komplexe Arbeitsaufgaben werden im Team bearbeitet und spezielle Software-Probleme mit den Entwicklungsfirmen (telefonisch oder per E-Mail) besprochen. Dem fachlichen Lernen wird von Programmierern besonders große Bedeutung beigemessen, da sich Software, Tools und technische Produkte besonders schnell entwickeln und es durch die wachsende Informationsmenge besonders schwierig ist, hier den Überblick zu behalten.

Zusammenfassend zeigt sich, dass von Programmierern sowohl aufgrund der Anforderungen der Projektarbeit als auch durch die Notwendigkeit des Lernens durch technologische Neuerungen verschiedene Kompetenzen abverlangt werden: Wissen um Neuerungen, aber auch Erfahrungs- und Prozesswissen; soziale Kompetenzen und Teamfähigkeit, aber auch Führungskompetenzen, wenn es um Projektleitung geht. Eben diese Anforderungen machen ein lebenslanges Lernen unumgänglich. Dies erfordert Strategien und adäquaten Unterstützungsbedarf, z.B. hinsichtlich der Laufbahngestaltung. Die sich dadurch ergebenden Herausforderungen sowie entsprechenden Forderungen bezüglich der Qualifizierung müssen im Einzelnen nun diskutiert werden.

3.3 Wandel der Arbeitsaufgaben und neue Herausforderungen für Mitarbeiter

Das untersuchte Unternehmen hat in seiner Durchführung der Dienstleistungen eine sehr starke Kundenausrichtung und orientiert sich an den technischen Entwicklungen und Möglichkeiten am Markt. Die Erbringung der Leistungen enthält traditionelle, zeitgemäße und innovative Bestandteile. Diese zeigen sich am Einsatz bestimmter Technologien und an der Entwicklung kundenspezifischer Leistungspakete. Nachfolgend werden die zur Erstellung von Softwaresystemen relevanten Faktoren kurz skizziert.

Traditionelle Formen der Unterstützung von Computerarbeit waren die Nutzung von Offline-Medien; Lehr-/Lerninhalte waren voneinander abgegrenzt, es gab aber schon früh den Wunsch nach Substitution traditioneller Lernformen durch elektronische Medien. Gegenwärtig werden Online-Medien genutzt, um die Lernanforderungen komplexerer Inhalte besser bewältigen zu können. Daraus sind mittlerweile synergetische Möglichkeiten der Nutzung von Lernmedien und Lehrformen entstanden, die auch in anderen Arbeitsbereichen angewandt werden (z.B. blended Learning). Die Begrenzungen durch Übertragungsstandards bei der Nutzung von Online-Medien werden zunehmend abgebaut. Innovative Technologien und Merkmale der Arbeit im untersuchten Unternehmen betreffen eine durchgängige Nutzung verteilter Datenhaltung, wodurch eine stärkere räumlich-zeitliche Entkoppelung der Arbeit und des Lernens möglich wird. Außerdem kommt es zu einer immer stärkeren Aufhebung der Rollenteilung zwischen Lehrenden und Lernenden, da hochspezielle Lerninhalte anderen Anwendern relativ einfach zur Verfügung gestellt werden können, wie dies in den selbstorganisierten Newsgroups zu Programmiersprachen praktiziert wird.

Die technologischen Entwicklungen am Markt lassen auf folgende generelle (zukünftige) Trends schließen:

- Zeitweiliges „zur Verfügung stellen" von Produkten auf dem unternehmenseigenen Server (Application Service Providing)

- Steigende Orientierungsanforderungen innerhalb segmentierter Märkte

- Zunehmende Verwendung von Programmbausteinen zur Vereinfachung der Programmiertätigkeit (z.B. Programmierung von Multiple-Choice-Fragen und -Antworten durch Templates)

- Weitere Verbreitung von E-Commerce und E-Business, vorrangig zwischen Unternehmen

Nachfolgend werden die wichtigsten, sich zukünftig verstärkenden Anforderungen an Programmierer anhand von Trendthesen kurz dargestellt. Diese Trendthesen zur zukünftigen Entwicklung von Qualifikationserfordernisse in der Arbeit wurden im Projekt ADeBar erstellt[4]:

Bearbeitung von Teilaufgaben

Die Bearbeitung von Teilaufgaben ist das Hauptmerkmal heutiger Arbeiten. Als Teilaufgaben sind Arbeitsinhalte zu verstehen, bei denen es in erster Linie lediglich um das reine Ausführen bzw. Umsetzen von Arbeitsschritten geht. Da erwartet wird, dass sich das Aufgabenspektrum des Programmierers eher erweitern wird (da sich die technische Programmiertätigkeit, das reine Code-Schreiben, vereinfacht), wird die Betonung zukünftiger Arbeiten auf der verantwortlichen Bearbeitung von mehreren Teilaufgaben liegen, d.h. Arbeitsaufgaben werden durch Erweiterung der Handlungsspielräume und die Übertragung von Verantwortung angereichert.

Ideenentwicklung

Erneuerung, Ideenentwicklung und Innovation gehören zunehmend zu den Grundaufgaben des Programmierers, da zukünftig stärker als heute seine Expertise gefragt sein wird. Durch rasante technische Entwicklungen sind ständige

Weiterentwicklungen zwingend und die Verwertbarkeit des bereits vorhandenen Wissens verfällt.

Projektarbeit

Die Arbeit im Partnerunternehmen wird in Projekten organisiert. Die Anteile gleichbleibender Arbeiten sind relativ gering und dafür müssen berufliche Kenntnisse und Fähigkeiten kontinuierlich auf die Anforderungen der Projekte ausgerichtet werden. Dies erfordert eine Kompetenzentwicklung hinsichtlich der Fähigkeit, sich innerhalb des Arbeitssystems zu orientieren und die „richtigen" Dinge zum „richtigen" Zeitpunkt zu tun.

Monotonie und Kreativität

Erweiterte Möglichkeiten in der Anwendung von Programmiersprachen ermöglichen die Entwicklung von Tools, die eine wiederholte Anwendung ermöglichen. Eine Arbeitserleichterung besteht in der Erstellung und häufigen Nutzung dieser Tools. Dabei beinhaltet die Entwicklung und Erstellung solcher Tools viele kreative Momente, während ihre wiederholte Anwendung monotonen Charakter hat.

Multiple Orte

Programmiertätigkeiten können an jedem Ort durchgeführt werden, sobald ein entsprechend ausgerüsteter Computer zur Verfügung steht. Die Arbeit im Team enthält jedoch insofern ortsgebundene Komponenten, als dass sich Kommunikation in Projektteams nicht beliebig über technische Hilfsmittel (Telefon, E-Mail, Videokonferenz) realisieren lässt, sondern auch ein direkter Kontakt als Mittel zur Sicherung von Produktqualität notwendig ist.

Arbeitspositionen auf Zeit

Durch das Arbeiten nach projektbezogenen Zeitrhythmen, die Übertragung der Funktion des Projektleiters auf Zeit und durch nicht vorhersehbare Entwicklungen auf dem Markt entstehen Arbeitspositionen, die auf Zeit angelegt sind. Dies erfordert von Mitarbeitern den Umgang mit Unsicherheiten.

Lebenslanges Lernen

Das Thema „Lernen" und „Wissensaneignung" hat für den Programmierer besondere Bedeutung. In der täglichen Arbeit erfolgt Lernen überwiegend informell und selbstgesteuert. Die Fähigkeit zum selbstgesteuerten Wissenserwerb gehört zur Kernqualifikation eines Programmierers im untersuchten Unternehmen.

3.4 Konsequenzen aus der Fallstudie

Zunehmende Komplexität, sich immer wieder verändernde Arbeitsanforderungen und zunehmende Vernetzung erfordern vom Mitarbeiter den Aufbau zusätzlicher Kompetenzen, um sich in seiner Arbeitsumgebung orientieren zu können. Die Mitarbeiter sind in dem beobachteten und zukünftig erwarteten Arbeitsumfeld der Anforderung ausgesetzt, sich permanent weiterzubilden. Dies betrifft sowohl das fachliche Lernen als auch die Kompetenzentwicklung, um in der Zusammenarbeit mit Mitarbeitern und im Kontakt mit Kunden Vertrauen bilden und Seriosität ausstrahlen zu können.

In den Interviews beschrieben sich die Gesprächspartner bzw. die Firmenbelegschaft als „extrem". Dabei wurden folgende Aussagen gemacht:

- Manche Kollegen verbringen das ganze Wochenende am Computer.
- Mitarbeiter haben teilweise zu Hause eine bessere Computerausstattung als im Unternehmen.
- Neu Gelerntes wird eher zu Hause ausprobiert, nicht im Büro.
- Mitarbeiter bringen soviel Interesse für ihren Beruf mit, dass es ihnen nichts ausmacht, zehn Stunden und mehr vor dem Computer zu sitzen.
- Die technische Ausstattung der Arbeitsplätze entspricht einem hohen Standard und alle Arbeitsplätze verfügen durch die eigene Standleitung der Firma über einen permanenten Internetzugang.

Die in den Interviews erhobenen Aussagen sind nicht nur ein Stimmungsbild der Mitarbeiter des Unternehmens, sondern zeigen auch, das in der IT-Branche Engagement, Zuversicht und Hochstimmung bestimmend waren. Gute Entlohnung, Pioniergeist und Engagement haben das Arbeitsklima in dem untersuchten Unternehmen geprägt. Da jedoch auf Dauer die Fähigkeit zur Mehrarbeit und zum zusätzlichen häuslichen Lernen an ihre Grenzen stößt, gilt es, Arbeitsaufgaben abzugrenzen und transparent zu gestalten und es gilt, den Mitarbeitern lebenslanges Lernen zu ermöglichen und zu erleichtern.

Eine zusätzliche Problematik, die für die Mitarbeiter und die an sie gestellten Arbeitsanforderungen eine besondere Rolle spielte, war das schnelle Wachstum des Unternehmens sowohl in personeller als auch in wissensbezogener Hinsicht. Problemfelder schnell wachsender Organisationen beziehen sich auf:

- ungeklärte Zuständigkeiten und flache Hierarchien, die eine strategische Steuerung erschweren;
- strukturelle Überforderung der Mitarbeiter in Schlüsselpositionen;

- Verlangsamung des Informationsflusses und der Entscheidungsfindung;

- wechselnde Teamstrukturen und Projektcharakter in der Arbeit, die bei den Mitarbeitern ein Gefühl der Unsicherheit verursachen;

- fehlende Transparenz bei der Vergabe von Aufträgen (und Projektleiterpositionen);

- Erhöhte Schwierigkeiten von Mitarbeitern, sich innerhalb großer Mitarbeiterkreise und unübersichtlicher Arbeitsaufteilungen zu profilieren und Karrierechancen wahrzunehmen;

- Verstärkte Orientierungsprobleme neuer Mitarbeiter

Die hier aufgeführten Problemfelder sind typisch für Unternehmen mit flachen Hierarchien und/oder unsicherer Auftragslage. Denn eine unsichere Planungssituation bedingt unvorhersehbare Arbeitsspitzen und erfordert außerordentliche Flexibilität der Mitarbeiter. Dies gilt natürlich nicht nur für Unternehmen der IT-Branche.

Mitarbeiter müssen, bedingt durch Veränderungen von Arbeitstätigkeiten und durch veränderte Rahmenbedingungen der Arbeit (z.B. Flexibilisierung, Zunahme von Zeitverträgen, Unsicherheit des Arbeitsplatzes) lernen, die eigene Erwerbskarriere aktiver zu gestalten und eine Balance zwischen (Privat-)Leben, Lernen und Arbeiten herzustellen. Viele Arbeitnehmer planen sehr rational und effektiv ihre täglichen Arbeitstätigkeiten, nicht aber ihre Erwerbsbiografie. Hieraus ergibt sich ein neuer Beratungsbedarf. In einer unübersichtlicher werdenden Arbeitswelt werden nicht mehr nur Manager eine Karriereberatung benötigen, auch Fachkräfte im mittleren Qualifikationsniveau müssen zunehmend bei der Planung ihrer Erwerbsbiografie unterstützt werden. Hierbei geht es nicht allein um den Erwerb der „passenden" Fach- und Schlüsselqualifikation. Auch die zukünftigen Entwicklungen des jeweiligen Tätigkeitsfeldes und die persönliche Situation der Klienten sollten in einer solchen Beratung berücksichtigt werden.[5]

Es ist offenkundig, dass die Untersuchungsbefunde zu künftigen Qualifikationen Weiterentwicklungserfordernisse deutlich machen, die weit über den fachlichen Rahmen hinausgehen. Da aber innerhalb der IT-Branche ein ständiges „am Ball bleiben" in fachlicher Hinsicht von vergleichsweise hoher Bedeutung ist, und von hier arbeitenden Beschäftigten in der Regel auch mit großem Engagement verfolgt wird, sind hinsichtlich der Entwicklung dringend benötigter Schlüsselqualifikationen besondere Anstrengungen zu unternehmen. Dazu zählt vor allen Dingen die Fähigkeit, sich kontinuierlich neben der täglichen Arbeit neues Wissen anzueignen. Auch die Nutzung von langjähriger Erfahrung in der projektartigen Softwareentwicklung dürfte allen Erkenntnissen nach ausbaufähig sein.

Gerade die verstärkte Einbeziehung erfahrener Entwickler in den Erstellungsprozess besonders komplexer Softwaresysteme bietet Chancen zum Erhalt und zur Verbesserungen der Innovationsfähigkeit. Hierbei ist die langfristige Förderung von Mitarbeitern, die im Unternehmen altern, von besonderer Bedeutung.

4 Betriebliche Innovationsfähigkeit und Karriereplanung – auch für ältere Softwareentwickler

Einer Untersuchung zur Bestimmung des Qualifikationsbedarfs in der Wirtschaft zufolge[6] in der 1.545 Unternehmen nach ihrem aktuellen Qualifikationsbedarf befragt wurden, entfielen 45% aller Nennungen auf die sogenannten Fachqualifikationen. Hierbei gehörten EDV- und IT-Kenntnisse für unterschiedliche Anwendungen zu den häufigsten Nennungen. Höher aber war mit ca. 55% der Anteil der Nennungen, die sich auf die sogenannten Schlüsselqualifikationen bezogen. Besonders gefragt sind nach dieser Untersuchung Kundenorientierung, Kommunikationsfähigkeit, Selbständigkeit und Kostenorientierung. Lernfähigkeit und Leistungsbereitschaft wurden ebenfalls häufig genannt. Aus diesen Befunden ergibt sich, dass neben einem soliden Fachwissen auch der Einsatz der Kenntnisse in der betrieblichen Wirklichkeit, z.B. zur besseren Kundenbetreuung, von zentraler Bedeutung ist. Diese Trends zeigten sich auch bei der Tätigkeitsanalyse im untersuchten Fallstudien-Unternehmen.

Welche Folgerungen lassen sich daraus für die Entwicklung des Qualifikationsbedarfs und notwendiger Laufbahnpläne innerhalb der Branche in den nächsten Jahren ableiten? Um diesen Bedarf einschätzen zu können, müssen auch demografische Faktoren in die Überlegungen einbezogen werden.

Während der Bevölkerungsrückgang etwa ab 2020 in Deutschland ein spürbarer Vorgang sein wird, erfolgt die Änderung der Alterszusammensetzung der Erwerbstätigen hauptsächlich in den Jahren 2000 bis 2020. Erstmals wird es mehr über 50-Jährige als unter 30-jährige Erwerbstätige geben, da die geburtenstarken Jahrgänge (baby-boomer) älter werden. In der ersten Dekade dieses Jahrhunderts nimmt der Anteil der über 40-jährigen Erwerbspersonen zu. Ab 2010 steigt der Anteil der über 50-Jährigen weiterhin und stark an. Viele Betriebe müssen sich daher mit einem steigenden Durchschnittalter auseinandersetzen und bereits frühzeitig geeignete Maßnahmen ergreifen. Unternehmen, die zu diesem Zeitpunkt noch keine nachhaltigen Konzepte im Umgang mit alternden Belegschaften entwickelt haben, befinden sich in der Gefahr, an Innovationskraft und Leistungsfähigkeit zu verlieren.

Die betriebliche Innovationsfähigkeit ist durch das Älterwerden der Erwerbsbevölkerung keineswegs zwangsläufig gefährdet. Erforderlich ist jedoch, dass rechtzeitig die entscheidenden Stellhebel in die richtige Richtung gestellt werden. Die These "Was früher erfolgreich war, kann heute nicht schlecht sein" hat unter dem Vorzeichen des beschleunigten technologischen und organisatorischen Wandels eine nur noch sehr eingeschränkte Richtigkeit. Wie dargestellt, verändern neue Technologien die Arbeit in inner- und überbetrieblichen Projekten und die intensivere Integration von Kunden in den Leistungserstellungsprozess die Arbeit nachhaltig. Der Anteil wissensintensiver Tätigkeiten wächst. Die Notwendigkeit Komplexitätssteigerungen zu bewältigen und neues Wissen zu erwerben, wird – bedingt durch den demografischen Wandel – zukünftig nicht allein über die Rekrutierung junger Fachkräfte oder Hochschulabgänger zu lösen sein. Die heute noch weit verbreitete Praxis der vorzeitigen Verrentung älterer Erfahrungsträger wird in ihrem bisherigen Ausmaß noch einmal neu durchdacht werden müssen. Es wird notwendig, verstärkt in die Personalentwicklungs- und Karrierepläne der eigenen älter werdenden Mitarbeiter zu investieren.

Die angesprochene Tendenz in IT-Unternehmen, hinsichtlich Leistungs- und Innovationsstärke eine jugendzentrierte Personalpolitik zu verfolgen und, wenn überhaupt ältere Mitarbeiter dem Personalbestand angehören, diesen häufig innovative Projekte durch altersbezogene Arbeitsteilung vorzuenthalten, verschenkt wertvolle Potenziale, da älteren Mitarbeitern die Möglichkeit genommen wird, sich sozusagen in der Arbeit weiterzuqualifizieren. Auch hier ist ein strategisches Umdenken angeraten.

Die IT-Branche in ihrem Kern und IT-Tätigkeiten in anderen Branchen gehören zum Bereich der wissensintensiven Dienstleistungen, in dem zukünftig erhebliche Wachstumspotenziale liegen. Wesentliches Merkmal ist eine umfassende Kundenorientierung. Es geht nicht mehr nur darum, ein Auto zu verkaufen, es geht vielmehr um den Verkauf von Mobilität. Kaufentscheidend ist dann das Angebot eines besseren Services und die Ergänzung der materiellen Produkte durch Dienstleistungs- und Wissensprodukte. Charakteristisch für solche Dienstleistungen ist zudem, dass sie häufiger weniger standardisiert sind und durch hochqualifizierte Mitarbeiter, unterstützt durch Informations- und Kommunikationstechnologien, in einem intensiven Interaktionsprozess zwischen Anbietern und Nachfragern erstellt werden. Die Einführung neuer Technologien, die Arbeit in inner- und überbetrieblichen Projekten und die intensivere Integration von Kunden in den Leistungserstellungsprozess sind u.a. Ursachen dafür, dass Mitarbeiter immer weniger Fachspezialisten und immer mehr Problemlöser und Wissensintegratoren sein müssen. Nur der Mensch kann Wissen erzeugen und kreativ nutzen. Doch gerade diese Fähigkeit schreibt man heute oftmals nur noch jungen Mitarbeitern zu. Je nach Branche zählen Arbeitnehmer ab 40 schon zu den Älteren, ab 50 zum alten Eisen. Es gibt aber keinen wissenschaftlichen Beleg dafür, dass ältere Menschen nicht mehr lernfähig sind. Die Probleme liegen eher in der Motivation, im Anreiz noch etwas Neues zu lernen.

Gefragt sind hier nicht nur regelmäßige externe Weiterbildungen, sondern auch eine Arbeitsgestaltung und -organisation, die eine kontinuierliche Qualifizierung im Arbeitsvollzug einfordert und ermöglicht. Mitarbeiter, welche auf Grund des Wandels ihrer Aufgaben regelmäßig lernen müssen, haben gute Chancen, dass ihre Qualifikationen ständig aktuell bleiben und so ihre Beschäftigungschancen über die gesamte Erwerbsbiografie erhalten werden. Hierfür ergeben sich aus der oben angesprochenen Neuordnung des Weiterbildungssystems in der IT-Branche gute Möglichkeiten.

Konzepte, die im Rahmen des vom Fraunhofer-IAO koordinierten Transferprojektes „Öffentlichkeits- und Marketingstrategie demographischer Wandel" an der BTU Cottbus erarbeitet wurden[7], zeigen, wie gerade erfahrene Software-Entwickler durch eine explizite Laufbahn- und Weiterbildungsplanung zum „Innovationsmotor der Zukunft" werden können. Denn neben einer unverzichtbaren aktuellen Kenntnis des technisch Machbaren, welche gerade jungen Hochschulabsolventen vordringlich zugetraut wird, ist es die Fähigkeit von Mitarbeitern zur kundenorientierten Einschätzung des Nutzens von technischen Möglichkeiten, die unter wachsendem Kosten- und Konkurrenzdruck Wettbewerbsvorteile sichern hilft. Oft ist die eigene Projekterfahrung etwa mit Programmiersprachen unterschiedlicher Generationen, oder das Erleben von Projekten, die scheitern, ebenso wichtig wie fachliche Detailkenntnis. Aus Kundensicht sind in der Regel Kostenfragen und Entwicklungszeiten sowie die Einschätzung, dass ein Entwickler seine Anforderungen an das zu entwickelnde Produkt versteht, wichtiger als technische Details. Hier können erfahrene Entwickler Stärken ausspielen. Als besonders vorteilhaft haben sich Unternehmensstrukturen erwiesen, in denen die unterschiedlichen Generationen gut zusammenarbeiten. Dabei können ältere Mitarbeiter gerade in der ersten und letzten Entwicklungsphase eines typischen Projektes, bei der Aufgabenanalyse sowie bei Nachsorge und Wartung, als besonders wertvoll gelten.[8]

Eine solche produktive und innovationssichernde Einsatzfähigkeit älterer Entwickler gibt es jedoch weder für Unternehmen noch für die Mitarbeiter zum Nulltarif. Mitarbeiter müssen sich nicht nur innerhalb ihrer fachlichen Kernkompetenzen weiterentwickeln, sondern sollten auch jenseits dieser „am Ball" bleiben. Für die Finanzierung von Weiterbildungsmaßnahmen und das zur Verfügungstellen von Lernzeit bieten sich Modelle der Lastenverteilung zwischen Mitarbeiter und Unternehmen an[9], bei denen die Anteile der zu tragenden Kosten für Weiterbildung nach der Aktualität des Tätigkeitsbezugs und anderen Faktoren variieren. Das Aufzeigen von Laufbahnpfaden in Unternehmen, das auch Älteren jenseits vertikal orientierter Entwicklungen Perspektiven zum Einbringen ihrer spezifischen Fähigkeiten bietet, stellt eine zentrale Herausforderung der nächsten Jahre dar.

Abschließend können die diskutierten Aspekte wie folgt zusammengefasst werden: Ausgangspunkt der Überlegungen war, dass sich durch verschiedene Faktoren ein beschleunigter Aufgabenwandel in IT-Berufen vollzieht, der weitreichende Anforderungen an Tätigkeiten in der IT-Branche nach sich zieht. Diese Veränderungen führen zu einem zunehmenden Bedarf an entsprechend qualifizierten Fachkräften.

Diese sich verändernden Qualifikationserfordernisse wurden am betrieblichen Beispiel einer Programmiertätigkeit dargestellt, wobei insbesondere die Komplexität der Anforderungen in der hier dargestellten Projektarbeit nochmals herausgestellt werden muss: Die Anforderungen sowohl an fachliche als auch an soziale Kompetenzen, die Bereitschaft, Neues zu lernen, sowie erforderliches Erfahrungswissen im Umgang mit Projekten und Teamfähigkeit, aber auch Führungsqualitäten, insbesondere bei wechselnder Projektleitung.

Sodann wurde auf den sich abzeichnenden Fachkräftemangel als Konsequenz des demografischen Wandels eingegangen. Hier wurde die These vertreten, dass gerade ein umfassenderer Einbezug erfahrener Mitarbeiter in kontinuierliche Qualifizierungsmaßnamen den Bedarf an Fachkräften im IT-Sektor zumindest kompensieren könnte.

Es wurde deutlich gemacht, dass in besonderem Maße Qualifizierungsbemühungen und die Planung von Berufsbiografien bedeutsam werden, so dass zunehmend adäquate Strategien der kontinuierlichen Qualifizierung diskutiert, entwickelt und genutzt werden können.

Anmerkungen

[1] Informationselektroniker/Informationselektronikerin (1999), Mediengestalter für Digital- und Printmedien/Mediengestalterin für Digital- und Printmedien (1998), Kaufmann/Kauffrau für audiovisuelle Medien (1998), Fachangestellter für Medien- und Informationsdienste/Fachangestellte für Medien- und Informationsdienste (1998), Informations- und Telekommunikationssystem-Kaufmann/Informations- und Telekommunikationssystem-Kauffrau (1997), Informations- und Telekommunikationssystem-Elektroniker/Informations- und Telekommunikationssystem-Elektronikerin (1997), Informatikkaufmann/Informatikkauffrau (1997), Fachinformatiker/Fachinformatikerin (1997), Mediengestalter Bild und Ton/Mediengestalterin Bild und Ton (1996), Film- und Videoeditor/Film- und Videoeditorin (1996).

[2] Vgl. Borch, Hans und Weißmann, Hans (Hrsg.): IT-Weiterbildung hat Niveau(s) – Das neue IT-Weiterbildungssystem für Facharbeiter und Seiteneinsteiger. Bielefeld, 2002.

[3] Der Forschungsansatz besteht aus einer Kombination von qualitativen und quantitativen Erhebungen in Betrieben. In einem ersten Schritt werden aus qualitativen Intensiv-Fallstudien (Analyse der Arbeitstätigkeiten sowie des dazugehörigen Arbeitssystems und der Geschäftsprozesse) Entwicklungstrends und Zukunftsthesen generiert, die dann in einem zweiten Schritt in Betrieben mittels einer repräsentativen Befragung auf ihre überbetriebliche Relevanz hin überprüft werden. Der qualitative Teil des Forschungsansatzes wird vom Fraunhofer IAO durchgeführt, die quantitative Überprüfung der Thesen ist Aufgabe von Infratest Sozialforschung.

[4] Zum hierbei verwendeten Instrumentarium vgl. auch Gidion, G. u.a.: Spurensuche in der Arbeit. Ein Verfahren zur Erkundung künftiger Qualifikationserfordernisse. Hrsg. von Hans-Jörg Bullinger, Bielefeld 2000. Ergebnisse des Projekts können unter www.frequenz.net abgerufen werden.

[5] Vgl. Bullinger, Buck, Schmidt: Die Arbeitswelt von morgen. In: DSWR 4/2003.

[6] Vgl. dazu Kuratorium der Deutschen Wirtschaft für Berufsbildung, 2001 (Verfügbar unter www.frequenz.net).

[7] Vgl. Lünstroth, U.: Der erfahrene, über 40-jährige Softwareentwickler, Cottbus, 2001 (Verfügbar unter www.demotrans.de).

[8] Vgl. ebd. S. 44.

[9] Vgl. ebd. S. 22f.

Hans-Joachim Schade

Strukturen und Trends beim Weiterbildungsangebot für IT-Fachkräfte

1 Entwicklung der Ausbildung und Beschäftigung von IT-Fachkräften

Als Schlüsseltechnologie der Gegenwart geht die Informations- und Kommunikationstechnik immer neue Symbiosen mit Produkten und Dienstleistungen ein und hat sich zu einem eigenen Wirtschaftszweig und Beschäftigungsmotor entwickelt mit einem bislang kaum zu deckenden Bedarf an qualifizierten Fachkräften. Erst seit 2001 ist mit dem Einbrechen der „New Economy" die Arbeitskräftenachfrage abgeflacht. In der Entwicklungs- und Aufbauphase der IKT-Infrastruktur wurden vor allem Hochschulabsolventen nachgefragt. Mit der zunehmenden Spezialisierung bei den Tätigkeiten und der branchenmäßigen Strukturierung eröffnen sich zwischenzeitlich zunehmend Beschäftigungsmöglichkeiten auf mittlerem Qualifikationsniveau. Dies belegen gleichermaßen die Befragungen des Bundesinstituts für Berufsbildung (BIBB) bei Unternehmen, die IT-Fachkräfte neu einstellen und die Erhebungen des isw bei Trendsetterunternehmen in der IT- und Multimediabranche (siehe hierzu die Artikel von P. Bott und L. Abicht/H. Bärwald in diesem Band). Aber auch der nach Einführung der neuen IT-Ausbildungsberufe 1997 rasante Anstieg der Zahl der Ausbildungsverhältnisse in den neuen Berufen[1], die ihren Anteil an allen Ausbildungsverhältnissen von 1993 bis 2002 verachtfachen konnten (siehe Tabelle 1) steht für die Chancen, die sich dual Ausgebildeten in den IT-Berufen eröffnen.

Während die Gesamtzahl der Auszubildenden bis zum Jahr 2002 im Vergleich zu 1993 um rund 7.000 zurück ging (West = -6,7%; Ost = +27,6%), hat die Zahl der Auszubildenden in den IT-Kernberufen im gleichen Zeitraum um rund 35.000 zugenommen (West = +807%; Ost = +439%). Ein von der Tendenz her ähnliches Bild zeigt sich bei der sozialversicherungspflichtigen Beschäftigung. Diese lag 2002 gegenüber 1993 insgesamt um rund eine Million Beschäftigte niedriger (West = -0,8%; Ost = -16,6%). In den IT-Kernberufen nahm sie dagegen um rund 170.000 zu (West = +68%; Ost = +33%). Der hohe Fachkräftebedarf in diesem Berufsfeld führte also sowohl in der Beschäftigung, vor allem aber in der dualen Berufsausbildung nach Einführung der neuen IT-Ausbildungsberufe zu einer deutlich günstigeren Entwicklung als im Durchschnitt.

Die Auszubildenden-Beschäftigten-Relation hat sich zwischenzeitlich dem längerfristigen und relativ konstant gehaltenen Durchschnitt von ca. sechs Prozent angenähert (d.h. im Durchschnitt kommen auf 100 Beschäftigte 6 Auszubildende). Nachdem der Nachfragestau bei den IT-Kernberufen weitgehend aufgelöst ist, dürfte sich die weitere Entwicklung der Zahl der Ausbildungsverhältnisse wieder stärker an die Entwicklung der Beschäftigung angleichen.

	Zahl der Auszubildenden				Anteil der Azubi in IT-Kernberufen an allen Azubi	
	Insgesamt		IT-Kernberufe*			
	1993	2002	1993	2002**	1993	2002
West	1.346.256	1.255.634	3.745	33.953	0,3%	2,7%
Ost	287.567	366.807	720	3.879	0,3%	1,1%
D	1.629.312	1.622.441	4.465	39.311	0,3%	2,4%

Quelle: Berufsbildungsstatistik des Statistischen Bundesamts

	Zahl der soz.vers.pfl. Beschäftigten (ohne Azubi)				Anteil der Beschäftigten in IT-Kernberufen an allen soz.vers.pfl. Beschäftigten (ohne Azubi)	
	Insgesamt		IT-Kernberufe*			
	1993	2002	1993	2002**	1993	2002
West	21.792.063	21.620.169	242.070	407.169	1,1%	1,9%
Ost	5.217.870	4.349.144	30.546	40.766	0,6%	0,9%
D	27.009.933	25.969.313	272.616	447.935	1,0%	1,7%

Quelle: Beschäftigtenstatistik der Bundesanstalt für Arbeit (BA)

* Bei den Beschäftigten: Berufsgruppe der Datenverarbeitungsfachleute (Berufsordnung 774 der Berufsklassifikation der BA). Bei den Auszubildenden: Ausbildungsberufe in der Berufsordnung 774 (Informatiker, Informatikkaufleute und IT-Systemkaufleute). Zu den Problemen der beruflichen Abgrenzung der IT-Kernberufe siehe den Beitrag von W. Dostal, Berufs- und Branchenstrukturen im IT-Bereich in diesem Band.

** Für West und Ost 2002 lagen die Zahlen der Auszubildenden in IT-Kernberufen bei Redaktionsschluss noch nicht vor. Es wurden ersatzweise die Werte von 2001 eingesetzt. Die Relationen verändern sich dadurch nur geringfügig. Insgesamt hat die Zahl der Auszubildenden in den IT-Kernberufen 2002 entgegen dem allgemeinen Trend erneut zugenommen (+1.479).

Tab. 1:
Auszubildende und sozialversicherungspflichtig Beschäftigte insgesamt sowie in IT-Berufen 1993 und 2002

IT-Fachleuten bieten sich aufgrund der Verbreitung der IKT vielfältige Beschäftigungsmöglichkeiten. Sowohl im verarbeitenden Gewerbe (rund 20%), im Handel (rund 10%) wie auch bei Dienstleistungsunternehmen und der öffentlichen Verwaltung (rund 70%) finden sie Betätigungsfelder. Allerdings deutet sich eine Tendenz zur Konzentration der Beschäftigung bei speziellen IT-Dienstleistungsunternehmen an (siehe Abbildung 1). Komplexität und Vielfalt der mittels IKT zu bewältigenden Aufgaben erfordern offensichtlich einen Grad an Professionalität und Erfahrungswissen, über den am ehesten Unternehmen verfügen, deren Unternehmenszweck die Entwicklung von IT-Dienstleistungen ist. So arbeitete 2002 bereits mehr als jede vierte IT-Fachkraft in Softwarehäusern (28% gegenüber 22,2% 1998). Schwerpunkte bildeten 2002 mit 20% die Softwareentwicklung, gefolgt von der Softwareberatung mit 8%. Zusammen mit den Unternehmensberatungen (5,7%), den drittgrößten Beschäftigern von IT-Fachleuten, war 2002 jede dritte sozialversicherungspflichtig beschäftigte IT-Fachkraft in Unternehmen zur Softwareentwicklung und -beratung tätig. Diese mit dem Trend zum Outsourcing bestimmter IT-Aufgaben an externe IT-Dienstleister zusammenhängende Entwicklung hat bislang aber nur in wenigen Branchen zu einem Abbau der Beschäftigung von IT-Fachleuten geführt. Daraus folgt: Die IKT-Infrastruktur in den Unternehmen ist weiter im Auf- und Ausbau begriffen, und die Unternehmen bedienen sich hierzu vornehmlich des Know How spezieller Software- und Beratungsunternehmen. Für eine erfolgreiche betriebliche Implementierung neuer Software sowie die Wartung und den Betrieb der IT-Netzwerke ist in den Unternehmen jedoch die Beschäftigung von IT-Fachleuten in erheblichem Umfang bis auf Weiteres erforderlich.

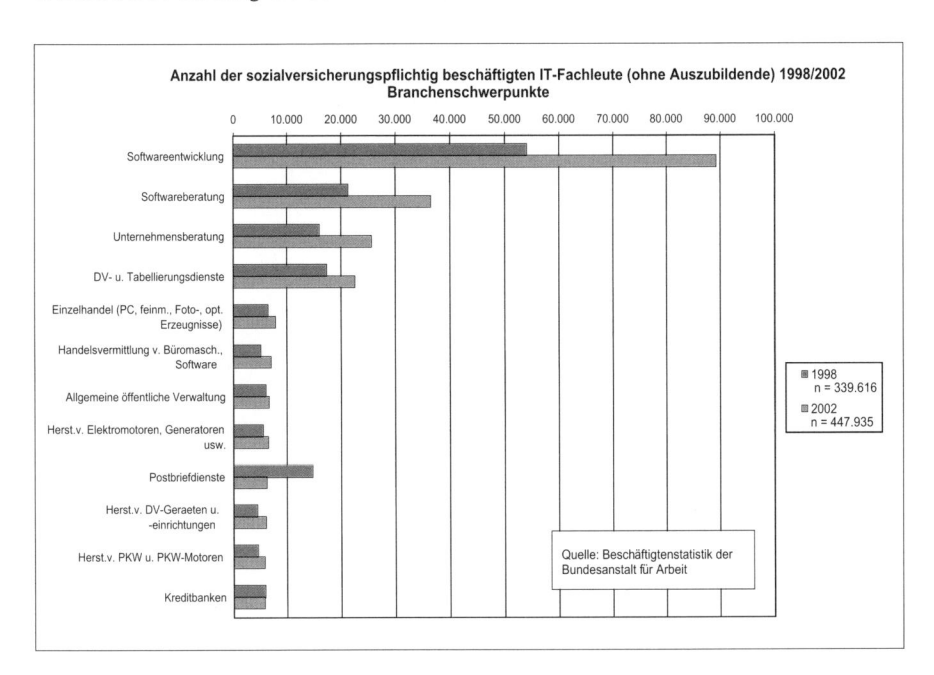

Abb. 1:
Schwerpunkte der sozialversicherungspflichtigen Beschäftigung von IT-Fachleuten (ohne Azubi)

2 Bedeutung der Weiterbildung für die Früherkennung von Qualifikationsentwicklungen

Die durch Globalisierung und moderne Informations- und Kommunikationstechnologien (IKT) angetriebenen wirtschaftlichen, betriebsorganisatorischen und beruflichen Veränderungen stellen die Beschäftigten vor neue Aufgaben und höhere Anforderungen. Die Geschwindigkeit, mit der neues Wissen produziert wird und hergebrachtes Wissen verfällt, hat stark zugenommen. Spezialisierung, Höherqualifizierung und verkürzte Halbwertszeit des Wissens haben einen zunehmenden Bedarf an Weiterbildung[2] zur Folge. Diente früher berufliche Weiterbildung vorrangig dem Zweck, die eigene Karriere zu befördern, so sichert Weiterbildung heute die Beschäftigungsfähigkeit des Einzelnen bzw. stellt diese wieder her. Weiterbildung liegt aber auch im Interesse der Betriebe, die sonst Gefahr laufen, ihre Innovations- und Wettbewerbsfähigkeit zu verlieren. Die Kompetenz, die neuen Techniken anwenden, beherrschen und mit deren Entwicklung Schritt halten zu können, beeinflusst wesentlich den Erhalt von Qualifikation und Beschäftigungsfähigkeit der Arbeitnehmer/-innen wie auch den Erhalt der Wettbewerbsfähigkeit der Unternehmen. Hierzu leistet die berufliche Weiterbildung einen gewichtigen Beitrag wie die deutliche Zunahme der Zahl entsprechender Weiterbildungsangebote belegt.

Da Signale für neue Qualifikationsanforderungen in den Betrieben in der Regel zuerst in der beruflichen Weiterbildung aufgegriffen werden, kann eine Analyse des beruflichen Weiterbildungsangebots zur Früherkennung von Qualifikationsentwicklungen beitragen. Die Nähe zum Beschäftigungssystem erzeugt einen hohen Innovationsdruck. Die Anbieter sind aus Konkurrenzgründen gezwungen, ihre Angebote schnell an neue Entwicklungen und verändertes Nachfrageverhalten ihrer Kunden anzupassen. Von den Angeboten auf dem Weiterbildungsmarkt können daher Rückschlüsse auf Inhalt und Umfang des Qualifizierungsbedarfs in den verschiedenen Themengebieten gezogen werden. Aufgrund ihrer Marktorientierung und hohen Flexibilität ist die berufliche Weiterbildung Motor für viele Fortentwicklungen, die erst mit deutlicher Zeitverzögerung von den stärker reglementierten Bildungsbereichen des Bildungssystems adaptiert werden.

Für die Früherkennung von Qualifikationsentwicklungen und Qualifizierungserfordernissen sind dabei nicht allein die quantitativen und qualitativen Veränderungen bei den Inhalten der Qualifizierung von Bedeutung, auch andere Strukturmerkmale der Weiterbildung, wie z.B. Trägerstrukturen, Vergleiche von Bildungsbereichen, Dauer und Unterrichtsformen von Veranstaltungen und regionale Schwerpunkte, können entsprechende Hinweise liefern. Im Folgenden wird daher ein Überblick sowohl über Strukturmerkmale als auch inhaltliche

Schwerpunkte des Weiterbildungsangebots sowie dessen Entwicklung gegeben, wobei die IT-Weiterbildung mit der Gesamtentwicklung des Weiterbildungsangebotes verglichen wird.

3 Strukturen und Entwicklung des Weiterbildungsangebots für IT-Fachkräfte (Datenbank KURS)

Eine amtliche Statistik über das Weiterbildungsangebot in Deutschland gibt es nicht. Rund 80 verschiedene Datenbanken[3] (häufig mit einer regionalen Ausrichtung) informieren über Angebote zur beruflichen Weiterbildung. Das Fehlen gemeinsamer Definitionen, Merkmale und Klassifikationen steht einer zusammenfassenden Auswertung von Daten aus den verschiedenen Datenbanken im Wege.

Die folgenden Angaben zum Weiterbildungsangebot stützen sich auf die Datenbank zur Aus- und Weiterbildung der Bundesanstalt für Arbeit KURS. KURS hat die Aufgabe, einen bundesweiten Überblick über die berufliche Aus- und Weiterbildung zu bieten und Transparenz auf einem schwer überschaubaren Markt herzustellen. Hierzu strebt KURS eine möglichst umfassende Abbildung aller öffentlich zugänglichen Aus- und Weiterbildungsangebote in der Bundesrepublik Deutschland an und, soweit Bildungsangebote für deutschsprachige Ratsuchende relevant sind, auch solcher aus dem europäischen Ausland. Mit rund 450.000 Veranstaltungen zur beruflichen Weiterbildung (Stand Januar 2003) ist KURS die am weitesten verbreitete und umfangreichste Weiterbildungsdatenbank in Deutschland. KURS kann als repräsentativ angesehen werden für die organisierte und institutionalisierte Weiterbildung (Lehrgänge, Kurse und Seminare) in Form von Präsenz-, Fernunterricht, Inhouse-Seminaren, computerunterstütztem und selbstgesteuertem Lernen oder von kombinierten Formen, die von staatlichen und von privaten, gemeinnützigen und gewinnorientierten Bildungseinrichtungen[4] angeboten werden.

Der Überblick über Strukturen, Entwicklungen und Schwerpunkte des Weiterbildungsangebots für IT-Fachkräfte soll folgende Fragen klären:

- Wie gliedert sich die berufliche Weiterbildung?
- Welches Gewicht hat die Weiterbildung für IT-Fachkräfte im Verhältnis zum Gesamtangebot?
- Welche thematischen Schwerpunkte setzen die Weiterbildungsangebote für IT-Fachkräfte?
- Wer sind die Anbieter?
- Welche Lernarrangements werden angeboten?
- Gibt es regionale Schwerpunkte bei den Angeboten?

3.1 Gliederung nach Bildungsbereichen

KURS gliedert die verschiedenen Anforderungen, die an die berufliche Weiterbildung gestellt werden, nach folgenden Bereichen:

Anpassungsfortbildung hat zum Ziel, berufliche Kenntnisse und Fertigkeiten festzustellen, zu erhalten, zu erweitern oder der technischen Entwicklung anzupassen. Sie dient der Aktualisierung und Vertiefung der für die Berufsausübung erforderlichen Qualifikationen. Die Angebote sind überwiegend von kurzer Dauer, Inhalte und Abschlüsse sind zumeist weder verbindlich geregelt noch bundesweit anerkannt Die Anpassungsfortbildung ist der weitaus umfangreichste und am wenigsten transparente Teil der beruflichen Weiterbildung. Auf diesen entfallen Januar 2003 95,6% aller Weiterbildungsveranstaltungen in KURS. Die Vielfalt der Themen und Bezüge zu verschiedenen beruflichen Tätigkeiten erschwert häufig eine eindeutige Zuordnung der Angebote zu einem Bildungsziel und setzt einer Systematisierung im wissenschaftlichen Sinne Grenzen. KURS verwendet zur Systematisierung der Bildungsziele eine eigene nach berufskundlichen Gesichtspunkten entwickelte hierarchisch gegliederte Systematik. Jedes Weiterbildungsangebot wird mit einer mehrstelligen Codenummer versehen. Dies ermöglicht statistische Auswertungen auf verschiedenen Hierarchiestufen, wodurch sich aufschlussreiche Unterschiede in den Mengenverhältnissen zwischen den verschiedenen Bildungszielen feststellen lassen: KURS gliedert die angebotenen Themen in 74 Hauptgruppen. Die Mehrzahl der Veranstaltungen ist jedoch auf wenige Gruppen konzentriert. Auf die ersten fünf Hauptgruppen entfallen bereits mehr als die Hälfte aller Weiterbildungsveranstaltungen in KURS (siehe Abbildung 2).

Aufstiegsfortbildung bereitet in der Regel auf eine Kammer- bzw. staatliche Prüfung vor und dient dem beruflichen Aufstieg, z.B. von einer Fachkraft mit anerkannter Berufsausbildung zum Betriebswirt, Meister, oder Techniker.[5] Anders als bei der alle Arten der Spezialisierung abdeckenden Anpassungsfortbildung sind die Strukturen in der Aufstiegsfortbildung relativ gut überschaubar. Es sind dies die kaufmännisch-verwaltenden Abschlüsse Betriebs-, Fachwirt und Fachkaufmann sowie die gewerblich-technisch ausgerichteten Qualifizierungen zum Meister und zum Techniker bzw. zur technischen Sonderfachkraft. Die Bildungsgänge sind grundsätzlich umfassender angelegt als diejenigen der Anpassungsfortbildung, denn es werden weitgehend alle zur Berufsausübung erforderlichen Kompetenzen vermittelt. Die überwiegende Anzahl der Bildungsangebote bereitet auf einen Kammerabschluss (Betriebs-, Fachwirt, Fachkaufmann und Meister) oder auf eine staatliche Prüfung vor (Techniker). Die Prüfungsanforderungen sind durch allgemeine Regelungen und Bestimmungen der Kammern verbindlich definiert bzw. beruhen auf Rechtsverordnungen des Bundes oder der Länder. Voraussetzung für die Zulassung zur Prüfung ist der Abschluss einer anerkannten Berufsausbildung und mehrjährige Berufserfahrung bzw. der Nachweis gleichwertiger Kenntnisse. Die Abschlüsse vermitteln einen gehobenen beruflichen Status und stehen in der Regel für herausgehobene betriebliche Funktionen. Sie haben den Charakter von Tätigkeitsbezeichnungen und werden daher in Anlehnung an die Systematik der Klassifizierung der Berufe der BA gegliedert.

Gemessen an der Anzahl der Veranstaltungen ist der Anteil der Aufstiegsfortbildung am gesamten Weiterbildungsangebot mit knapp drei Prozent (Stand Januar 2003) relativ gering (siehe Tabelle 2). Die Entwicklung von 2001 bis 2003 verlief in den verschiedenen Bereichen unterschiedlich. Für Fach- und Betriebswirte und vergleichbare Abschlüsse nahm das Veranstaltungsangebot noch zu, in den mehr gewerblich-technischen Bereichen bei Meistern und Technikern ging es dagegen zurück.

Wissenschaftliche Weiterbildung kann sowohl den Charakter einer Anpassungsfortbildung als auch einer Aufstiegsfortbildung mittels weiterführender, insbesondere internationaler Studienabschlüsse annehmen. Sie wird von Hochschulen angeboten und setzt in der Regel ein abgeschlossenes Studium bzw. gleichwertige Kenntnisse voraus. Der Anteil von eineinhalb Prozent am gesamten Veranstaltungsangebot zur beruflichen Weiterbildung ist rund halb so groß wie der Anteil der Aufstiegsfortbildung.

Daneben gibt es noch spezielle Weiterbildungsangebote für Rehabilitanden und für Insassen von Justizvollzugsanstalten, die hier nicht näher beleuchtet werden.

Vergleicht man das Weiterbildungsangebot für IT-Fachkräfte mit dem Gesamtangebot (siehe Tabelle 2), fällt ins Auge, dass die Anteile der Aufstiegsfortbildung und der wissenschaftlichen Weiterbildung im IT-Bereich deutlich unter dem Durchschnitt liegen, wobei das Missverhältnis bei der IT- Aufstiegsfortbildung am ausgeprägtesten ist. Dies belegt den Bedarf an entsprechenden Regelungen und Angeboten, wenn den Absolventen der neuen IT-Ausbildungsberufe vergleichbare Karrierepfade wie denen anderer Berufsfelder geboten werden sollen. Mit der Verabschiedung eines zukunftsweisenden neuen IT-Weiterbildungssystems im Mai 2002[6] sind hierfür die Weichen gestellt. Die neuen Profile und die zum Teil neuen Verfahren und angewandten Methoden wie etwa die prozessorientierte Qualifizierung an Hand von Referenzprojekten müssen sich in der Praxis aber erst noch durchsetzen. Bis Januar 2003 wurden noch keine Angebote zu den neuen IT-Fortbildungsberufen in KURS angeboten.

Berufliche Weiterbildung Januar 2001 und 2003	Insgesamt			IKT-Kernbereich		
	Anzahl bzw. Anteil der Veranstaltungen (September)		Zu- bzw. Abnahme absolut 2001/ 2003	Anzahl bzw. Anteil der Veranstaltungen (September)		Zu- bzw. Abnahme absolut 2001/ 2003
	2001	2003		2001	2003	
Bildungsbereiche in der beruflichen Weiterbildung	306.240	450.004	+47 %	57.592	108.268	+88 %
Anpassungsfortbildung	93,8 %	95,6 %	+50 %	99,2 %	99,5 %	+89 %
Aufstiegsfortbildung	4,2 %	2,9 %	+1 %	0,3 %	0,1 %	+9 %
darunter:						
Betriebs-, Fachwirte, Fachkaufleute	1,6 %	1,2 %	+10 %	0,19 %	0,10 %	-5 %
Meister	1,7 %	1,2 %	-2 %	–	–	–
Techniker	0,9 %	0,5 %	-8 %	0,06 %	0,05 %	+53 %
Wissenschaftliche Weiterbildung	2,0 %	1,5 %	+6 %	0,5 %	0,3 %	+19 %

Quelle: Datenbank KURS der Bundesanstalt für Arbeit (Stand jeweils Januar), Berechnungen des Bundesinstituts für Berufsbildung, A 2.2

Tab. 2:
Bildungsbereiche in der beruflichen Weiterbildung

3.2 Umfang der Angebote zur Informations- und Kommunikationstechnik

Von der Zahl der Veranstaltungen her wird die Weiterbildung vom Themengebiet Informations- und Kommunikationstechnik dominiert (Abbildung 2). Über 36% aller Weiterbildungsveranstaltungen in KURS Januar 2003 vermitteln IT-Qualifikationen für IT-Anwender und IT-Fachkräfte. Rechnet man noch weitere Veranstaltungen in anderen Systematikpositionen hinzu, die sich an IT-Anwender richten (z.B. CAD, CNC, DTP u.a.), liegt der Anteil sogar noch rund neun Prozentpunkte höher. Sowohl die Zahl der Kurse als auch der Anteil an allen Kursen nehmen weiter zu. Die IKT wird daher das Angebot zur beruflichen Weiterbildung bis auf weiteres prägen. Sie ist ein eindrucksvolles Beispiel für die Reagibilität der beruflichen Weiterbildung auf veränderte quantitative und qualitative Qualifizierungsbedarfe in der Arbeitswelt.

Themenschwerpunkte der beruflichen Weiterbildung Januar 2001 / 2003
(KURS – Anpassungsfortbildung, Teil C)
Anzahl der Veranstaltungen

Themengebiet	
Datenverarbeitung, Informatik	
EDV-Anwendungen (ohne CAD, CNC,CIM ,DTP,Textverarb.)	
Mitarbeiterführung, Arbeits-, Kommunikationstechniken	
Publizistik, Verlags-, Bibliothekswesen	
Schweiß-, sonst. Metallverbindungs- und Trenntechniken*	
Gesundheitswesen	
Recht	
Büro, interne Verwaltung	
Finanz-, Rechnungs-, Kostenwesen	
Management, Betriebsvertretung	

2001 n = 287.218
2003 n = 430.415

Quelle: Datenbank KURS der Bundesanstalt für Arbeit (Stand jeweils Januar), Berechnungen des Bundesinstituts für Berufsbildung, A 2.2

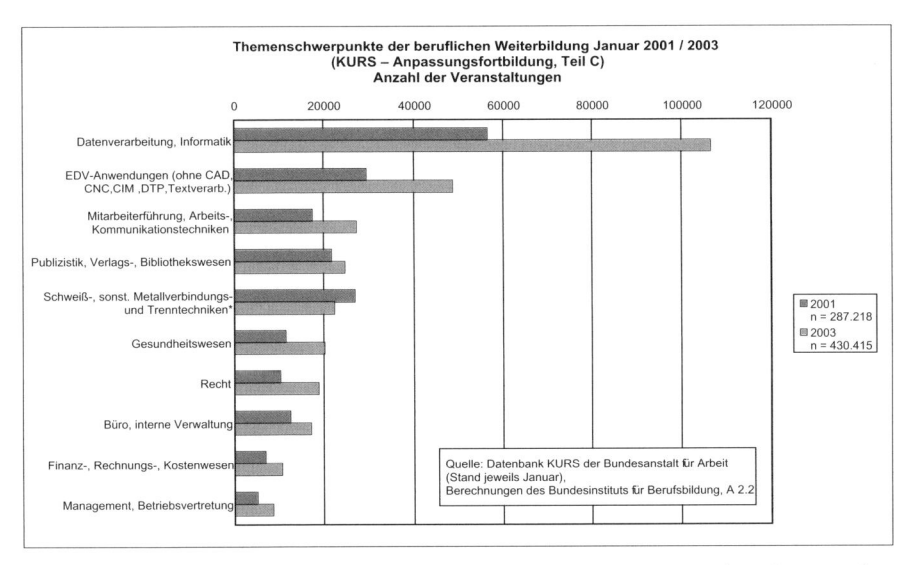

* Schweißtechnische Fertigkeiten müssen in regelmäßigen Abständen erneut nachgewiesen werden.

Abb. 2:
Themenschwerpunkte der beruflichen Weiterbildung Januar 2001 / 2003

3.3 Anpassungsfortbildung: Themenschwerpunkte des Angebots für IT- Fachkräfte

Wo liegen nun die thematischen Schwerpunkte der über 100.000 Veranstaltungsangebote (Januar 2003) für IT-Fachkräfte[7]?

Die Angaben in der folgenden Tabelle 3 setzen sich zusammen aus den Angeboten des Themengebiets „Datenverarbeitung, Informatik" und aus denen anderer Themengebiete, die mit der IKT zusammenhängende Inhalte behandeln und sich an IT-Fach- und Führungskräfte richten (z.B. Internet-Vertragsrecht im Themengebiet Recht). KURS kennzeichnet solche Angebote mit einem Querverweis. Nicht einbezogen sind die Angebote für EDV-Anwender.

Mehr als jede dritte Weiterbildungsveranstaltung für IT-Fachkräfte in KURS (Stand Januar 2003) hat die Vermittlung von Konzepten und von Kenntnissen zur Entwicklung von Internetanwendungen sowie zur Einrichtung und Betreuung von (Tele)Kommunikationssystemen zum Thema. Dieser Bereich ist mit rund 40.000 Veranstaltungen der größte und hat von Januar 2001 bis Januar 2003 auch am meisten zugenommen. 99% der Angebote dieses Bereichs entfallen auf zwei annähernd gleich große Teilgebiete:

Anpassungsfortbildung für IT-Fachkräfte (KURS – Ausgabe Januar, Teil C)	Anzahl bzw. Anteil der Veranstaltungen			Zu- bzw. Ab- nahme absolut 2001/ 2003
	2001	2002	2003	
Anzahl der Weiterbildungsveranstaltungen	57.151	98.159	107.770	+89%
(Tele)Kommunikationssysteme, Datenfernübertragung	31,8%	34,3%	37,2%	+121%
Betriebssysteme	23,7%	23,3%	22,9%	+82%
Datenbanken	16,6%	15,5%	13,5%	+53%
Programmiersprachen, Programmierung	10,9%	11,4%	12,3%	+113%
EDV, Informatik – allgemein	7,0%	6,4%	6,5%	+76%
Systemanalyse, Software-Entwicklung, -Engineering	2,6%	2,6%	2,6%	+86%
Dienst- und Hilfsprogramme, Systemoperating	4,5%	3,9%	2,4%	-1 %
Expertensysteme, Künstl. Intelligenz – Datensicherung	1,1%	0,9%	1,0%	+73%
EDV-Projekt-, -Informationsmanagement, EDV-Org.	0,7%	0,5%	0,6%	+63%
Angebote in andere Themengebieten				
Rechtslehrgänge – branchen- und funktionsbezogen	0,3%	0,3%	0,4%	+143%
Management, Unternehmensplanung, Projektmanagement	0,3%	0,3%	0,3%	+80%
Arbeitsrecht, Sozialrecht	0,3%	0,2%	0,2%	+6%
Qualitätstechnik, -sicherung, -prüfung, -kontrolle	0,1%	0,1%	0,1%	+61%
Übrige Themen	0,2%	0,2%	0,2%	+52%

Quelle: Datenbank KURS der Bundesanstalt für Arbeit (Stand jeweils Januar), Berechnungen des Bundesinstituts für Berufsbildung, A 2.2

Tab. 3:
Thematische Angebotsschwerpunkte für IT-Fachkräfte

Internet und Internetprogrammierung: Die Veranstaltungen zum Internet (7.550) haben überwiegend einführenden Charakter und vermitteln Grundlagen für den Internet-Einstieg für Unternehmen bzw. wenden sich an spezielle Zielgruppen. Weitere häufiger angebotene Themen sind gezielte Recherchen im Internet sowie die Internet-Browser MS Internet-Explorer und Netscape Communicator (siehe Abbildung 3). Bei den Veranstaltungen zur Internetprogrammierung (11.300) steht das Erlernen und die Anwendung von Internet-Sprachen im Vordergrund (rund 6.250). An der Spitze stehen HTML (rund 1850

Veranstaltungen) und XML (rund 1370), gefolgt von Angeboten zur dynamischen Internetprogrammierung mit ASP (rund 780) sowie PHP und MySQL (rund 400). Den zweiten Block bilden Angebote zur Webseitenerstellung (rund 4830), angeführt von den Softwareprogrammen MS Front Page (2080) und Macromedia Dreamweaver (1010). Von den insgesamt rund 21.000 Veranstaltungen zum Internet und der Internetprogrammierung sind lediglich 433 abschlussbezogen. Von diesen qualifizieren rund vier von zehn Veranstaltungen zum Internet-Fachmann, -Assistent, -Techniker, -Supporter, -Betreuer, -Systemspezialist. Ein Drittel vermittelt den Abschluss Web-Master, -Administrator, jede sechste den Abschluss Web-Designer. Der von der Zahl der Veranstaltungen her größte Bereich, die Internetprogrammierung, steht bei den Abschlüssen dagegen ganz am Ende. Lediglich 37 Veranstaltungen vermitteln einen Abschluss als Online-, Internet-, Web-Programmierer/-Entwickler/-Developer.

Netzwerke: In diesem Bereich steht nicht der operative Betrieb von Netzwerken im Vordergrund. An der Spitze stehen Veranstaltungen zu Client/Server-Konzepten (3.640), deren Anzahl sich seit Januar 2001 fast verdreifacht hat, es folgen die Themen Sicherheit in netzwerkgestützten Informationssystemen (3.020) – hier hat sich die Anzahl sogar mehr als vervierfacht – und Netzwerk-Technologien (2880). Mehr dem operativen Bereich zugeordnet sind die Themen Netzwerkbetriebssystem Novell Netware, Exchange Server von Microsoft, Netzwerkübertragungsprotokoll sowie Netzadministration bzw. –management.

Qualifikationen über **Betriebssysteme** vermittelt knapp jedes vierte Angebot (rund 24.700). Bei diesen dominieren mit einem Anteil von 72% Angebote zu den MS-Windows Betriebssystemen und davon weitaus am häufigsten MS-Windows 2000 (rund 11.200). Daneben entfällt ein nennenswerter Anteil (rund 17%) lediglich noch auf das Betriebssystem Linux, das bei der Zahl der Angebote (2003 rund 4.150) von 2001 bis 2003 überdurchschnittlich zulegen konnte.

Auch im Bereich **Datenbanken** (rund 14.500 Veranstaltungen) haben mit MS-Access und MS-SQL-Server Produkte von Microsoft die Nase vorn und stellen einen Anteil von knapp 64% der Angebote in diesem Bereich. Zahlenmäßig von Gewicht sind daneben noch die Angebote zum Datenbanksystem Oracle mit einem Anteil von knapp 13%.

Beim Themengebiet **Programmiersprachen** mit rund 13.200 Veranstaltungen entfallen knapp zwei Drittel aller Angebote auf die Sprachen: Java (29,5%), Basic (25%), C++ (20%). Von 2001 bis 2003 hat das Angebot zu Programmiersprachen überdurchschnittlich zugenommen.

Neben den IT-Kernbereichen in der Weiterbildung werden auch noch in **anderen Themengebieten** Bildungsmaßnahmen für IT-Fachkräfte angeboten (siehe Tabelle 3). Die Anzahl der Veranstaltungen stieg von nicht ganz 700 Angeboten 2001 auf rund 1.150 in 2003 an. Die Schwerpunkte liegen bei Veranstaltungen zu rechtlichen Fragen einschließlich Arbeits- und Sozialrecht sowie bei Angeboten für das IT-Management einschließlich Projektmanagement. Mit deutlichem Abstand folgen Lehrgänge zu den „Soft Skills", zum Qualitätsmanagement und zu weiteren Bereichen.

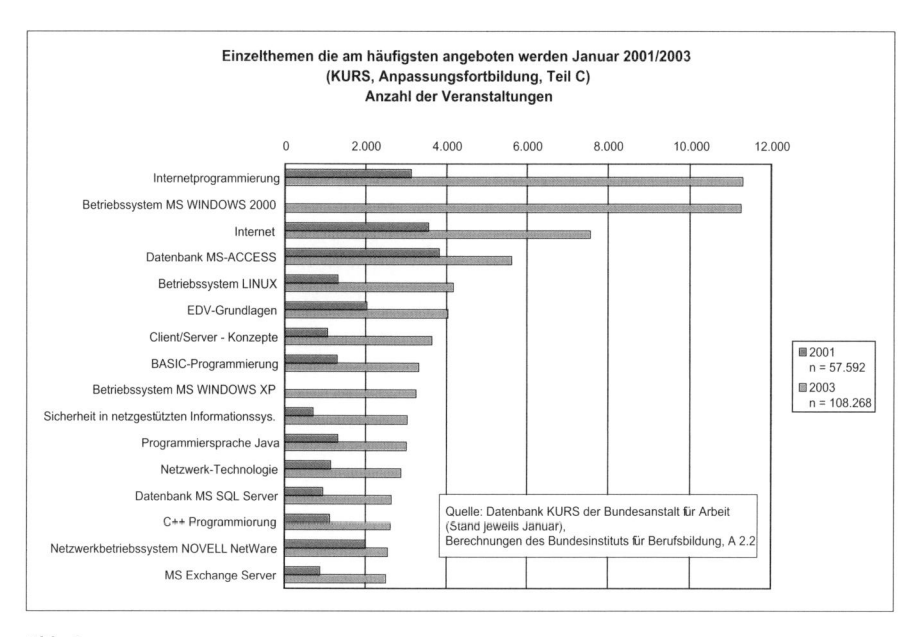

Abb. 3:
Einzelthemen mit den meisten Veranstaltungsangeboten

Welche Einzelthemen vom Umfang her (hier: Prozentanteil von mindestens 2%, Januar 2003) am meisten angeboten werden und wie sich diese von Januar 2001 bis Januar 2003 entwickelt haben, zeigt Abbildung 3.

Die sechzehn von der Anzahl der angebotenen Veranstaltungen her gewichtigsten Einzelthemen haben von 2001 bis 2003 auch überdurchschnittlich zugenommen und stellen 2003 zwei Drittel der Angebote in der Anpassungsfortbildung für IT-Fachkräfte. Die Themen haben sich auf dem Weiterbildungsmarkt etabliert und bilden den Kern des Qualifizierungsbedarfs der IT-Fachkräfte.

Mit Windows 2000 und Windows XP sind seit Januar 2001 zwei neue Einzelthemen in diese Spitzengruppe vorgestoßen. Sie lösen Windows NT ab, das 2001 noch bei den Betriebssystemen dominierte. Die Beispiele verdeutlichen die Dynamik in der IT-Weiterbildung. Die höchsten Zuwächse verzeichnen Angebote zur Sicherheit in netzwerkgestützten Informationssystemen (+338%), zur Internetprogrammierung (+265%), zu Client-Server-Konzepten (+251%), Linux (+224%) sowie zu den Microsoft-Produkten MS Exchange Server (+190%) und MS SQL Server (+184%).

Bei den **Zertifizierungen** herrscht noch eine große Vielfalt und Unübersichtlichkeit. Die rund 280 Abschlussbezeichnungen in der IT-Anpassungsfortbildung weisen extreme Unterschiede hinsichtlich der Tiefe und Breite der Qualifikationsprofile auf und sind oft schwer voneinander zu unterscheiden. Lediglich ein Prozent der Veranstaltungen sind mit einer Abschlussbezeichnung versehen, in der Regel aufgrund einer Prüfung oder Tests. Schwerpunkte liegen in den Bereichen System-, Netzwerkadministration, Web-Design und Internet-Anwendungsentwicklung. Von der Anzahl der Abschlussbezeichnungen und Veranstaltungen her sind dies immer noch dreimal so viele wie bei der geregelten Aufstiegsfortbildung und wissenschaftlichen Weiterbildung zusammen. Eine gewisse Vereinheitlichung und mehr Transparenz könnte bei den abschlussbezogenen Angeboten in der IT-Weiterbildung geschaffen werden durch eine Orientierung an den Profilen der neuen IT-Fortbildungsberufe. Denn für die Verberuflichung und Professionalisierung neuer Facharbeitsmärkte und für die Verwertbarkeit von Abschlüssen am Arbeitsmarkt sind gesellschaftlich anerkannte Zertifikate von erheblicher Bedeutung.

3.4 Aufstiegsfortbildung: Angebot zu IT-Fortbildungsberufen

Im Verhältnis zur Anpassungsfortbildung ist das Veranstaltungsangebot bei der Aufstiegsfortbildung extrem dünn gesät. Allerdings wurde ein neues und umfassendes System der Aufstiegsfortbildung im IT-Bereich auch erst im Mai 2002 in Kraft gesetzt. Da mit diesem auch Neuland bei Methoden und Verfahren betreten wurde, muss wohl mit einer längeren Anlaufphase gerechnet werden. Bis Januar 2003 wurde noch keine Veranstaltung zu den neuen IT-Fortbildungsberufen angeboten. Bei den Altregelungen entfallen auf Informatik-Betriebswirte und Wirtschaftsinformatiker knapp zwei Drittel der Veranstaltungen. Knapp ein Drittel entfällt auf Angebote zur technischen Informatik, die seit 2001 am stärksten zugenommen haben.

KURS – Ausgabe Januar, Teil C	Anzahl bzw. Anteil der Veranstaltungen			Zu- bzw. Ab- nahme absolut 2001/ 2003
	2001	2002	2003	
IT-Aufstiegsfortbildung insgesamt	147	160	160	+9%
Betriebs-, Fachwirte, Fachkaufleute	111	118	105	-5%
Informatik-Betriebswirte	25,9%	35,6%	35,6%	+50%
Wirtschaftsinformatiker	36,7%	30,6%	27,5%	-19%
Systemanalytiker, Organisatoren	12,9%	7,5%	2,5%	-79%
Techniker und Sonderfachkräfte	36	42	55	+53%
Informatiker (staatl. gepr.) – Techn. Informatik	16,3%	15,6%	28,1%	+88%
Techniker der Betriebsinformatik	5,4%	8,1%	2,5%	-50%
Informatiker (staatl. gepr.) - Computer- und Komm.tech.	1,4%	1,3%	1,9%	+50%
Informatiker (staatl. gepr.) – CNC-Systemtechnik	1,4%	0,6%	1,3%	0%
Informatiktechniker		0,6%	0,6%	

Quelle: Datenbank KURS der Bundesanstalt für Arbeit (Stand jeweils Januar), Berechnungen des Bundesinstituts für Berufsbildung, A 2.2

Tab. 4:
Schwerpunkte der IT-Aufstiegsfortbildung

3.5 Wissenschaftliche Weiterbildung

Weiterführende Studiengänge an Hochschulen setzen in der Regel den Abschluss eines grundständigen Studiums voraus. Die Themen orientieren sich an den Studienfachrichtungen, die an Hochschulen angeboten werden. Sie vertiefen Teilgebiete derselben (z.B. linguistische Datenverarbeitung, Geoinformatik) oder führen zu höherqualifizierenden bzw. internationalen Abschlüssen (z.B. Master of Computer Science). Das Angebot in der wissenschaftlichen Weiterbildung hat noch eine starke Ausrichtung auf Personen mit anderweitiger Grundbildung, die beispielsweise als Berufspraktiker eine anerkannte Qualifikation für ihr derzeitiges Tätigkeitsfeld erwerben oder die im Anschluss an eine akademische Ausbildung ein Ergänzungsstudium absolvieren wollen zur Verbesserung ihrer Beschäftigungsfähigkeit und ihrer Karriereperspektiven.

Die Mehrzahl der Angebote entfällt auf allgemein gehaltene Aufbau-, Ergänzungs-, Erweiterungs-, Zusatz-, Nachdiplom- und Fernstudiengänge in der allgemeinen bzw. Medieninformatik. Rund jede fünfte Veranstaltung verknüpft Methoden und Verfahren klassischer naturwissenschaftlich-technischer Hochschulfachrichtungen mit denen der Informatik wie z.B. Bio-, Geo-, Medizin-, Ingenieur-, Maschinenbauinformatik („Bindestrichinformatik"). Von annähernd gleichem Umfang sind die Angebote zur Wirtschaftsinformatik.

KURS – Ausgabe Januar, Teil C	Anzahl bzw. Anteil der Veranstaltungen			Zu- bzw. Abnahme absolut 2001/ 2003
	2001	2002	2003	
Wissenschaftliche IT-Weiterbildung insgesamt	285	356	338	+19%
Allgemeine Datenverarbeitung, Informatik (incl. Grundl.)	59,3%	50,6%	57,4%	+15%
Datenverarbeitung, Informatik – tech.-naturwiss. Anwend.	17,5%	20,8%	19,2%	+30%
Wirtschaftsinformatik	19,6%	25,0%	18,9%	+14%
Linguistische Datenverarbeitung	3,5%	3,7%	3,6%	+20%
Medieninformatik	0,0%	0,0%	0,9%	

Quelle: Datenbank KURS der Bundesanstalt für Arbeit (Stand jeweils Januar), Berechnungen des Bundesinstituts für Berufsbildung, A 2.2

Tab. 5:
Schwerpunkte der wissenschaftlichen IT-Weiterbildung

3.6 Anbieter

Die berufliche Weiterbildung hat nicht nur eine große Vielfalt bei den angebotenen Themen, sondern auch bei den Trägern hervorgebracht, die auf dem freien Markt miteinander konkurrieren. Mit zwei von drei aller Veranstaltungsangebote zur Anpassungsfortbildung (Stand Januar 2003) entfallen die meisten auf privatwirtschaftliche Anbieter (siehe Abbildung 4). Bei der IT-Weiterbildung zeigt sich ein ähnliches Bild. Hier ist die Dominanz privater Einrichtungen mit mehr als drei von vier Veranstaltungen noch ausgeprägter. Staatliche Einrichtungen kommen mit rund jeder siebten Veranstaltung an zweiter Stelle und weisen von Januar 2001 bis Januar 2003 die größten Zuwächse auf. Ihr Anteilswert entspricht jetzt dem Durchschnitt. Dagegen liegt der Anteil der Einrichtungen von Kammern und insbesondere von Wirtschafts- und Fachverbänden bei der IT-Weiterbildung deutlich unter dem Durchschnitt. Dies ist ein Zeichen für den noch relativ geringen Organisationsgrad und die noch im Aufbau befindliche Verbandsinfrastruktur im IKT-Sektor.

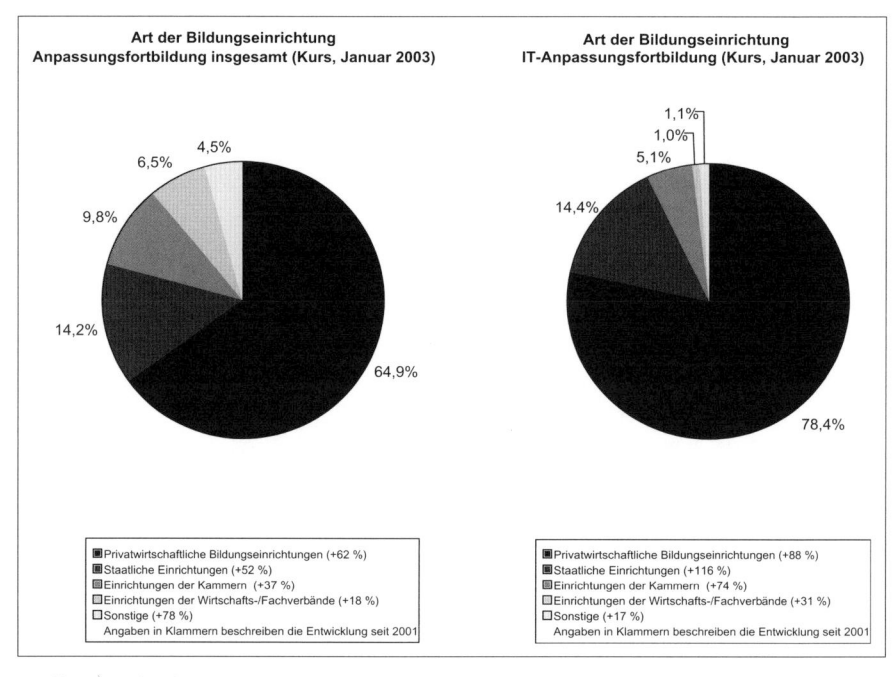

Art der Bildungseinrichtung
Anpassungsfortbildung insgesamt (Kurs, Januar 2003)

- 4,5%
- 6,5%
- 9,8%
- 14,2%
- 64,9%

■ Privatwirtschaftliche Bildungseinrichtungen (+62 %)
■ Staatliche Einrichtungen (+52 %)
☐ Einrichtungen der Kammern (+37 %)
☐ Einrichtungen der Wirtschafts-/Fachverbände (+18 %)
☐ Sonstige (+78 %)
Angaben in Klammern beschreiben die Entwicklung seit 2001

Art der Bildungseinrichtung
IT-Anpassungsfortbildung (Kurs, Januar 2003)

- 1,1%
- 1,0%
- 5,1%
- 14,4%
- 78,4%

■ Privatwirtschaftliche Bildungseinrichtungen (+88 %)
■ Staatliche Einrichtungen (+116 %)
☐ Einrichtungen der Kammern (+74 %)
☐ Einrichtungen der Wirtschafts-/Fachverbände (+31 %)
☐ Sonstige (+17 %)
Angaben in Klammern beschreiben die Entwicklung seit 2001

Quelle: Datenbank KURS der Bundesanstalt für Arbeit (Stand jeweils Januar), Berechnungen des Bundesinstituts für Berufsbildung, A 2.2

Abb. 4:
Art der Bildungseinrichtung (Anpassungsfortbildung)

Bei der IT-Aufstiegsfortbildung liegt der Anteil der Bildungseinrichtungen von Kammern und Wirtschafts- und Fachverbänden noch deutlicher unter dem Durchschnitt als bei der Anpassungsfortbildung, auch privatwirtschaftliche Anbieter treten hier kaum als Anbieter auf. Gerade die beiden zuerst genannten scheinen aber wesentlich dazu beizutragen, dass Standards und Fortbildungsberufe entwickelt und mit hoher Akzeptanz am Markt angeboten werden. Bisher wird die IT-Aufstiegsfortbildung hauptsächlich von Verwaltungs- und Wirtschaftsakademien und Fachschulen ausgerichtet, die z.B. drei von vier Veranstaltungen zum Informatik-Betriebswirt/Wirtschaftsinformatiker anbieten. Die Frage stellt sich daher, ob das dürftige Veranstaltungsangebot bei der IT-Aufstiegsfortbildung möglicherweise nicht allein an dem bis 2002 unzureichenden Angebot an Fortbildungsberufen liegt, sondern auch an der Zurückhaltung der Kammern, Wirtschafts- und Fachverbände und privaten Bildungsdienstleister. Es wird sich noch zeigen, ob die neuen IT-Fortbildungsberufe ähnlichen Zuspruch und Anerkennung erhalten wie die IT-Ausbildungsberufe und Bildungseinrichtungen auf dem Weiterbildungsmarkt eine nennenswerte Anzahl an entsprechenden Angeboten bereitstellen.

Die wissenschaftliche Weiterbildung im IT-Bereich findet in etwa zu gleichen Teilen an Universitäten und Fachhochschulen statt. Auf private Träger, sonstige Hochschulen und andere wissenschaftliche Einrichtungen entfallen zusammen 6,5% des Angebots.

3.7 Veranstaltungsdauer

Bei den Angeboten zur Anpassung und Erweiterung der beruflichen Kenntnisse geht der Trend hin zu kurzzeitigeren Veranstaltungen (siehe Abbildung 5). Mehr als jede zweite dauerte maximal drei Tage, sieben von zehn nicht länger als eine Woche (KURS, Januar 2003). Der Anteil umfassenderer Qualifizierungsangebote ist dagegen rückläufig. Länger als sechs Monate dauerte im Januar 2003 nur rund jedes zwanzigste Veranstaltungsangebot. Im IT-Bereich ist der Anteil kurzzeitiger Veranstaltungen (maximal eine Woche) mit über 80% konstant und überdurchschnittlich hoch; der Anteil länger dauernder Maßnahmen ist dagegen rückläufig und liegt deutlich unter dem Durchschnitt. Immerhin sind dies im Januar 2003 noch 1.725 Veranstaltungen. Es sind dies überwiegend von Arbeitsämtern geförderte Lehrgänge, die neben Grundlagenwissen in der Informatik eine abgeschlossene Qualifikation für ein IT-Kernaufgabengebiet vermitteln.

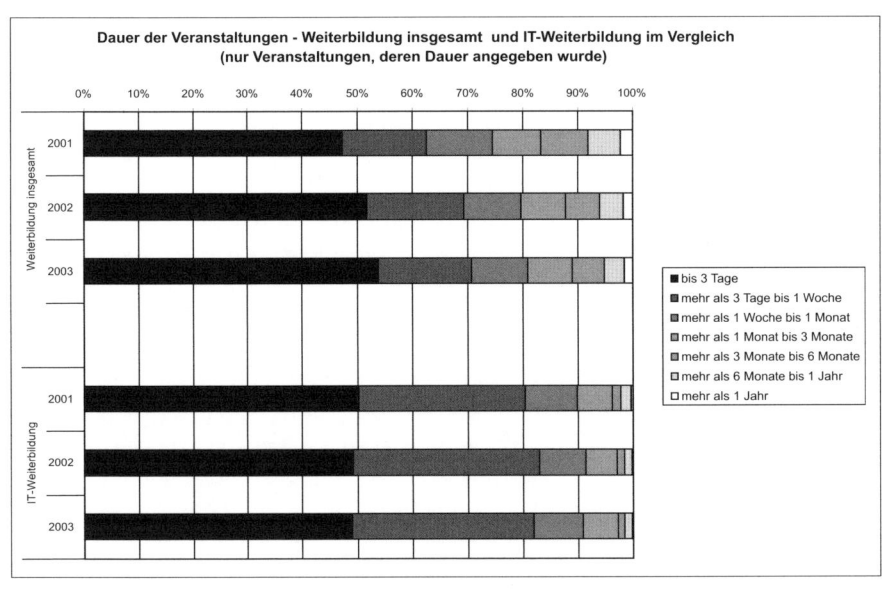

Quelle: Datenbank KURS der Bundesanstalt für Arbeit (Stand jeweils Januar), Berechnungen des Bundesinstituts für Berufsbildung, A 2.2

Abb. 5:
Dauer der Veranstaltungen (Anpassungsfortbildung)

Bei der Aufstiegs- und wissenschaftlichen Weiterbildung zeigt sich wie zu erwarten ein entgegengesetztes Bild. Hier liegt der Schwerpunkt bei ein bis zwei Jahren. Veranstaltungen mit einer Dauer von unter einem Jahr kommen mit rund 12 % am häufigsten noch in der wissenschaftlichen Weiterbildung vor.

3.8 Unterrichtsformen

Die Vorreiterrolle der Weiterbildung zeigt sich vor allem bei der Anpassungsfortbildung. Eine Weiterbildung, die möglichst direkt verwertbares Anwendungswissen für die Arbeit am Arbeitsplatz vermittelt, wie Inhouse-Seminare und Angebote, die flexible, moderne Lernformen einsetzen, wie multimediale Lernangebote, werden fast ausschließlich in der Anpassungsfortbildung angeboten und hier überdurchschnittlich in der IT-Weiterbildung. So wird bereits rund jedes fünfte Weiterbildungsangebot als Inhouse-Seminar angeboten. Der Anteil multimedialer Lernangebote liegt in der IT-Weiterbildung über dem Durchschnitt.

KURS – Ausgabe Januar, Teil C	Insgesamt				IT-Weiterbildung			
	Anzahl bzw. Anteil der Veranstaltungen			Zu- bzw. Abnahme absolut 2001/2003	Anzahl bzw. Anteil der Veranstaltungen			Zu- bzw. Abnahme absolut 2001/2003
	2001	2002	2003		2001	2002	2003	
Weiterbildungsveranstaltungen insgesamt	287.217	391.392	430.415	+50 %	57.160	98.155	107.770	+89 %
Vollzeit	50,1 %	50,5 %	50,9 %	+52 %	57,1 %	59,3 %	57,9 %	+91 %
Teilzeit	21,8 %	18,4 %	16,5 %	+13 %	14,7 %	13,0 %	12,4 %	+58 %
Inhouse-Seminar	14,5 %	16,4 %	18,2 %	+88 %	18,2 %	16,9 %	20,3 %	+110 %
Wochenendveranstaltungen	8,9 %	9,2 %	9,3 %	+56 %	5,6 %	5,7 %	5,5 %	+88 %
Blockunterricht	0,9 %	1,2 %	1,4 %	+130 %	0,1 %	0,1 %	0,1 %	+7 %
Multimediales Lernen	0,8 %	1,4 %	1,2 %	+126 %	1,7 %	3,1 %	2,4 %	+169 %
Fernunterricht/-studium	0,5 %	0,4 %	0,4 %	+20 %	0,3 %	0,2 %	0,2 %	+15 %
Sonstige/nicht zugeordnet	2,5 %	2,4 %	2,2 %	+39 %	2,2 %	1,7 %	1,2 %	+3 %

Quelle: Datenbank KURS der Bundesanstalt für Arbeit (Stand jeweils Januar), Berechnungen des Bundesinstituts für Berufsbildung, A 2.2

Tab. 6:
Unterrichtsformen in der Anpassungsfortbildung für IT-Fachkräfte

3.9 Regionale Schwerpunkte

Die Zahl der Weiterbildungsangebote hat von 2001 bis 2003 vor allem in den westdeutschen Bundesländern zugenommen (siehe Tabelle 7). Die ostdeutschen Bundesländer haben nur unterdurchschnittlich an dieser Entwicklung partizipiert, in Mecklenburg-Vorpommern ging die Zahl der Veranstaltungen gegen den Trend sogar zurück. Bei der IT-Weiterbildung dagegen weisen die ostdeutschen Bundesländer überdurchschnittliche Zuwächse seit 2001 auf und haben

Anpassungs-fortbildung (KURS, Teil C, Ausgabe Januar)	Insgesamt				IT-Weiterbildung				Soz'ver-s'pfl' Beschäftigte und Arbeitslose (2002)
	Anzahl bzw. Anteil der Veranstaltungen (Januar)			Entwicklung (2001/2003)	Anzahl bzw. Anteil der Veranstaltungen (Januar)			Entwicklung (2001/2003)	
	2001	2002	2003		2001	2002	2003		
Alle Bundesländer*	193.059	295.710	262.866	+36%	57.160	98.155	107.770	+89%	31.525.508
Baden-Württemberg	15,5%	15,5%	15,6%	+37%	17,3%	16,6%	15,5%	+70%	13,1%
Bayern	15,4%	16,2%	15,9%	+41%	19,4%	18,2%	17,8%	+74%	15,1%
Bremen	1,0%	1,2%	1,2%	+72%	0,5%	0,8%	0,9%	+267%	1,0%
Hamburg	3,4%	4,5%	3,7%	+48%	4,9%	5,8%	4,7%	+80%	2,7%
Hessen	8,3%	8,8%	9,4%	+55%	10,3%	9,2%	11,4%	+109%	7,6%
Niedersachsen	6,4%	6,4%	6,7%	+43%	5,0%	5,2%	4,9%	+87%	8,8%
Nordrhein-Westfalen	21,2%	21,4%	20,3%	+30%	20,5%	22,4%	20,9%	+93%	21,2%
Rheinland-Pfalz	3,8%	3,9%	4,0%	+45%	4,2%	4,0%	4,0%	+80%	4,2%
Saarland	1,5%	1,4%	1,5%	+29%	1,0%	1,3%	1,6%	+209%	1,3%
Schleswig-Holstein	2,7%	2,6%	3,1%	+57%	3,0%	2,5%	3,1%	+91%	2,9%
Westdeutschland	79,2%	81,9%	81,5%	+40%	86,0%	85,9%	84,7%	+86%	78,0%
Berlin	5,2%	5,5%	5,3%	+40%	7,6%	7,2%	7,1%	+77%	4,4%
Brandenburg	2,9%	2,5%	2,5%	+19%	1,2%	1,5%	1,6%	+145%	3,1%
Mecklenburg-Vorpomm.	2,4%	1,2%	1,3%	-30%	0,8%	0,6%	0,7%	+65%	2,3%
Sachsen	5,1%	4,6%	5,0%	+34%	2,2%	3,0%	3,4%	+198%	5,8%
Sachsen-Anhalt	2,5%	2,0%	2,0%	+9%	1,0%	0,7%	0,8%	+52%	3,3%
Thüringen	2,7%	2,3%	2,4%	+20%	1,2%	1,2%	1,7%	+165%	3,1%
Ostdeutschland	20,8%	18,1%	18,5%	+21%	14,0%	14,1%	15,3%	+107%	22,0%

Quelle: Datenbank KURS der Bundesanstalt für Arbeit (Stand jeweils Januar), Berechnungen des Bundesinstituts für Berufsbildung, A 2.2
* Veranstaltungen ohne Ortsangabe (u.a. Inhouse-Seminare) und im Ausland sind nicht enthalten.

Tab. 7:
Regionale Verteilung der Veranstaltungen (Anpassungsfortbildung)

aufholen können – allerdings von relativ niedrigem Niveau. Ihr Anteil an der IT-Weiterbildung liegt 2003 mit Ausnahme von Berlin immer noch deutlich unter dem Durchschnitt. Bemerkenswert ist dennoch, dass die Wachstumsdelle bei der „New Economy" bei den meisten Ländern mit unterdurchschnittlichem Anteil an der IT-Weiterbildung zu keiner Beeinträchtigung des Wachstums an Weiterbildungsangeboten führte. Dagegen hat die Wachstumsdynamik bei den meisten Ländern mit überdurchschnittlichem IT-Anteil nachgelassen. Im Vergleich zum Anteil an allen Weiterbildungsangeboten weisen Hessen, Bayern, Berlin und Hamburg einen überdurchschnittlichen IT-Anteil auf.

Als Kriterium, ob der Anteil eines Bundeslandes relativ hoch oder niedrig ist, kann der Vergleich mit dem Anteil eines Landes an allen sozialversicherungspflichtig Beschäftigten und Arbeitslosen[8], den potenziellen Teilnehmern an beruflicher Weiterbildung, herangezogen werden. Der Vergleich bestätigt das Bild. Er zeigt darüber hinaus, dass Baden-Württemberg bei der beruflichen Weiterbildung insgesamt und im IT-Bereich zur Spitzengruppe zählt, wohingegen Niedersachsen insbesondere bei der IT-Weiterbildung deutlich abfällt.

4 Zusammenfassung

Die IT-Kernberufe haben, sowohl was die Zahl der Beschäftigten wie insbesondere die Zahl der Auszubildenden angeht, gegen den Trend seit 1993 deutlich zugenommen, in den westdeutschen Bundesländern mehr noch als in den ostdeutschen. Wenn auch der Boom mit der Krise der New Economy am Aktienmarkt erst einmal einen Dämpfer erhalten hat, ist ein Ende des Wachstums noch nicht in Sicht, auch nicht bei der Ausbildung. Die Relation Auszubildende/Beschäftigte bei den IT-Kernberufen liegt 2002 mit 5,9% noch unter dem Durchschnitt von 6,2%. Das starke Beschäftigungswachstum bei den IT-Dienstleistern, das bislang nicht zu Lasten der Beschäftigung in den anderen Wirtschaftszweigen geht, signalisiert eine weiter andauernde Nachfrage nach professionellen IT-Dienstleistungen und IT-Fachkräften. Die steigende Zahl der IT-Fachkräfte und die Dynamik der Entwicklung neuer Anwendungen und neuer Software sorgen weiter für einen hohen Bedarf an beruflicher Weiterbildung in der IKT.

Mit einem Anteil von 99% dominiert die Anpassungsfortbildung, deren Zahl weiter zunimmt. Schwerpunkte der Fachkräftequalifizierung liegen in den Bereichen Internet/-programmierung, netzwerkgestützte Informationssysteme und Betriebssysteme sowie außerhalb der IT-Kerngebiete bei rechtlichen Themen, Kursen zum Projektmanagement und zur Qualitätssicherung. Das Angebot in der geregelten Aufstiegs- und wissenschaftlichen Weiterbildung nimmt dagegen nur geringfügig zu und im IT-Bereich kann das Angebot als defizitär bezeichnet werden. Für die Professionalisierung eines neuen Facharbeitsmarktes ist eine Verberuflichung, das heißt das Vorhandensein gesellschaftlich anerkannter Zertifikate, aber von eminenter Bedeutung. Hier gilt es noch unausgeschöpftes Potenzial zu aktivieren. Die Voraussetzungen hierfür wurden mit der Verabschiedung der neuen IT-Fortbildungsberufe geschaffen. Es wird sich allerdings noch zeigen, ob neben den innerbetrieblichen Angeboten von Unternehmen für die eigenen Mitarbeiter/-innen es auch zu einem deutlichen Zuwachs an Veranstaltungsangeboten auf dem Weiterbildungsmarkt kommen wird. Hierzu müssten insbesondere die auf dem Feld der Aufstiegsfortbildung sonst so aktiven Einrichtungen von Kammern und Wirtschafts- und Fachverbänden ihr Veranstaltungsangebot zur IT-Aufstiegsfortbildung deutlich ausweiten.

Die auf dem Weiterbildungsmarkt angebotene berufliche Weiterbildung folgt einem Trend zur Ökonomisierung. Kurzzeitige und auf den unmittelbaren Transfer der erworbenen Kenntnisse und Fertigkeiten am Arbeitsplatz ausgerichtete Weiterbildungsangebote nehmen zu, bei der IT-Weiterbildung stärker noch als im Durchschnitt. Mehr als jede zweite Veranstaltung für IT-Fachkräfte dauert weniger als drei Tage, bereits jede fünfte wird als Inhouse-Seminar angeboten. Der Trend ist umso ausgeprägter, je höher der Anteil der Angebote privater Bildungseinrichtungen ist. Bei der IT-Weiterbildung ist dies bei mehr als drei von vier Veranstaltungen der Fall (Januar 2003). Charakteristisch für die IT-Anpassungsfortbildung sind ein- bis fünftägige Veranstaltungen, die überwiegend in Vollzeit bzw. als Inhouse-Seminar angeboten werden. Bei der IT-Aufstiegsfortbildung und wissenschaftlichen Weiterbildung dominieren ein- bis zweijährige Angebote mit anerkannten Abschlüssen. Die Wachstumsdynamik beim IT-Weiterbildungsangebot blieb in Ostdeutschland von der Wachstumsdelle bei der „New Economy" unbeeinflusst, so dass ostdeutsche Bundesländer bei dem IT-Weiterbildungsangebot aufholen konnten. Ihr Anteil liegt aber immer noch deutlich unter dem Durchschnitt. Nur rund jede siebte Veranstaltung wird in Ostdeutschland angeboten. Das bekannte auch auf die Beschäftigung und Arbeitslosigkeit zutreffende Bild eines Nord-Süd und Ost-West Gefälles prägt auch das Weiterbildungsangebot.

Anmerkungen

[1] Dies sind die Ausbildungsberufe Informatiker/-in, Informatikkaufmann/-kauffrau, IT-Systemkaufmann/-kauffrau und IT-Systemelektroniker/-in. Letzterer ist aufgrund abweichender berufssystematischer Zuordnung in der Berufsklassifikation aus Gründen der Vergleichbarkeit der Angaben zur Ausbildung und zur Beschäftigung in Tabelle 1 nicht berücksichtigt. 2002 gab es in diesem Beruf 9.351 Auszubildende.

[2] Der Weiterbildungsbegriff wird unterschiedlich breit definiert, und die Datenlage zur Weiterbildung ist uneinheitlich und unvollständig. Die Kultusministerkonferenz definiert Weiterbildung in ihrer vierten Empfehlung vom 1.2.2001 als die „Fortsetzung oder Wiederaufnahme organisierten Lernens nach Abschluss einer unterschiedlich ausgedehnten Bildungsphase und in der Regel nach Aufnahme einer Erwerbs- oder Familientätigkeit. Weiterbildung liegt auch vor, wenn die Einzelnen ihr Lernen selbst steuern. Weiterbildung umfasst die allgemeine, berufliche, politische, kulturelle und wissenschaftliche Weiterbildung". Siehe: Vierte Empfehlung der Kultusministerkonferenz zur Weiterbildung von 1.2.2001. Hrsg. vom Sekretariat der Ständigen Konferenz der Kultusminister der Länder der Bundesrepublik, Bonn. Zur Datenlage siehe L. Bellmann: Datenlage und Interpretation der Weiterbildung in Deutschland, Schriftenreihe der Expertenkommission Finanzierung Lebenslanges Lernen, Band 2; R. Blödel: Trends der Weiterbildungsforschung, in: GdWZ: Grundlagen der Weiterbildung, 13.Jg., Heft 4, August 2002, S. 137 f.; S. Seidel: Zur Datenlage in der beruflichen Weiterbildung – Ein Überblick, in: GdWZ, a.a.O. S. 155 f.

[3] Siehe hierzu das vom BMBF geförderte im Aufbau befindliche Online-Weiterbildungsportal „Infoweb" (www.iwwb.de) sowie Feller, G., Schade, H.-J.: Transparenz des Weiterbildungsangebotes (Datenbanken), in: Handbuch der Aus- und Weiterbildung.

[4] Zur betrieblichen Weiterbildung siehe den nachfolgenden Artikel von C. Brzinsky und R. Mytzek: EDV und Informationstechnologie in der betrieblichen Weiterbildung in Europa sowie U. Grünewald, D. Moraal, G. Schönfeld (Hrsg.): Betriebliche Weiterbildung in Deutschland und Europa, 2003.

[5] Es sind immer weibliche und männliche Personen gemeint.

[6] BMBF (Hrsg.): IT-Weiterbildung mit System. Bonn, 2002.

[7] IT-Fachkräfte werden für die Entwicklung aufgaben- bzw. branchenspezifischer Softwareanwendungen und deren Implementierung in den Unternehmen, für die Bereitstellung, den Betrieb, die Sicherheit und Pflege vernetzter Informations- und Kommunikationssysteme, für Beratung und Vertrieb der Hard- und Software sowie für Systementwicklung und -management benötigt. Sie sind im Kernbereich der Informations- und Kommunikationstechnologie tätig und stellen IT-Ressourcen für IT-Anwender bereit. Letztere sind dadurch charakterisiert, dass von ihrer Tätigkeit üblicherweise keine weiteren Nutzer abhängen. Die Übergänge zwischen den beiden Gruppen sind aber durchaus fließend.

[8] Selbständige und Beamte sind in der Beschäftigtenstatistik nicht erfasst. Die Nichtberücksichtigung beeinflusst die Strukturen jedoch nicht wesentlich.

Literatur

Bellmann, L.: Datenlage und Interpretation der Weiterbildung in Deutschland. Hrsg.: Expertenkommission Finanzierung Lebenslanges Lernen, Band 2. Bielefeld, 2003.

Bellmann, L.; Düll, H.; Leber, U.: Zur Entwicklung der betrieblichen Weiterbildungsaktivitäten - eine empirische Untersuchung auf der Basis des IAB-Betriebspanels. In: Reinberg, Alexander (Hrsg.): Arbeitsmarktrelevante Aspekte der Bildungspolitik, BeitrAB 245. Nürnberg, 2001.

Blödel, R.: Trends der Weiterbildungsforschung. In: GdWZ: Grundlagen der Weiterbildung, 13.Jg., Heft 4, August 2002, S. 137 f.

BMBF (Hrsg.): Berichtssystem Weiterbildung VIII. Erste Ergebnisse der Repräsentativbefragung zur Weiterbildungssituation in Deutschland. Bonn, 2001.

BMBF (Hrsg.): IT-Weiterbildung mit System. Bonn, 2002.

Feller, G., Schade, H.-J.: Transparenz des Weiterbildungsangebotes (Datenbanken). In: Kreklau, C.;Siegers, J. (Hrsg.): Handbuch der Aus- und Weiterbildung, 149. Erg.-Lfg., Köln, Deutscher Wirtschaftsdienst 2003.

Grünewald, U., Moraal, D., Schönfeld, G. (Hrsg.): Betriebliche Weiterbildung in Deutschland und Europa. Bielefeld, 2003.

Seidel, S.: Zur Datenlage in der beruflichen Weiterbildung – Ein Überblick. In: GdWZ: Grundlagen der Weiterbildung, 13.Jg., Heft 4, August 2002, S. 155 f.

Sekretariat der Ständigen Konferenz der Kultusminister der Länder der Bundesrepublik (Hrsg.): Vierte Empfehlung der Kultusministerkonferenz zur Weiterbildung vom 1.2.2001, Bonn.

Christian Brzinsky, Ralf Mytzek

EDV und Informationstechnologie in der betrieblichen Weiterbildung in Europa

1 Einleitung

Der Qualifikationsbedarf von europäischen Unternehmen ist vor dem Hintergrund der Internationalisierung, des beschleunigten Strukturwandels und der damit einher gehenden Informatisierung der Arbeitswelt allein durch die Modernisierung der beruflichen Erstausbildung nicht zu decken. Die betriebliche Weiterbildung erlangt daher eine Schlüsselposition bei der Anpassung an den aktuellen und zukünftigen Qualifikationsbedarf in informations- und kommunikationstechnischen Bereichen.[1] Hinzu kommt, dass hier ein struktureller Fachkräftemangel besteht[2], der in nahezu allen Wirtschaftszweigen erkennbar ist[3]. Der Reduzierung dieses „e-skill gap" kommt eine entscheidende Bedeutung für die Nutzung von aktuellen und zukünftigen Wachstumspotenzialen zu, die von den modernen Informations- und Kommunikationstechnologien ausgehen.[4]

Der Einsatz von Informationstechnologie (IT) und der damit einhergehende Qualifikationsbedarf bei den Beschäftigen ist nicht auf einzelne Wirtschaftszweige beschränkt, sondern ist in allen Branchen der europäischen Volkswirtschaften zu beobachten. Um die Verbreitung und Nutzung von Informationstechnologie darzustellen, werden im vorliegenden Beitrag international vergleichende Sekundäranalysen auf der Basis von Eurostat-Daten (Eurostat 2002) ausgewertet. Darüber hinaus wird auf Basis der aktuellen europaweiten Unternehmensbefragung (Continuing Vocational Training Survey 2 – CVTS 2) der aktuelle Bedarf an Qualifikationen untersucht, die in Zusammenhang mit der Nutzung und Verbreitung von elektronischer Datenverarbeitung und dem Internet am Arbeitsplatz stehen.

Der vorliegende Beitrag geht von folgenden Annahmen aus: Die Verbreitung von Informationstechnologien in Unternehmen steht in direktem Zusammenhang mit der Notwendigkeit zur Weiterbildung von Mitarbeitern in entsprechenden Bereichen. In dieser Perspektive ist diese Verbreitung ein indirektes Maß für die Nachfrage nach Qualifikationen im Bereich der Informationstechnologien. Ein Ungleichgewicht zwischen der Nachfrage nach spezifischen Qualifikationen und deren Angebot auf Seiten der Beschäftigten führt zur Notwendigkeit, zusätzliche Qualifikationen in den entsprechenden Bereichen zu vermitteln. Dies kann im Rahmen von formeller Weiterbildung, aber auch in Form von arbeitsbegleitendem Lernen oder anderen informellen Lernprozessen geschehen. Weiterbildungsaktivitäten von Unternehmen und deren inhaltliche Ausrichtung können in diesen Fällen als Indikator für den manifesten Qualifikationsbedarf der Unternehmen zum Zeitpunkt der Befragung herangezogen werden.

Der Vergleich der betrieblichen Weiterbildungsaktivitäten in Europa und die Verbreitung von Informationstechnologie in Unternehmen zeigen, dass zwischen den europäischen Ländern erhebliche Unterschiede bestehen. So können Ländergruppen mit starker, mittlerer und geringer Verbreitung von Informationstechnologien identifiziert werden. Anschließend wird die Verbreitung von Informationstechnologien mit dem Anteil von IT-Inhalten an der betrieblichen Weiterbildung verglichen.

Kapitel 2 dieses Beitrags beschreibt die der Analyse zugrunde liegende statistische Datenbasis. Kapitel 3 gibt einen Überblick über nationale Unterschiede bei der Verbreitung von Informationstechnologien und der Weiterbildungsaktivitäten in europäischen Unternehmen. In Kapitel 4 werden betriebliche Weiterbildungsaktivitäten in verschiedenen Sektoren in ausgewählten europäischen Ländern untersucht. Unterschiede in der betrieblichen Weiterbildung nach Betriebsgrößen werden in Kapitel 5 beleuchtet. Kapitel 6 fasst die wichtigsten Ergebnisse der statistischen Analysen zusammen und interpretiert die gefundenen Unterschiede.

2 Datenbasis

Die Daten, die hier in Bezug auf Weiterbildungsaktivität ausgewertet werden, sind aus der Zweiten Europäischen Erhebung zur beruflichen Weiterbildung CVTS 2 hervorgegangen.[5] Diese Unternehmensbefragung wurde im Jahr 2000 in 25 europäischen Ländern[6] durchgeführt und erfasst Daten für das Jahr 1999. Eine erste Erhebung zur beruflichen Weiterbildung (CVTS 1) fand 1994 statt, erstreckte sich allerdings nur auf die damals 12 Mitgliedsländer der Europäischen Union und umfasste eine geringere Zahl an Variablen.

Zu den Zielen von CVTS gehört vor allem die Bereitstellung von international vergleichbaren Daten über die qualitative und quantitative Struktur der beruflichen Weiterbildung. Sowohl auf europäischer als auch auf nationaler Ebene existierten bisher nicht genügend Datenquellen, um dieses zu gewährleisten. Eine regelmäßige Durchführung von CVTS ist deshalb von der Europäischen Kommission geplant. Mit der Befragung der Unternehmen wurden die statistischen Ämter der teilnehmenden Länder beauftragt, während die wissenschaftliche Auswertung von einer Gruppe von Forschungsinstituten[7] übernommen wurde.

Weiterbildung umfasst im Rahmen von CVTS Weiterbildungsmaßnahmen oder -aktivitäten, die ganz oder zum Teil von den Unternehmen für ihre Beschäftigen finanziert werden.[8] Dabei werden sowohl Lehrveranstaltungen im klassischen Sinne (Kurse, Seminare etc.) als auch andere Formen der beruflichen Weiterbildung (Job-Rotation, Qualitätszirkel etc.) abgefragt.

Um die Empirie in den europäischen Ländern möglichst umfassend abzubilden, wurden eine Reihe von Aspekten der Weiterbildung erhoben. Hierzu zählen Angaben zur Weiterbildungspolitik bzw. -konzeption von Unternehmen ebenso wie zu Kosten, Teilnahme, Zeitaufwand, Themen sowie zu Anbietern beruflicher Weiterbildung. Alle Fragen aus dem Survey sind differenzierbar nach Ländern, Unternehmensgröße sowie Wirtschaftszweig.[9]

Die Unternehmen werden nach ihrer Größe in sechs Kategorien eingeteilt, wobei als Einschränkung zu beachten ist, dass nur Unternehmen mit mehr als 10 Beschäftigten in den Survey Eingang fanden. In früheren Untersuchungen zur beruflichen Weiterbildung hat sich die Variable Unternehmensgröße stets als eine entscheidende Einflussvariable herausgestellt.

Die Querschnittsgröße Wirtschaftszweig untergliedert sich in zwanzig Kategorien, die sich an der europäischen Standardklassifikation NACE orientieren. Wichtig ist in diesem Zusammenhang, dass aus verschiedenen Gründen einige Wirtschaftsbereiche ausgeschlossen worden sind. Dazu gehören z.B. Land- und Forstwirtschaft, öffentliche Verwaltung sowie der Gesundheitsbereich. Gründe für den Ausschluss sind in den meisten Fällen die mangelnde Vergleichbarkeit, da die nationalen Unterschiede zu groß sind.[10]

Von den in CVTS 2 vorhandenen Variablen ist für diesen Beitrag die Frage nach den Weiterbildungsinhalten verwendet worden, in der die Anteile verschiedener Weiterbildungsfelder abgefragt werden. Dazu gehört auch die Kategorie „EDV/Informationstechnik", die hier ausgewertet wird. Die Anteile beziehen sich auf die Teilnahmestunden der Mitarbeiter/innen an den oben beschriebenen Formen der beruflichen Weiterbildung und bilden einen validen Indikator für das Ausmaß von IT-Weiterbildung.

Bei der Interpretation der Daten ist darauf hinzuweisen, dass es sich bei allen Angaben aufgrund von Datenschutzbestimmungen um relative Zahlen handelt. Das hat einerseits den Vorteil, dass die Unterschiede zwischen großen und kleinen Teilnehmerländern nicht ins Gewicht fallen. Ebenso werden auf diese Weise unterschiedlich große Wirtschaftszweige sowie die unterschiedliche Verteilung der Unternehmensgröße egalisiert. Andererseits beziehen sich Aussagen über Unterschiede immer nur auf jeweilige Anteile in den einzelnen Ländern, Branchen bzw. Unternehmensgrößen.

Der zweite verwendete Datensatz, die Eurostat E-Commerce-Database[11], entstand auf Initiative der Europäischen Kommission (DG Enterprise). Zwischen Juli 2000 (Niederlande) und September 2001 (Griechenland) wurden Piloterhebungen zur Verbreitung und Nutzung von E-Business in europäischen Unternehmen durchgeführt. Die im vorliegenden Beitrag verwendeten Daten über die Verbreitung von Computern und Internetzugängen in europäischen Unternehmen basieren auf Ergebnissen dieser Umfragen.

Durchgeführt wurden die fast ausschließlich schriftlichen Firmenbefragungen auch hier von den jeweiligen nationalen statistischen Ämtern, z.B. dem deutschen Statistischen Bundesamt. Die Stichprobengröße variiert dabei beträchtlich und lag im europäischen Durchschnitt bei etwa 7400 Unternehmen. In Deutschland wurden mit 31.000 Unternehmen mit Abstand die meisten Unternehmen befragt. Die Anzahl von nur 101 befragten Unternehmen in Irland stellt im Rahmen dieser Erhebung einen Extremwert dar, der auf größere Einschränkungen der Repräsentativität hindeutet. In den meisten Fällen fehlen deshalb Werte für Irland.

Im Folgenden werden mit Hilfe beider Datenquellen Unterschiede in der Verbreitung von Informationstechnologie und dem Anteil von IT-Inhalten in der betrieblichen Weiterbildung verglichen und interpretiert.

3 Nationale Unterschiede

Um den unterschiedlichen Grad der Informatisierung europäischer Unternehmen zu untersuchen, vergleichen wir zunächst den Grad der Verbreitung von Computern und die Verbreitung von Internet-Zugängen in Unternehmen aus 13 europäischen Ländern.

Der Anteil europäischer Unternehmen, die Computer im Unternehmen nutzen, lag im Jahre 2001 bei durchschnittlich 93%. Der Unterschied zwischen dem Land mit der größten Verbreitung von Computern in Unternehmen (Finnland mit 98%) und dem Land mit der geringsten Verbreitung (Griechenland mit 85%) ist bei diesem Indikator mit 13%-Punkten relativ klein, was mit einem Sättigungseffekt bei Ländern nahe 100% erklärt werden kann. Trotzdem verweist der Vergleich zwischen den Ländern auf den unterschiedlichen Grad der Informatisierung: während in der Spitzengruppe (Finnland, Schweden, Deutschland und Dänemark) nahezu alle Unternehmen Computer einsetzen, arbeiten in Portugal, Italien und Griechenland immerhin 11-15% der Unternehmen ohne Computer (Abbildung 1).

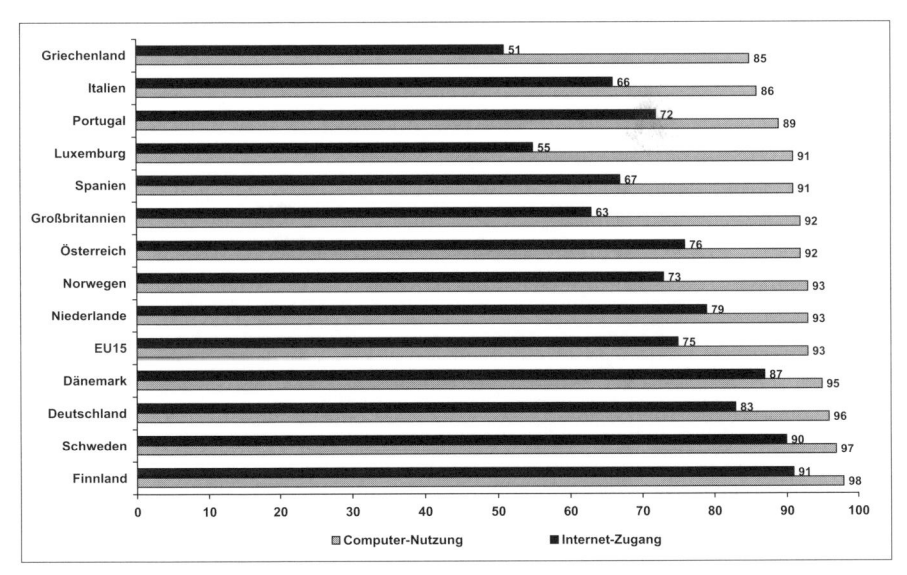

Quelle: EUROSTAT 2002

Abb. 1:
Computernutzung und Internet-Zugang in europäischen Unternehmen (in Prozent)

Ein zweiter Indikator für die Verbreitung von Informationstechnologien[12] ist der Anteil der europäischen Unternehmen, der über einen Zugang zum Internet verfügt. Mit dem Zugang zum Internet eröffnen sich für Unternehmen neue Möglichkeiten der Informationsbeschaffung, der Kommunikation, der Präsentation und des elektronischen Handels, deren effiziente, sichere und produktive Nutzung neue Qualifikationsanforderungen für die Beschäftigten bedeuten.

Im Durchschnitt der EU15-Länder verfügten 75% der Unternehmen Ende 2000 über einen Internet-Zugang. Wiederum liegen bei diesem Indikator die nordischen Länder Finnland (91%), Schweden (90%) und Dänemark (87%) an der Spitze in Europa. Griechenland (51%), Luxemburg (55%) und das Vereinigte Königreich (63%) sind die Länder mit dem geringsten Verbreitungsgrad von Internet-Zugängen in Unternehmen in Europa (Abbildung 1). Der Unterschied zwischen dem Land mit der größten Verbreitung von Internet-Anschlüssen in Unternehmen (Finnland) und dem mit der geringsten Verbreitung (Griechenland) ist mit 40%-Punkten sehr deutlich. Auf Basis dieser beiden Indikatoren können drei Ländergruppen gebildet werden:

(1) Länder mit *starker Verbreitung* von Informations- und Kommunikationstechnologien sind Finnland, Schweden, Dänemark und Deutschland. Bei ihnen nutzen 95-98% aller Unternehmen Computer und mindestens 80% verfügen über einen Zugang zum Internet.

(2) Die Ländergruppe, die eine *mittlere Verbreitung* von Informationstechnologien bei Unternehmen aufweisen, wird von den Niederlanden, Österreich, Norwegen und Portugal gebildet. In dieser Gruppe nutzen 92-93% aller Unternehmen Computer und 70-80% haben Zugang zum Internet.

(3) Die europäischen Vergleichsländer mit *geringer Verbreitung* von Informationstechnologien sind Spanien, Italien, Vereinigtes Königreich, Luxemburg und Griechenland. Nur 85-91% der Unternehmen in diesen Ländern nutzen Computer und unter 70% verfügen über einen Zugang zum Internet.

Vor diesem Hintergrund werden wir im Folgenden die Weiterbildungsaktivität europäischer Unternehmen im Bereich der Informationstechnologien betrachten. Dies geschieht auf der Basis der oben beschriebenen Angaben der Unternehmen zum prozentualen Stundenanteil verschiedener Weiterbildungsfelder in der durchgeführten beruflichen Weiterbildung.

Auf den ersten Blick fällt auf, dass die osteuropäischen EU-Beitrittskandidaten hinsichtlich des Stundenanteils von EDV/Informationstechnik ausnahmslos unter dem Durchschnitt liegen, im Fall von Estland und Rumänien sogar sehr deutlich. Weiterhin ist das „Mittelfeld", dessen Stundenanteil sich ungefähr um den EU-

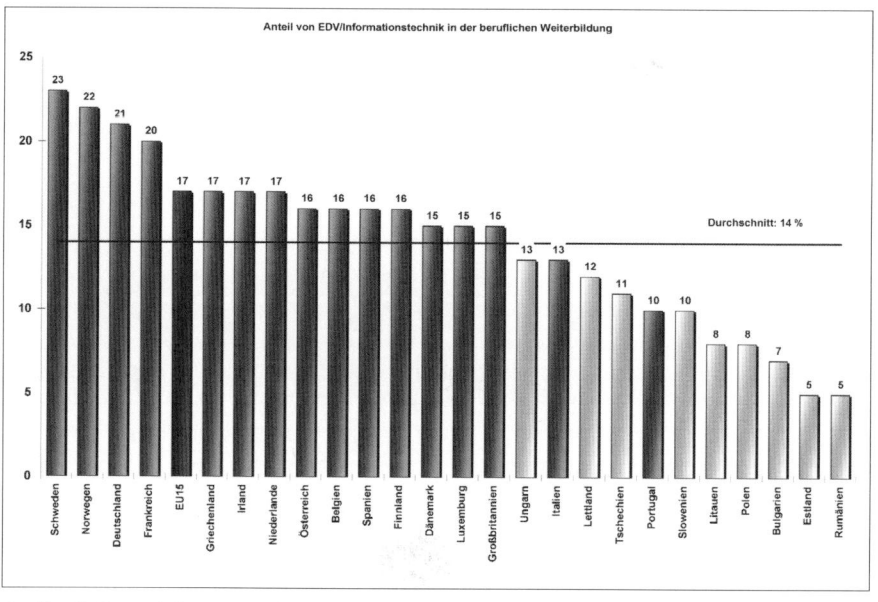

Quelle: EU-Kommission 2002

Abb. 2:
Anteil von EDV/Informationstechnik in der beruflichen Weiterbildung (in Prozent)

Durchschnitt befindet, recht breit, während sich die vier Länder mit dem höchsten IT-Anteil ein wenig absetzen (Abbildung 2).

Die Gruppen der Länder, die anhand der Verbreitung von Computern und Internetzugängen gebildet wurden, spiegeln sich auch in der Übersicht dieses Indikators. So befinden sich Spanien, Luxemburg, Italien und Großbritannien im unteren Drittel, während sich die Niederlande sowie Österreich im Mittelfeld und Schweden und Deutschland in der Spitzengruppe wiederfinden.

Interessant sind hier die Ausnahmen, d.h. einerseits Länder, in denen eine relativ hohe Verbreitung von Informationstechnologie einem geringen Weiterbildungsanteil gegenüberstehen, sowie andererseits solche Länder, in denen das Verhältnis umgekehrt ist. In beiden Fällen könnte man Tendenzen eines Mismatch bezüglich Angebot und Nachfrage von IT-Weiterbildung vermuten. Es läge auch der Schluss nahe, dass bei hoher Verbreitung von Informationstechnologien und niedrigem IT-Weiterbildungsangebot eine besonders gute Erstausbildung die spätere berufliche Weiterbildung bis zu einem gewissen Grade ersetzt.

Allerdings vollziehen sich die Veränderungsprozesse und die technische Entwicklung im Bereich der Informationstechnologien sehr rasch, so dass hier der Bedarf an beruflicher Weiterbildung kaum durch eine gute Erstausbildung zu substituieren ist. Allerdings könnte hier ein positiver Effekt von guten Erstausbildungen zum tragen kommen: erfolgreiche Erstausbildungen sollten zum selbstgesteuerten Lernen befähigen, was informelle Weiterbildung oder arbeitsplatznahes Lernen auch im Bereich der Informationstechnologien erleichtert. Demnach könnte bei einer Diskrepanz zwischen IT-Verbreitung und IT-Weiterbildung ein großer Teil der notwendigen Kenntnisse privat erworben werden. Diese Hypothese ist mit den zur Verfügung stehenden Daten allerdings nicht zu überprüfen.

Auffällige Unterschiede zwischen Weiterbildungsangebot und der Verbreitung von Informationstechnologie gibt es beispielsweise in Dänemark, wo nahezu jedes Unternehmen Informationstechnologien verwendet und über einen Internetzugang verfügt, der Stundenanteil an IT-Weiterbildung sich jedoch unter dem EU-Durchschnitt befindet. Auch Portugal weist eine höhere Verbreitung von Informationstechnologien auf, der ein deutlich unterdurchschnittlicher Anteil von Stunden an IT-Weiterbildung gegenübersteht. In Griechenland dagegen ist der Unterschied umgekehrt, denn nur rund 90% der griechischen Unternehmen verwenden Computer bzw. 70% verfügen über einen Internetzugang. Demgegenüber steht Griechenland mit dem Stundenanteil immerhin an sechster Stelle in der Europäischen Union.

Auch diesen Umstand kann man in mehrerlei Hinsicht interpretieren. Zunächst einmal könnte es sich bei der IT-Weiterbildung um eine ausgleichende Maßnahme zu einer unter Umständen unzureichenden Erstausbildung auf diesem Gebiet handeln. Weiterhin besteht die Möglichkeit, dass der Prozess der Verbreitung von Informationstechnologie im Fall Griechenlands sehr schnell abläuft, so dass eine Anpassung des (Erst-)Ausbildungssystems den Bedarf an IT-Qualifikationen nicht schnell genug decken kann.

Zusammenfassend lässt sich sagen, dass es in einigen Ländern signifikante Unterschiede zwischen Verwendung von Informationstechnologien und der Häufigkeit von IT-Weiterbildung gibt. Um genauere Aussagen über die Stundenanteile von EDV/Informationstechnik in der beruflichen Weiterbildung und den Vergleich zur Verbreitung von Informationstechnologie in Europa zu machen, sollen hier nun die Unterschiede nach Wirtschaftszweigen und Unternehmensgrößen betrachtet werden.

4 Sektorale Unterschiede

Bei der Darstellung der sektoralen Unterschiede werden die in der folgenden Tabelle aufgeführten Wirtschaftszweige mit einbezogen. Aus Gründen der Übersichtlichkeit und Beschränkungen aufgrund nicht vorhandener Daten bleibt die Auswahl auf fünf Sektoren begrenzt.

NACE	Beschreibung
D	Produzierendes Gewerbe
G	Handel/Instandhaltung
H	Gastronomie/Hotels
I	Verkehrs-/Transportsektor
K	Grundstücks-/Wohnungswesen

Tab. 1:
Untersuchte Wirtschaftszweige

Die Verbreitung von Informationstechnologie über die Wirtschaftszweige ist in den beobachteten Ländern interessanterweise im Transport-/Verkehrsgewerbe bzw. der Nachrichtenübermittlung am geringsten, während sie im Handelssektor am höchsten ist. Auffällige nationale Unterschiede in den einzelnen Sektoren sind weder für die hier dargestellten noch für die übrigen Länder zu beobachten. Dieses Bild würde sich mit Sicherheit bei einer Einbeziehung der osteuropäischen Beitrittsländer ändern.

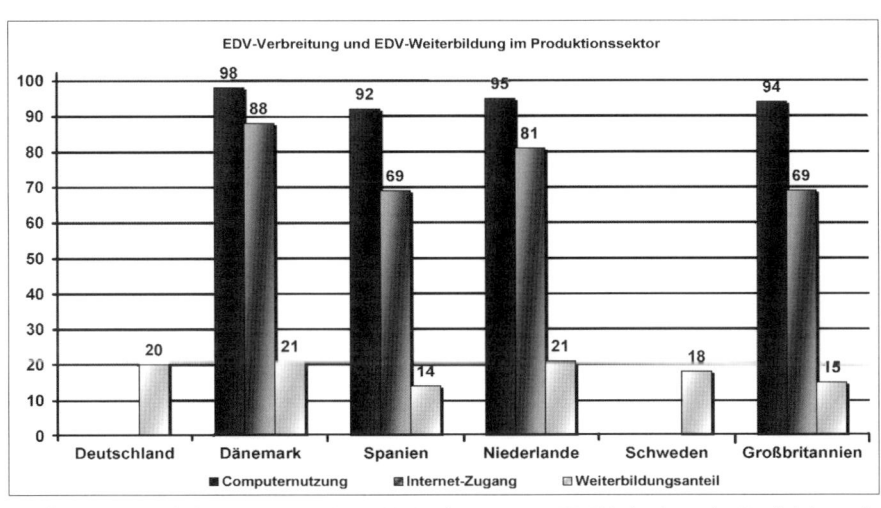

Quellen: EU-Kommission 2002, EUROSTAT 2002. Die Daten zur EDV-Verbreitung im Produktionssektor waren für Deutschland und Schweden nicht verfügbar.

Abb. 3:
EDV-Verbreitung und EDV-Weiterbildung im Produktionssektor (NACE D)

Die großen Diskrepanzen zwischen Internet-Zugang und Computernutzung in Großbritannien (vgl. Kapitel 3) spiegeln sich in allen Branchen wider, so dass man

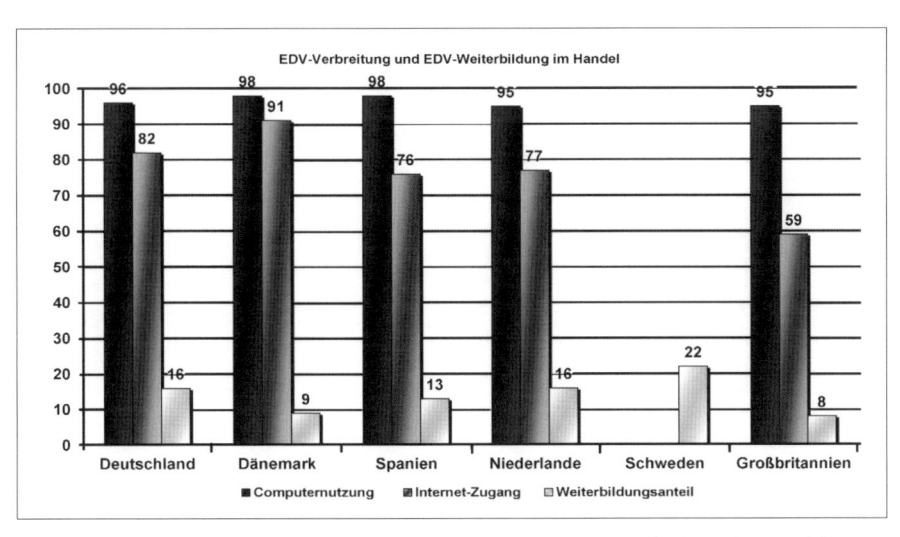

Quellen: EU-Kommission 2002, EUROSTAT 2002. Die Daten zur EDV-Verbreitung im Handel waren für Schweden nicht verfügbar.

Abb. 4:
EDV-Verbreitung und EDV Weiterbildung im Handel (NACE G)

165

hier durchaus von einer strukturellen Besonderheit sprechen kann. Das gleiche trifft in abgeschwächter Form auf Spanien zu. Am geringsten weichen Computernutzung und Internet-Zugang in Dänemark voneinander ab, was sich ebenfalls in allen Branchen beobachten lässt.

Bei der Betrachtung des Weiterbildungsanteils in den fünf Sektoren zeigt sich für die EU-Staaten erwartungsgemäß der durchschnittlich höchste Anteil im Bereich EDV/Informationstechnik im typischen Dienstleistungssektor des Grundstücks- und Wohnungswesens. Allerdings ist der IT-Anteil auch im produzierenden Gewerbe sowie in den (hier nicht dargestellten) Sektoren Energie/Wasser und Bau relativ hoch. Dies bestätigt, dass die Verbreitung von Informationstechnologie auch über den Dienstleistungssektor hinaus zunimmt.

Bei der Gegenüberstellung von Verbreitung der Informationstechnologie und IT-Weiterbildung in den Wirtschaftszweigen der einzelnen Länder ist auf den ersten Blick kein systematischer Zusammenhang zu erkennen. Es scheint mit Ausnahme der bekannten Niveauunterschiede weder länder- noch branchenspezifische Muster des Stundenanteils von IT-Weiterbildung sowie der Computernutzung bzw. des Internet-Zugangs zu geben. Hierzu wären zusätzliche Erhebungen sowie weiterführende Analysen mit genaueren Daten notwendig.

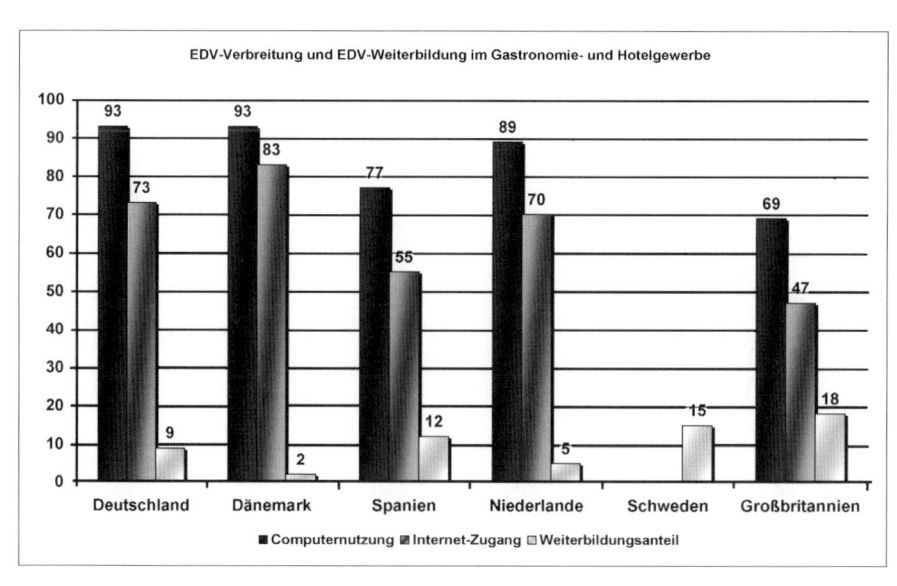

Quellen: EU-Kommission 2002, EUROSTAT 2002. Die Daten zur EDV-Verbreitung im Gastronomie- und Hotelgewerbe waren für Schweden nicht verfügbar.

Abb. 5:
EDV-Verbreitung und EDV-Weiterbildung im Gastronomie- und Hotelgewerbe (NACE H)

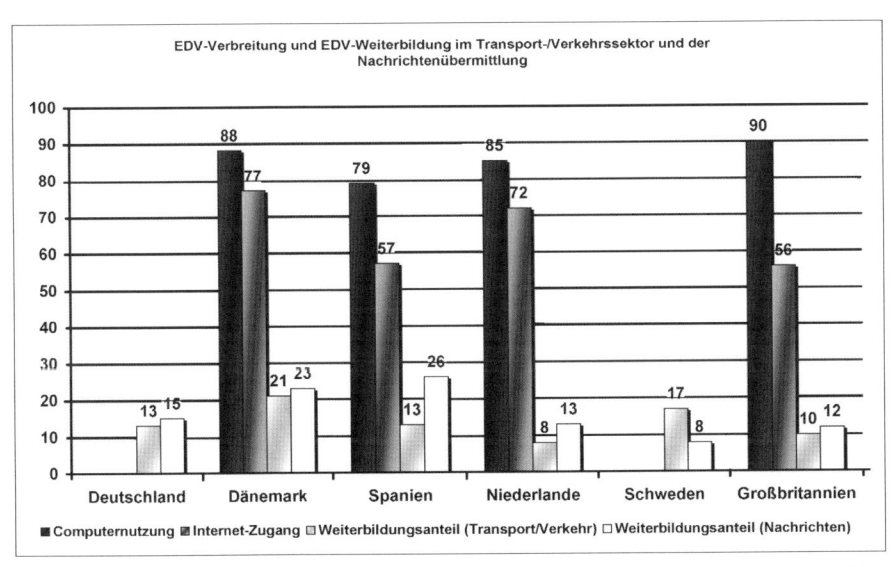

Quellen: EU-Kommission 2002, EUROSTAT 2002. Die Daten zur EDV-Verbreitung im Transport-/Verkehrssektor und der Nachrichtenübermittlung waren für Deutschland und Schweden nicht verfügbar.

Abb. 6:
EDV-Verbreitung und EDV-Weiterbildung im Transport-/Verkehrssektor und der Nachrichtenübermittlung (NACE I)

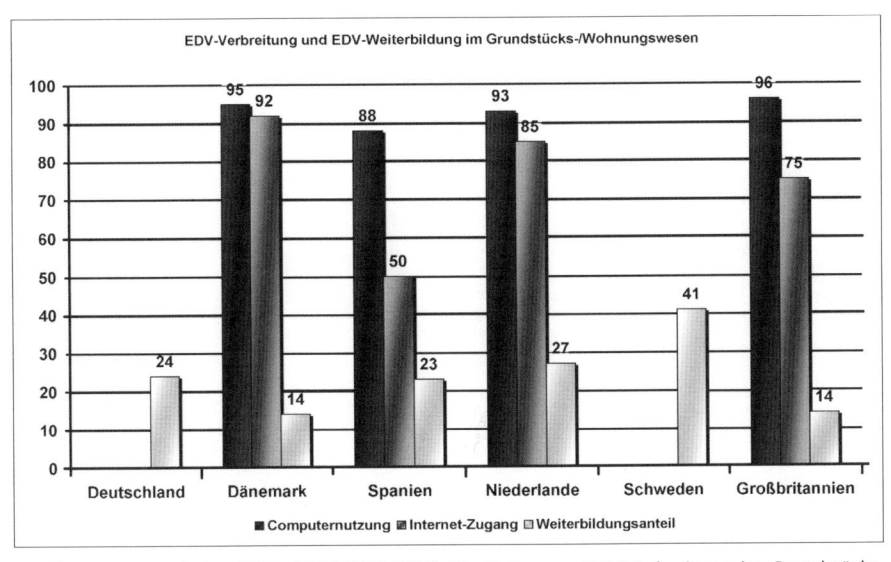

Quellen: EU-Kommission 2002, EUROSTAT 2002. Die Daten zur EDV-Verbreitung im Grundstücks- und Wohnungswesen waren für Deutschland und Schweden nicht verfügbar.

Abb. 7:
EDV-Verbreitung und EDV-Weiterbildung im Grundstücks-/Wohnungswesen (NACE K)

5 Unterschiede nach Betriebsgrößen

Obwohl im CVTS 2 die Betriebsgröße aus sechs Kategorien besteht, werden hier nur drei verwendet, damit die Daten zur Verbreitung von Informationstechnologien und Weiterbildung vergleichbar bleiben. Nur in einzelnen Fällen wird auf das niedrigere Aggregationsniveau eingegangen.

Größe	Mitarbeiter/innen
klein	10-49
mittel	50-249
groß	250 und mehr

Tab. 2:
Untersuchte Betriebsgrößen

Die Verbreitung von Informationstechnologien in den verschiedenen Unternehmensgrößenklassen nimmt mit wachsender Betriebsgröße zu. Besonders deutlich wird dieser Sachverhalt bei den Internetzugängen (Abbildung 8), während bei den Computeranschlüssen nur geringe Unterschiede vorliegen (Abbildung 9).

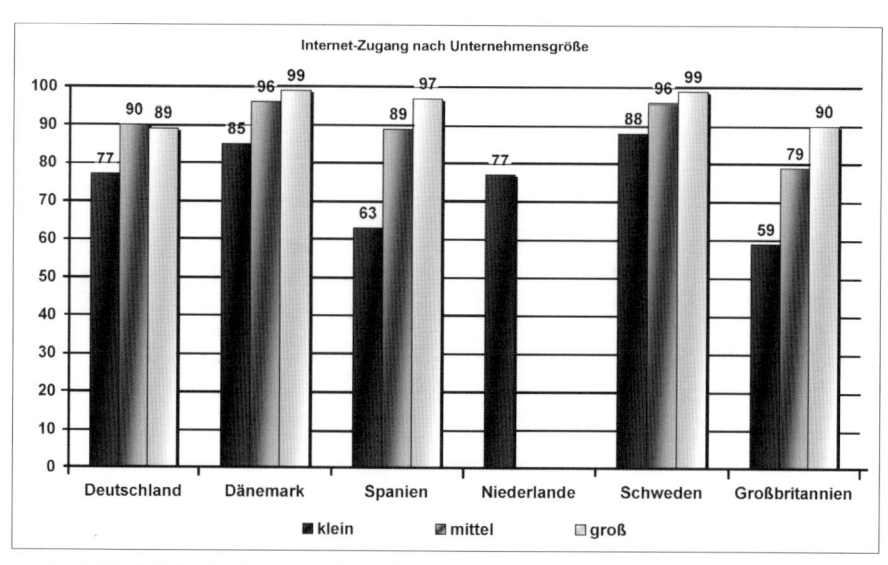

Quelle: EUROSTAT 2002. Für die Niederlande lagen über mittlere und große Unternehmen keine Daten vor.

Abb. 8:
Internet-Zugang nach Unternehmensgröße

Die größten Diskrepanzen unter den hier untersuchten Ländern bestehen bei den Internet-Zugängen in Spanien mit 34%-Punkten und in Großbritannien mit 31%-Punkten, die geringsten in Schweden mit 11%-Punkten. Bei der Computernutzung bewegen sich die Unterschiede in einem kleinen Bereich von weniger als 10%-Punkten.

Wirft man nun einen Blick auf die Stundenanteile von EDV/Informationstechnik an den gesamten durchgeführten Weiterbildungskursen, differenziert nach Betriebsgrößen (Abbildung 10), so fällt zunächst auf, dass die Anteile bei großen Unternehmen kleiner sind als bei mittleren und kleinen Unternehmen. Dies ist eine generelle Feststellung, die auch über die hier untersuchten Länder hinaus gültig ist. Ein Grund dafür dürfte der Umstand sein, dass große Unternehmen einerseits zusätzlichen Bedarf an IT-Kenntnissen durch Neueinstellungen decken, da die Fluktuation von Einstellungen bzw. Kündigungen mit steigender Unternehmensgröße zunimmt. Andererseits ist mit einer höheren Zahl von Mitarbeitern auch der Pool an innerhalb des Unternehmens vorhandenen Fähigkeiten größer, so dass durch koordinierten Bereichswechsel von Mitarbeitern ein Teil des neuen Bedarfs an IT-Fähigkeiten gedeckt werden kann.

Weiterbildung im Bereich EDV/Informationstechnik wird also zu größeren Teilen von kleinen und mittleren Unternehmen getragen.[13] Besonders deutlich ist

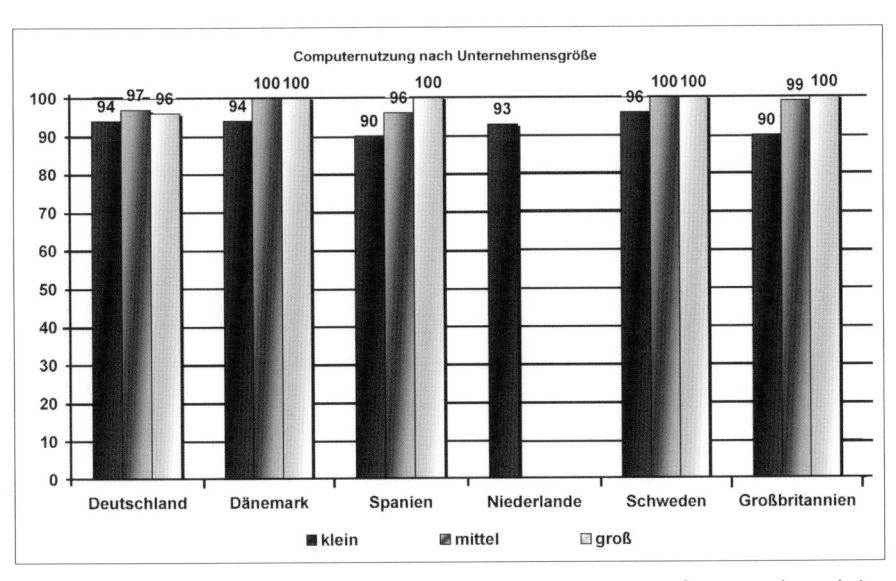

Quelle: EUROSTAT 2002. Für die Niederlande lagen über mittlere und große Unternehmen keine Daten vor.

Abb. 9:
Computernutzung nach Unternehmensgröße

dieser Sachverhalt in Schweden und Großbritannien ausgeprägt, die ebenso wie der EU-Durchschnitt eine Spanne von 12 bzw. 16%-Punkten zwischen großen und kleinen/mittleren Unternehmen aufweisen. Eher gering sind die Unterschiede in Spanien mit 2 und in den Niederlanden mit 4%-Punkten. Ansatzweise aus dem Rahmen fallen hierbei lediglich Deutschland, Schweden und die Niederlande, wo in den kleinen Unternehmen der Anteil von EDV/Informationstechnik geringer ist als in mittleren Unternehmen. Die Tendenz, dass in großen Unternehmen dieser Anteil noch geringer ist, findet sich allerdings auch hier. Genauere Ursachen hierfür bedürfen allerdings einer genaueren Analyse, die die Verteilung der Unternehmen nach ihrer Größe sowie unterschiedliche institutionelle Arrangements in den einzelnen Ländern einbezieht.

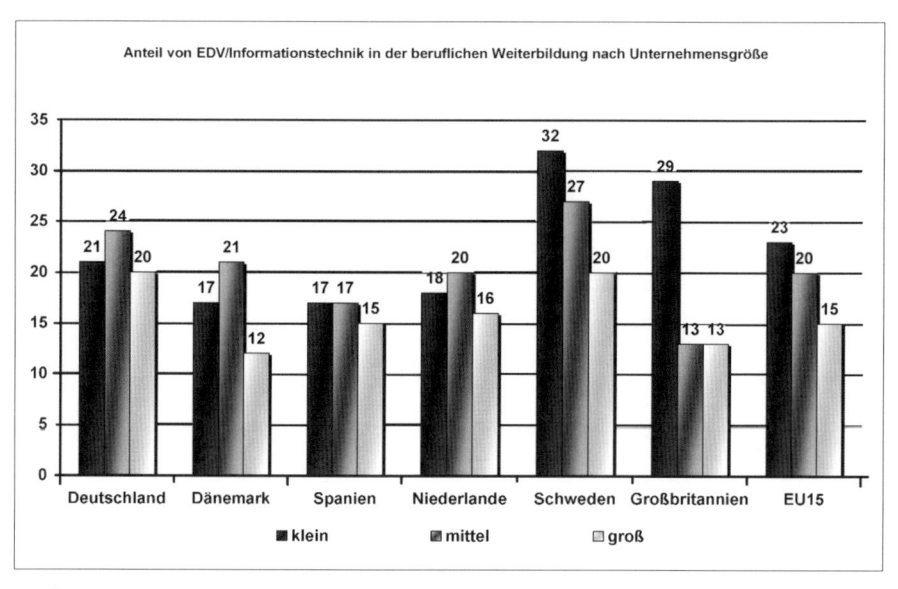

Quelle: EU-Kommission 2002

Abb. 10:
Anteil von EDV/Informationstechnik in der beruflichen Weiterbildung nach Unternehmensgröße

Zusammenfassend lässt sich also hinsichtlich der Unterschiede zwischen den Unternehmensgrößen feststellen, dass kleine und mittlere Unternehmen zwar mehr Weiterbildungsstunden im Bereich EDV/Informationstechnologie in Verhältnis zu anderen Themenfeldern durchführen als große Unternehmen. Die Verbreitung von Informationstechnologie nimmt dagegen mit wachsender Betriebsgröße zu. Ob sich daraus allerdings die These ableiten lässt, dass die kleinen für die großen Unternehmen weiterbilden, muss mit genaueren Daten überprüft werden. Kleine und mittlere Unternehmen sind lediglich in Bezug auf alle Weiterbildungsfelder mehr im Bereich der EDV/Informationstechnologie engagiert. Diese Tatsache wiegt noch schwerer, wenn man beachtet, dass Weiterbildung insgesamt stärker von großen Unternehmen durchgeführt wird.[14]

6 Fazit

Im Vergleich können deutliche Unterschiede zwischen den Ländern bei der Verbreitung von Computern, Internet und IT-Weiterbildung festgestellt werden. Hierbei konnten Gruppen von Ländern mit ähnlichen Werten identifiziert werden: Die nordischen Länder Schweden, Dänemark und Finnland sowie Deutschland bilden die Ländergruppe mit der stärksten Verbreitung von Informationstechnologien in Unternehmen. Eine Gruppe mittleren Niveaus wird von den Ländern Niederlanden, Österreich, Norwegen und Portugal gebildet. Die Länder Spanien, Italien, Großbritannien, Luxemburg und Griechenland bilden eine Gruppe, die ein geringes Verbreitungsniveau von Informationstechnologien zeigt.

Der Vergleich der Verbreitung von Informationstechnologien und der Anteil von IT-Weiterbildung in europäischen Unternehmen ergibt folgendes Bild: die Länder mit der stärksten Verbreitung von Informationstechnologie zeigen alle einen überdurchschnittlich hohen Anteil von IT-Weiterbildungen. Die Ergebnisse der Länder aus der mittleren und unteren Gruppe sind jedoch sehr heterogen.

Einige Länder weisen deutliche Unterschiede in der Verbreitung von Informationstechnologien und dem Anteil der IT-Weiterbildung auf. Diese Unterschiede zeigen sich auch bei der Betrachtung unterschiedlicher Wirtschaftszweige. Zwar scheinen die Wirtschaftszweige mit dem Niveau der Verbreitung von Informationstechnologien und dem Anteil der IT-Weiterbildung zu korrelieren. Weder die Branchen- noch die Länderunterschiede lassen jedoch spezifische Muster erkennen, die Rückschlüsse auf erklärende strukturelle Merkmale zulassen. Hierzu wären zusätzliche Erhebungen sowie eine detailliertere Datenbasis notwendig.

Die Analyse der Verbreitung von Informationstechnologien und IT-Weiterbildung nach Betriebsgröße zeigt, dass kleine und mittlere Unternehmen (KMU) einen höheren Anteil an IT-Weiterbildung haben als große Unternehmen. Da große Unternehmen in der Regel mehr Weiterbildung durchführen, könnte dieser Befund einerseits auf eine stärkere Arbeitsteilung in großen Unternehmen, die eine bessere Allokation von IT-Qualifikationen zur Folge hat, deuten. Andererseits könnte das Problem der Abwanderung von Qualifikationen von KMU zu großen Unternehmen (poaching) Hintergrund für dieses Weiterbildungsverhalten von europäischen KMU sein. Diese Hypothesen könnten wiederum nur auf Basis von Individualdaten der Unternehmen statistisch getestet werden.

Im vorliegenden Beitrag konnte gezeigt werden, dass Informationstechnologien in den europäischen Unternehmen durch ihre erhebliche Verbreitung eine bedeutende Rolle spielen. Diese Informatisierung der Arbeitsprozesse in den Unternehmen umfasst alle untersuchten Wirtschaftszweige. Der Vergleich zwischen der Verbreitung von Informationstechnologien und dem Anteil von IT-Weiterbildungen an der gesamten betrieblichen Weiterbildung zeigt einen deutlichen Zusammenhang, der die Ausgangsthese stützt, nach der die Verbreitung von Informationstechnologien als ein indirektes Maß für den Qualifikationsbedarf in den Unternehmen herangezogen werden kann. Somit können Prognosen zur Verbreitung von Technologien als Element zur Prognose des zukünftigen Qualifikationsbedarfs verwendet werden.

Methodische Schwierigkeiten bestehen bei der Messung von IT-Inhalten in der Weiterbildung, da die Vermittlung vieler Lehrinhalte informationstechnisch unterstützt werden. Zusätzliche Schwierigkeiten bereiten Lernprozesse, die als arbeitsplatzbegleitendes, informelles und nicht-formales Lernen stattfinden. Diese Formen des Lernens werden durch Betriebsumfragen wie dem CVTS nicht erfasst, könnten aber durch entsprechend gestaltete Fallstudien ermittelt werden.

Anmerkungen

[1]   Vgl. Schömann, O'Connell 2002.

[2]   Obwohl sich das wirtschaftliche Wachstum in einigen Bereichen des Informations- und Kommunikationstechnolgie-Sektor (IKT-Sektor) seit 2001 verlangsamt hat, geht die ICT Skills Monitoring Group der Europäischen Kommission (ICT Monitoring Group 2002) davon aus, dass Qualifikationen für Informations- und Kommunikationstechnologien auch in Zukunft knapp sein werden und eine Barriere für Wachstum darstellen.

[3]   Vgl. Neugart, Schömann 2002; ZEW 2001.

[4]   Vgl. ICT Skills Monitoring Group 2002.

[5]   Vgl. EU-Kommission 2002.

[6]   Zu diesen Ländern gehören die 15 EU-Mitgliedstaaten sowie Bulgarien, Tschechien, Estland, Ungarn, Litauen, Norwegen, Lettland, Polen, Rumänien und Slowenien.

[7]   Hierzu gehören das Bundesinstitut für Berufsbildung (BiBB), das Laboratoire d'Economie et de Sociologie du Travail (LEST), das Economic and Social Research Institute (ESRI), das Center for arbejdsmarked-forskning ved Aalborg Universitet (CARMA), die Unternehmensberatung 3S und das Wissenschaftszentrum Berlin für Sozialforschung (WZB).

[8] Vgl. Egner 2001.

[9] Die hier verwendete Klassifizierung ist die „Nomenclature générale des activités économiques dans les Communautés Européennes" in der revidierten Fassung (NACE Rev. 1.1).

[10] So variiert beispielsweise die Betriebsgröße in der Landwirtschaft sehr stark zwischen den einzelnen Ländern, vor allem, wenn die post-sozialistischen, osteuropäischen Staaten einbezogen werden. Auch unterscheiden sich private und öffentliche Unternehmen in ihrem Weiterbildungsangebot, was im Gesundheitssektor dazu führt, dass die Daten nur eingeschränkt vergleichbar sind, da die Verteilung von privaten und öffentlichen Unternehmen je nach Land stark schwankt.

[11] Vgl. Eurostat 2002.

[12] Die Existenz eines oder mehrerer Computer oder der Zugang zum Internet im Unternehmen ist noch kein hinreichendes Indiz für eine breite Nutzung von Informationstechnologien in den entsprechenden Unternehmen. Computer können in bestimmten Abteilungen, z.B. in Sekretariaten oder bei der Geschäftsleitung, relativ isoliert genutzt werden, ohne dass andere Unternehmensbereiche mit der Technologie in Berührung kommen. Computer und Internetzugänge stellen jedoch notwendige Bedingungen für die breite Nutzung von Informationstechnologie dar. Über Verbreitung der Informationstechnologien innerhalb der Unternehmen liegen leider keine vergleichbaren Daten vor.

[13] Auch die genauere Analyse mit sechs Unternehmensgrößenklassen zeigt, dass insbesondere in großen Unternehmen mit mehr als 1000 Mitarbeiter/innen der Anteil von EDV-Weiterbildung geringer ist als in kleinen und mittleren Unternehmen.

[14] Vgl. Weiß 2000: 27 ff., EU-Kommission 2000: 315 f.

Literatur

BITKOM: Wege in die Informationsgesellschaft. Status quo und Perspektiven Deutschlands im internationalen Vergleich. Berlin: Bundesverband Informationswirtschaft, Telekommunikation und neue Medien e.V., 2003.

Egner, Ute: Zweite Europäische Erhebung zur beruflichen Weiterbildung (CVTS 2). Methodik und erste Ergebnisse. In: Statistisches Bundesamt (Hrsg.): Wirtschaft und Statistik 12/2001, Seite 1008–1021.

EITO: European Information Technology Observatory 2002. Frankfurt: EITO, 2002.

EU-Kommission: Das Europäische Beobachtungsnetz für KMU. Sechster Bericht. Luxemburg: Europäische Gemeinschaften, 2000.

EU-Kommission: Europäische Sozialstatistik. Erhebung über die betriebliche Weiterbildung (CVTS 2). Luxemburg: Europäische Gemeinschaften, 2002.

EUROSTAT: Statistics on the information society in Europe. Luxemburg: Europäische Gemeinschaften, 2002.

ICT Skills Monitoring Group: E-Business and ICT Skills in Europe. Benchmarking Member State Policy Initiatives. eEurope go Digital – Final Report, 2002.

Mytzek, Ralf; Schömann, Klaus (Hrsg.): Transparenz von Bildungsabschlüssen in Europa. Sektorale Studien zur Mobilität von Arbeitskräften. Berlin: Edition sigma, 2003.

Neugart, Michael; Schömann, Klaus (Hrsg.): Forecasting Labour Markets in OECD Countries. Measuring and Tackling Mismatches. Cheltenham: Edward Elgar, 2002.

Schömann, Klaus; O'Connell, Philip J.: Education, Training and Employment Dynamics. Transitional Labour Markets in the European Union. Cheltenham: Edward Elgar, 2002.

Weiß, Reinhold: Wettbewerbsfaktor Weiterbildung. Ergebnisse der Weiterbildungserhebung der Wirtschaft. Köln: Deutscher Institutsverlag, 2000.

ZEW: IKT-Fachkräftemangel und Qualifikationsbedarf. Empirische Analysen für das Verarbeitende Gewerbe und ausgewählte Dienstleistungssektoren in Deutschland. Mannheim: Zentrum für Europäische Wirtschaftsforschung GmbH, 2001.

Autorenverzeichnis

Lothar Abicht
Institut für Strukturpolitik und Wirtschaftsförderung gemeinnützige Gesellschaft mbH (isw), Halle (Saale)
E-mail: Abicht@isw-institut.de
www.isw-online.org

Horst Bärwald
Institut für Strukturpolitik und Wirtschaftsförderung gemeinnützige Gesellschaft mbH (isw), Halle (Saale)
E-mail: Baerwald@isw-institut.de
www.isw-online.org

Peter Bott
Bundesinstitut für Berufsbildung (BIBB), Bonn
E-mail: Bott@bibb.de
www.bibb.de

Christian Brzinsky
Wissenschaftszentrum Berlin für Sozialforschung (WZB), Berlin
E-mail: brzinsky@wz-berlin.de
www.wz-berlin.de

Lothar Dorn
Institut Arbeit und Wirtschaft der Universität/Arbeitnehmerkammer Bremen (iaw), Bremen
E-Mail: LDorn@uni-bremen.de
www.iaw.uni-bremen.de

Werner Dostal
Institut für Arbeitsmarkt- und Berufsforschung (IAB), Nürnberg
E-Mail: Werner.Dostal@iab.de
www.iab.de

Miriam Gensicke
Infratest Sozialforschung, München
E-mail: miriam.thum@nfoeurope.com
www.infratest-sofo.de

Gerlinde Hammer
Institut Arbeit und Wirtschaft der Universität/Arbeitnehmerkammer Bremen (iaw), Bremen
E-Mail: GHammer@uni-bremen.de
www.equib.de

Helmut Kuwan
Sozialwissenschaftliche Forschung und Beratung, München
E-mail: Helmut.Kuwan@hk-forschung.de
www.hk-forschung.de

Ralf Mytzek
Wissenschaftszentrum Berlin für Sozialforschung (WZB), Berlin
E-mail: mytzek@wz-berlin.de
www.wz-berlin.de

Hans-Joachim Schade
Bundesinstitut für Berufsbildung (BIBB), Bonn
E-mail: Schade@bibb.de
www.bibb.de

Alexander Schletz
Fraunhofer-Institut für Arbeitswirtschaft und Organisation (Fraunhofer IAO), Stuttgart
E-mail: Alexander.Schletz@iao.fhg.de
www.pm.iao.fhg.de

Susanne Liane Schmidt
Fraunhofer-Institut für Arbeitswirtschaft und Organisation (Fraunhofer IAO), Stuttgart
E-mail: Susanne.Schmidt@iao.fhg.de
www.pm.iao.fhg.de

Lothar Troll
Institut für Arbeitsmarkt- und Berufsforschung (IAB), Nürnberg
E-Mail: Lothar.Troll@iab.de
www.iab.de